café com Deus pai

TEENS

AVENTURAS COM JESUS

JUNIOR ROSTIROLA

vélos EDITORA

Editora Vélos
Rua Benjamin Franklin Pereira, 458
São João - Itajai/SC
CEP: 88304-070
Tel.: 47 3083-8555
contato@editoravelos.com.br
www.editoravelos.com.br

Café com Deus Pai Teens 2024
©2024, Junior Rostirola
Todos os direitos reservados
por Editora Vélos.

Direção geral
Junior Rostirola

Editor responsável
Gisele Romão da Cruz

Editor-assistente
Emanuelle Malecka

Edição
Renata Lauzem

Copidesque
Andrea Filatro
Melissa Jacintho
Gil Jacintho
Joshua dos Santos
Ivonei Rocha

Revisão de provas
Emanuelle Malecka
Elaine Freddi

Ilustração
Marcus Nati

Diagramação
VS pages

Capa
Jonatas Ilustre

Esta obra foi composta em Spring Snowstorme impressa por Geográfica sobre papel *Offset* 90 g/m² para Editora Vélos.

Dados Internacionais de Catalogação na Publicação (CIP)
(Câmara Brasileira do Livro, SP, Brasil)

Rostirola, Junior
  Café com Deus Pai teens : aventuras com Jesus / Junior Rostirola. -- 1. ed. -- Itajaí, SC : Editora Vélos, 2024.

  ISBN 978-65-980788-2-9

  1. Deus (Cristianismo) 2. Literatura devocional 3. Vida cristã I. Título.

23-164248   CDD-242

Índices para catálogo sistemático:

1. Literatura devocional : Cristianismo 242
Eliane de Freitas Leite - Bibliotecária - CRB 8/8415

Conheça a Turma

JUNIOR

Um adolescente que sofreu problemas de paternidade até encontrar Deus Pai. Agora vive as transformações de viver com Jesus.

MICHELLE

Uma adolescente cristã que foi superprotegida e vive para dedicar sua vida a Deus.

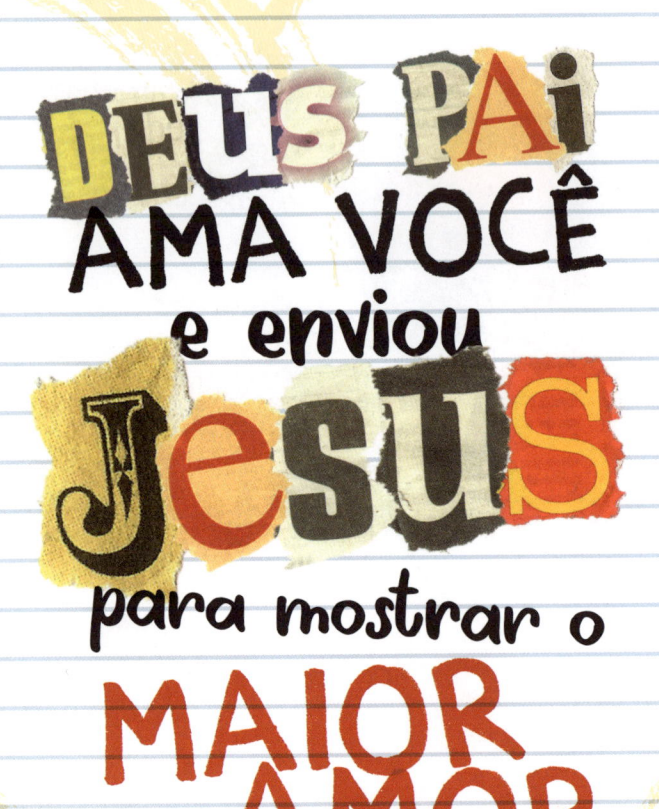

DEUS PAI AMA VOCÊ e enviou JESUS para mostrar o MAIOR AMOR do mundo!

INTRODUÇÃO

Olá, queridos!

Chegou 2024 e, com ele, um devocional cheio de aventuras com minha turma de amigos, um vizinho muito gentil e um papagaio que gosta de falar demais e de cantar.

Neste ano, vamos conhecer muito sobre a vida e o ministério de Jesus na terra!

VEM COMIGO?

Junior Rostirola

366 dias de aventuras com JESUS

ANTES DE COMEÇAR

Este livro traz muita coisa boa para você e, para aproveitar tudinho, siga as dicas:

1. Escolha um lugar tranquilo! Pegue seu Café com Deus Pai teens e uma bebida gostosa e leve com você.

2. Não esqueça da sua Bíblia! Todos os dias tem pelo menos um texto bíblico para ler.

3. Se puder, tenha uma caderneta e uma caneta também. Assim, você pode fazer anotações das lições mais importantes.

4. Leia o texto bíblico e a história do dia! Como o livro é muito legal, você vai ficar curioso e querer ler tudinho de uma vez, mas lembre-se que foi pensado para um ano completo.

Mostre seu devocional para seus amigos e os convide para participar dessa jornada incrível com você!

JANEIRO

Ana: - Feliz Ano-Novo!

Junior: - Um excelente ano a todos nós!

Michelle: - Feliz ano todo, gente!

Antônio: - "Feliz ano todo", gostei, menina! Vocês estão crescendo rápido demais, crianças!

Junior: - Para mim parece que não.

Michelle: - É só olhar a marquinha que fizemos aqui no muro ano passado. Tem nossas iniciais. Vamos encostar de novo, e o senhor Antônio vê quanto crescemos.

Junior encosta na letra J, Michelle na letra M e Ana na letra A.

Antônio: - Olha só! Vocês cresceram bastante!

Ana: - Tenho roupas que não me servem mais!

Michelle: - Alguns tênis e sapatilhas estão um pouco apertados para mim também.

Junior: - Eu vou continuar usando as mesmas coisas. Ainda temos praticamente o mês todo de férias. O que vocês planejam fazer?

Antônio: - Nenhum plano por aqui. O dinheiro do aposentado não dá para muita coisa.

Ana: - Talvez eu passe uns dias na casa da minha tia. Minhas primas também estão de férias, então poderemos brincar bastante.

Michelle: - Se tudo der certo, iremos à praia num fim de semana e no outro viajaremos para o interior, onde meus avós moram.

Junior: - Eu vou ficar por aqui mesmo.

Antônio: - Viajar, passear, se divertir, é muito bom! Aproveitem ao máximo a infância de vocês! O tempo voa e não podemos voltar atrás!

Michelle: - É verdade! Hoje é comemorado o Dia Mundial da Paz!

Antônio: - É disso que esse mundo precisa mesmo!

ORAÇÃO

E você, o que planeja fazer de especial neste ano?

Senhor, abençoe todos os meus dias deste novo ano!

No dia seguinte, as crianças se encontram na rua e conversam.

Michelle: – E aí, galera! Tudo bem?

Junior: – De boa!

Ana: – Na lagoa! Hahaha!

Michelle: – Comendo broa! De milho! Que delícia!

Junior: – Vocês já tomaram café? Eu não comi nada.

Ana: – Nadinha? Não consigo ficar sem tomar o café da manhã. Acordo com uma fome de leão!

Michelle: – Bom demais começar o dia com uma deliciosa refeição!

Junior: – Estou vendo você segurar a Bíblia, Michelle. Você vai à igreja?

Michelle: – Hoje não. Mas quero muito ler mais a Bíblia este ano. Estava lendo a oração do Pai-Nosso. Podemos ler juntos, o que acham? Cada um lê uma parte.

Junior: – Beleza!

Michelle: – "Pai nosso, que estás nos céus! Santificado seja o teu nome."

Ana: – "Venha o teu Reino; seja feita a tua vontade, assim na terra como no céu."

Junior: – "Dá-nos hoje o nosso pão de cada dia. Perdoa as nossas dívidas, assim como perdoamos aos nossos devedores."

Michelle: – "E não nos deixes cair em tentação, mas livra-nos do mal, porque teu é o Reino, o poder e a glória para sempre. Amém."

Junior: – "Amém."

Ana: – "Amém." Uau! Que oração linda!

ORAÇÃO

Senhor, agradeço por ter nos ensinado uma oração tão bonita e profunda!

Ana: - Eu gostei bastante da oração do Pai-Nosso!

Junior: - É muito interessante!

Michelle: - E a Bíblia diz que é uma oração simples, porque o Pai sabe do que estamos precisando, melhor do que nós mesmos!

Ana: - Quando devemos fazer a oração do Pai-Nosso?

Michelle: - Sempre que quiser, mas é importante pensar em cada parte da oração e no que ela realmente quer dizer. Precisamos orar com a certeza de que Deus é o nosso Pai santo e de que a vontade dele é sempre melhor do que a nossa. Essa oração também nos ensina que Deus nos sustenta, cuida de nós e proporciona tudo aquilo de que precisamos. Além disso, temos que pedir perdão pelos nossos pecados e pedir a Deus que nos ajude a viver em obediência e longe do mal.

Ana: - Na Bíblia da minha avó, a oração do Pai-Nosso está diferente. Mas quer dizer basicamente a mesma coisa, não é?

Michelle: - Sim! Existem diversas traduções e também opções de Bíblias que podemos usar em aplicativos no celular.

Junior: - O importante é ler com frequência!

Michelle: - São tantas histórias, acontecimentos, milagres, parábolas e aprendizados que esse livro nos proporciona!

ORAÇÃO

Senhor, ajude-me a sempre ler a Bíblia e compreender suas palavras!

Michelle: – Vou contar um dos milagres de Jesus agora. Posso?

Junior: – Claro!

Ana: – Já fiquei curiosa!

Michelle: – O Mestre estava em uma sinagoga quando viu um homem.

Ana: – Sinagoga? Nunca ouvi essa palavra antes!

Junior: – É o templo religioso da religião judaica. Jesus era judeu.

Michelle: – Isso mesmo. O homem que o Senhor viu tinha uma das mãos deformada.

Ana: – Poxa, que difícil.

Michelle: – É verdade! Os fariseus, que eram um grupo de judeus, estavam só esperando para ver se Jesus iria curá-lo. Porque, como era sábado, um dia sagrado para os judeus, ele não poderia realizar milagres.

Ana: – E Jesus curou o homem?

Michelle: – Antes ele deu uma bronca sobre ajudar ou não as pessoas. Ele estava indignado com a religiosidade dos fariseus. Então, ele disse ao homem para estender a mão, e ela ficou perfeita no mesmo momento!

Junior: – Que dia alegre para o homem, não é mesmo?

Ana: – Inesquecível!

Michelle: – Para o Mestre, não importava o que diz o calendário. O desejo dele era ajudar as pessoas, trazendo-lhes paz e esperança!

Ana: – Quem estava sofrendo também não se importava com o dia certo, não é?

Junior: – Tanto fazia o dia para elas!

Michelle: – Só que essa atitude de Jesus fez que alguns não gostarem dele!

 **ORAÇÃO** Senhor, agradeço por realizar milagres todos os dias!

No dia seguinte, Michelle foi até a casa da amiga Ana.

Michelle: - Com licença. Está fazendo as malas, amiga?

Ana: - Sim. Vou passar uns dias na casa da minha tia.

Michelle: - Você gosta de ir para lá?

Ana: - Gosto muito! É uma tia muito querida, e minhas primas são como irmãs para mim!

Michelle: - Que bom! Vai ser bem legal então!

Ana: - Já planejei um monte de coisas para fazermos! Brincar bastante, assistir a filmes, ler livros, fazer receitinhas gostosas com minha tia na cozinha! Não vejo a hora!

Michelle: - Você vai levar a sua Bíblia?

Ana: - Já está na minha mochila!

Michelle: - Muito bem! Assim você pode falar de Jesus para elas!

Ana: - É verdade!

Michelle: - Já separou tudo o que precisa colocar na mala?

Ana: - Estou colocando aos poucos. Sabia que a gente sempre enche várias bexigas com água e brincamos juntas? É super divertido!

Michelle: - Entendi! É bom que refresca em dias muito quentes!

Ana: - Sim! E também fazemos picolé de frutas. Minha tia tem as forminhas, então a gente coloca os palitinhos e espera o tempo de ficar no congelador.

Michelle: - Que delícia!

Ana: - Olha essa faixinha de colocar no cabelo que ganhei de presente de Natal! Não é linda?!

Michelle: - É a sua cara! Vai ficar estilosa!

Ana: - Eu queria ter uma faixa de cada cor! Eu amo combinar com a cor da roupa!

Michelle: - Já sei o que vou dar de presente de aniversário para você então!

ORAÇÃO

Agradeço ao Senhor pelos presentes que já ganhei!

Quando a amiga retorna da viagem, retomam a conversa.

Michelle: - Você ganhou muitos presentes no Natal?

Ana: - Algumas coisas. E você?

Michelle: - Eu também. E foram coisas que eu estava precisando mesmo. Roupas, calçados e uma mochila nova do jeito que eu queria!

Ana: - Que top!

Michelle: - Sabia que Jesus ganhou presentes quando era bebê?

Ana: - É mesmo? O que ele ganhou?

Michelle: - Ouro, incenso e mirra.

Ana: - Hã? Achei que os bebês ganhavam fraldas, roupinhas, babadores, mordedores e brinquedos.

Michelle: - Nos dias de hoje, sim.

Ana: - Ouro e incenso eu sei o que são. Mas de mirra nunca ouvi falar!

Michelle: - É uma planta medicinal que pode ser usada para tratar dores e feridas. É nativa da África e também pode ser encontrada em Israel, no Oriente Médio, na Índia e na Tailândia.

Ana: - Entendi agora. Quem deu os presentes para Jesus?

Michelle: - Foram três homens sábios vindos do Oriente. Eles sabiam que o Rei havia nascido. Jesus teve uma origem humilde. Ele nasceu numa estrebaria, lugar onde ficavam o gado e os cavalos.

Ana: - Ele era o Rei, mas não teve um berço todo chique, não é?

Michelle: - Verdade, ele ficou em uma manjedoura!

Ana: - E o que aconteceu quando esses homens visitaram Jesus?

Michelle: - Eles se ajoelharam e o adoraram. Depois abriram a bagagem e entregaram os presentes.

ORAÇÃO

Senhor, agradeço pelo bebê Jesus que veio para nos salvar!

Na semana seguinte, as amigas se encontram na saída da escola...

Michelle: – Ana, por que você está chorando?

Ana, limpando as lágrimas: – Quem é que está chorando? Só se for você!

Michelle: – Tudo bem! Se você não quer me contar o que aconteceu, ou está acontecendo, não tem problema, não. Só não esqueça que eu sou sua amiga. Então, não precisa me tratar mal. Eu só quero o seu bem!

Ana: – Desculpe, Michelle. Alguns dias na escola são difíceis demais. E olha que nem é de matemática que eu estou reclamando.

As duas falam juntas: – Matemática! Blá! – e caem na gargalhada.

Michelle: – Se quiser desabafar, estarei aqui.

Ana: – Ninguém quis fazer trabalho comigo de novo. E não foi só porque eu derramei café na lição de artes. É preconceito mesmo. – e então Ana começou a chorar copiosamente.

Você já sofreu algum tipo de preconceito? Seja por causa da cor da sua pele, dos seus cabelos, da sua altura, do seu peso ou por qualquer outro motivo? Como você se sentiu?

ORAÇÃO

Senhor, fiquei triste quando me disseram _____. Ajude-me a saber que o Senhor me ama.

Michelle: – Sabe, Ana, isso me fez lembrar da história de uma mulher que não era bem-vista.

Ana: – Vai me dizer que Jesus tem algo a me ensinar sobre isso?

Michelle: – A história é muito diferente da sua, mas acho que podemos aprender muito com ela.

Ana: – Então, conta logo que já estamos na metade do caminho.

Michelle: – Bem, você já sabe que Jesus era judeu. Isso significa que ele era descendente de Judá, um dos doze filhos de Jacó, que formavam as doze tribos, lá do Antigo Testamento. Mesmo sendo um único povo, eles se dividiram em dois reinos: o reino Norte, que ficou conhecido como Israel e tinha como capital Samaria; e o reino do Sul, Judá, que tinha como capital Jerusalém. Mais ou menos em 722 antes de Cristo, os assírios tomaram a região norte e levaram o povo dali para o exílio. Quando o exílio acabou, havia outros povos em Samaria e os hebreus se uniram a eles e aceitaram a forma de adoração predominante. Assim começou o desprezo judeu pelos samaritanos.

Ana: – Isso é o que eu chamo de treta!

Michelle: – A briga entre eles era grande mesmo. Um povo não aceitava o outro. Os judeus se consideravam muito superiores e nem chegavam perto dos samaritanos.

Ana: – Que preconceito terrível! Então, não é nenhuma novidade no mundo o que eu estou passando! Boa notícia, só que não!

Michelle: – A boa notícia é que Jesus entendia a dor deles e entende a sua também.

ORAÇÃO — Senhor, agradeço por entender a minha dor. Ajude-me a encontrar a resposta para o que sinto.

Michelle: – A história de que me lembrei é conhecida como "A mulher samaritana". Começa com Jesus saindo da Judeia para a Galileia. Ele decidiu passar pela Samaria no caminho e, por volta do meio-dia, se sentou à beira do poço de Jacó para descansar. Logo chegou uma mulher samaritana, e Jesus lhe pediu água. Ela se assustou com o pedido feito por um judeu e perguntou: "Como um judeu pode pedir alguma coisa a mim, uma samaritana?".

Ana: – 1 x 0 para ela!

Michelle: – É porque você ainda não ouviu a resposta de Jesus!

Ana: – Então conta!

Michelle: – Ele falou: "Se você conhecesse a generosidade de Deus e soubesse quem eu sou, pediria água a mim, e eu lhe daria água pura, água da vida".

Ana: – 1 x 1!

Michelle: – Mas a conversa foi longe e Jesus ganhou de goleada! Jesus afirmou que somente quem bebe da água que ele dá é que não tem mais sede. Aí, a mulher ficou ansiosa para saber que água era aquela. Nessa hora, Jesus fez um gol de placa: pediu para a mulher buscar o marido dela.

Ana: – Não vi nenhum gol aí, muito menos de placa!

Michelle: – Ah, Ana!! É que você não sabe, e a samaritana achava que Jesus também não sabia, que ela já tinha casado quatro vezes e agora morava com um quinto homem, que não era marido dela. Jesus falou toda a verdade, mas com amor e gentileza, porque ele sabia que esse assunto causava tristeza naquela mulher. Ele se preocupava com ela e se preocupa com você também.

ORAÇÃO

Jesus, agradeço por se preocupar comigo e com o que sinto!

Ana: – Uau! Tô impressionada! Será que passou pela cabeça dessa mulher que Jesus era algum tipo de vidente?

Michelle: – Olha, ela deve ter achado superestranho, porém não tinha como mentir sobre seus casamentos. Um desconhecido estava ali fazendo revelações sobre a vida dela.

Ana: – Eu teria levado um susto, com certeza!

Michelle: – É verdade. Sabe, amiga, fico pensando que não adianta mentir para as pessoas porque o Senhor sabe tudo a nosso respeito. Muitas pessoas preferem inventar histórias para se dar bem ou mesmo para prejudicar os outros. Uma vez o Ted inventou uma mentira horrorosa sobre o Junior, mas, como somos amigos, eu sabia que não era verdade. Ele fez isso só para o Junior se dar mal.

Ana: – Cho-ca-da! O Junior deve ter ficado #chateado!

Michelle: – Nem me fale! Se tem uma coisa que é horrível é sermos julgados e prejudicados por coisas que não fizemos! Maaaaaas, como dizem por aí, a verdade sempre aparece. No fim das contas, todos viram que o Junior era inocente.

Ana: – Ufa! Ainda bem!

Michelle: – Podemos mentir ou tentar esconder as coisas de todos, mas nunca de Jesus! Ele nos conhece profundamente, sabe o que pensamos, o que queremos, o que fazemos ou deixamos de fazer. Não tem como alguém se esconder dele!

Ana: – A mulher samaritana sabe bem que não tem meeeeeesmo!

ORAÇÃO

Jesus, me ajude sempre a dizer a verdade, pois não devemos mentir! Que eu possa ser honesto e verdadeiro em toda e qualquer situação da minha vida!

Michelle: – Depois de ouvir o que Jesus falou, a mulher samaritana foi logo dizendo que ele era profeta! E aproveitou para perguntar onde seria o melhor lugar para adorar a Deus.

Ana: – Tem que ser sempre na igreja, não é?

Michelle: – É muito importante ir à igreja, mas não quer dizer que a gente não possa cantar, orar ou ler a Bíblia em outros lugares! Jesus estava dizendo àquela mulher que o mais importante para Deus é como cada um vive.

Ana: – Xiiiii, quem sempre conta mentiras por aí e faz bobagens está mal na fita!

Michelle: – E como! Fora aquelas pessoas que têm ódio no coração, que sentem inveja dos outros, que falam palavrões, que ficam zoando os outros só para ofender..., sabe?

Ana: – Amiga, você sabe que meu celular já é meio velhinho, caiu no chão e trincou a tela, não é? Fiquei arrasada! Acredita que estão me zoando só porque o deles é daquele modelo novo?

Michelle: – Que situação chata! Muita gente na escola só se preocupa com celular e roupas caras. Eles deveriam mesmo era tomar cuidado com o que falam!

Ana: – É verdade! E parece competição, um querendo ter coisas melhores que o outro!

Michelle: – E o que Jesus disse para a mulher samaritana que é realmente importante?

Ana: – Como somos e como vivemos.

Michelle: – Exatamente! Devemos, então, ser pessoas boas e fazer as coisas da maneira mais correta possível. Não retruque as provocações dos outros não, viu?! É melhor deixar pra lá!

ORAÇÃO

Jesus, que a minha maneira de ser e de viver sempre lhe agrade!

Michelle: - Voltando à história da mulher samaritana, Jesus disse que o Pai procura quem é simples e honesto. Podemos falar tudo para ele em oração e em pensamentos.

Ana: - Posso desabafar com ele, então?

Michelle: - Mas é claro! Ele é nosso melhor amigo!

Ana: - Quando a galera fica se achando, sinto muita raiva, porque isso significa menosprezar os outros. Tenho vontade de falar um monte de coisas, de gritar e de chorar. - Ana olha para baixo com tristeza.

Michelle: - Ana, não se culpe! Nosso Salvador sabe das nossas emoções e nos acolhe. Quando acontecer de novo, peça ajuda a ele em oração.

Ana: - Vou fazer isso mesmo! Melhor do que ficar discutindo com eles.

Michelle: - Eu estou sempre conversando com Jesus. Na história que estou contando, ele disse para a mulher que ela não precisava esperar nem procurar mais pelo Messias, pois ele estava ali em carne e osso bem diante dela! Você consegue imaginar?

Ana: - Até me arrepiei! Falar com Jesus e sentir a presença dele já é tão bom, imagina estar cara a cara com ele!

Michelle: - Eu ficaria paralisada igual a uma estátua! Hahaha! Você acredita que a mulher saiu de fininho quando os discípulos de Jesus chegaram e viram aquela cena? Ela até esqueceu de pegar o jarro de água.

Ana: - Eu me identifico. Sempre esqueço as coisas. Cabeça avoada a minha!

Michelle: - Ahhh, talvez eu fizesse a mesma coisa! A mulher ficou confusa e acabou esquecendo o jarro. Está tudo bem!

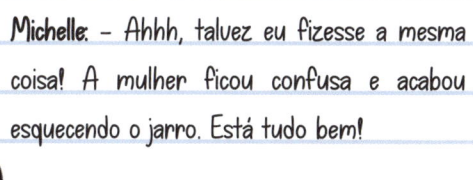

ORAÇÃO

Jesus, cuide das minhas emoções! Que eu sempre me lembre que o Senhor é meu melhor amigo!

Ana – Michelle, o que aconteceu depois?

Michelle – Não foi preciso dizer nadinha. Os discípulos só observaram e já entenderam tudo.

Ana – Imagino os olhares iguais ao emoji de olhos arregalados!

Michelle – Desse jeito mesmo! A mulher voltou à cidade e contou ao povo sobre um homem que a conhecia como ninguém. Bateu a curiosidade neles e foram ver se, de fato, era o Messias.

Ana – Curiosa do jeito que sou, eu iria logo!

Michelle – Eu também! Sabe o que essa parte nos ensina? Que precisamos falar do Mestre para as pessoas. Em nenhum momento, ele julgou a mulher, não a maltratou, não a ofendeu, não falou mal dela. Pelo contrário, ele se importava mais com a vida dela do que com as coisas que ela havia feito. Então, amiga, Jesus nos ama como ninguém! O amor dele é grande, profundo, forte, inexplicável mesmo! Aninha, a cor da sua pele é linda, seu cabelo é maravilhoso e acho você uma garota megaestilosa!

Ana – Valeu! Gosto de moda.

Michelle – Sei que gosta! Não esqueça, o Criador ama nossa aparência porque nos fez assim. Imagine o mundo com todas as pessoas exatamente iguais. Seria meio chato.

Ana – Seria mesmo, mas às vezes a gente dá umas mancadas!

Michelle – Acontece! Mas o amor dele não muda. Quando erramos, devemos pedir perdão em oração e repensar nossas ações.

Fale de Jesus para alguém! Conte sobre seu amor e que ele nos aceita como somos! Tire uma *selfie* com essa pessoa e veja como vocês são diferentes!

ORAÇÃO

Paizinho, agradeço por perdoar meus pecados.

As duas continuavam caminhando quando ouviram um barulhão.

Michelle: – Olha! Aquele menino tropeçou e caiu no chão, Se-nhor!

Ana: – Ei... parece o Junior! – As amigas saíram correndo para ajudar.

Michelle e Ana: – Junioooooooor, você está bem?

Junior tentando se levantar com um pouco de vergonha: –Está tudo bem... quer dizer, AAAAAAIIIIIII, meu joelhooooooo!

Michelle: – Está sangrando muito! Melhor ir ao hospital.

Junior: – Hospital? Ah, não!

Ana: – Um curativo, então. Você não pode ficar desse jeito, menino! Vou chamar o senhor Antônio para ajudar!

Michelle ficou com Junior enquanto o ouvia choramingar de dor.

Antônio: – Junior, Junior... quantas vezes já caí e ralei os joelhos quando tinha a sua idade, meu filho!

Junior: – Dói à beça, senhor Antônio! Eu vacilei e tropecei numa pedra.

Antônio: – Precisa olhar por onde anda... Todo cuidado é pouco! Deixe-me limpar seu joelho com cuidado e fazer um curativo.

Junior: – Michelle, Ana, vai doer. Se eu gritar de dor, por favor, não riam de mim.

Michelle e Ana: – Claro que não! Estamos aqui com você, vai ficar tudo bem!

Antônio: – Vocês ainda vão se machucar muito na vida. No começo vai ser difícil andar, mas passa, sempre passa! Depois ficarão apenas as cicatrizes.

Junior: – Se eu tivesse prestado mais atenção...!

Você já ralou o joelho? Cortou o dedo numa folha de papel? Levou uma bolada na aula de Educação Física? Doeu bastante, não foi?

 Senhor, cuide de mim quando eu me machucar!

Passados alguns dias, o senhor Antônio convidou a turma para o café da tarde. A mãe do Junior preparou um bolo bem gostoso em agradecimento aos cuidados com seu filho.

Antônio: – Entrem, meus queridos! E você, Junior, como está?

Junior: – Bem melhor, senhor Antônio! Graças a Deus e ao senhor que me ajudou.

Antônio: – Agradeça às suas amigas também. A Ana veio me chamar enquanto a Michelle ajudava você a se equilibrar.

Junior: – Poxa, é mesmo! Quero agradecer a todos, de verdade. Sabe, gente, ainda estou andando com dificuldades, sinto um pouco de dor. Fiquei pensando naquela história da Bíblia que conta sobre um paralítico que desceu pelo telhado.

Ana: – É o quê? Não tinha porta na casa, não?

Todos riram.

Ana: – Não, gente, é sério!? Se ele era paralítico, como desceu pelo telhado? Que bizarro!

Junior: – Muita calma nessa hora, Ana! Vou contar como foi, e você vai entender. Jesus estava em Cafarnaum e geral ficou sabendo. As notícias correm. Ele estava ensinando a Palavra numa casa qualquer, só que tanta gente foi para lá que não tinha como entrar pela porta. Quatro homens apareceram carregando um paralítico, mas não dava para chegar perto do Mestre.

Ana: – Vai vendo!

Junior: – Os homens tiraram parte do telhado e desceram o paralítico na maca!

Antônio: – Roubaram a cena, não?

Junior: – Jesus ficou impressionado com tanta fé, e com certeza toda a galera que estava lá também ficou chocada!

ORAÇÃO

Pai, agradeço pelos amigos que me ajudam nos momentos de dificuldade!

Ana: – Eles chegaram, chegando, não é?

Michelle: – Imagina só a cara das pessoas vendo tudo aquilo!

Junior: – Fala sério, totalmente fora do comum!

Ana: – Continue, Junior... estou curiosa!

Junior: – Jesus virou para o paralítico e disse: "Filho, eu perdoo seus pecados".

Ana: – Hã? Como assim?

Junior: – Ele sabia que a galera acharia estranho, pois só Deus poderia perdoar pecados, e eles não acreditavam que Jesus era mesmo o filho de Deus.

Ana: – Vou até tomar mais um copo de suco!

Michelle: – Se prepara, amiga, você vai ficar de queixo caído!

Antônio: – Vamos continuar conversando, mas por favor comam mais uns biscoitinhos. Comprei para vocês!

Todos sorriram. O senhor Antônio sentia muita falta da esposa e apreciava a companhia das crianças, pois assim não se sentia tão sozinho e tinha com quem conversar.

Junior: – Agora vem a melhor parte: Jesus provou para todo mundo que tinha muito poder! Ele disse: "Vou deixar bem claro para vocês que sou o Filho de Deus e tenho autorização para fazer essas coisas".

Ana: – Caraca! Que demais! E aí?

Junior: – Ele virou para o paralítico e deu a ordem para ele se levantar, pegar a maca e voltar para casa! E o homem obedeceu!

Michelle: – Eu disse, Ana, é de cair o queixo, real!

Antônio: – E o restante daquele pessoal?

Junior: – Eles louvaram a Deus porque nunca tinham visto nada igual!

ORAÇÃO

Jesus, que eu nunca duvide do seu poder e dos seus milagres!

Junior: - Lembrei dessa história depois que machuquei o joelho. O homem paralítico teve ajuda daqueles homens que o levaram até Jesus. E a fé deles impressionou o Mestre.

Michelle: - Que bom que andamos, falamos, ouvimos e enxergamos. Precisamos agradecer a Deus porque ele nos fez excelentes. Minha mãe sempre diz: "Reclame menos e agradeça mais".

Antônio: - Muito sábia a sua mãe, menina! Reclamar não serve de nada!

Junior: - Mas que é chato fazer um monte de tarefa de casa... ah, é sim!

Antônio: - Mas é preciso fazer, e ponto final! Não tem como fugir!

Michelle: - Prefiro fazer a lição e ficar livre. Ufa!

Ana - Sinto uma preguiiiiiiiiça tão grande...

Junior: - Ai de mim se não entregar as tarefas no dia! Minha mãe fica no meu pé!

Antônio: - Eu pegava no pé dos meus filhos, e hoje eles têm bons empregos! É preciso pensar no futuro. Vocês já sabem o que querem ser quando crescer?

Ana - Adulta, senhor Antônio, hahaha.

Antônio: - Engraçadinha...

Junior: - Queria ser esportista, mas é meio complicado.

Todos ficaram em silêncio.

Ana - Estilista, talvez. Acho o máximo estudar sobre sustentabilidade. Sabiam que existem botas feitas de pneus velhos? Seria um sonho criar uma coleção inteirinha com reciclagem!

Antônio: - Então, corra atrás disso, menina. Sonhe e faça a sua parte.

Ana - Só um milagre mesmo, senhor Antônio.

ORAÇÃO

Senhor, me ajude a cumprir com os meus deveres e a reclamar menos!

Michelle: – Falando em milagre... lembrei de outra história.

Ana: – Deixe eu me ajeitar. Senhor Antônio, tem mais biscoitinhos?

Antônio: –Tem, sim! Fico feliz por ter gostado! Mas estou curioso para ouvir essa nova história.

Michelle: – Jesus fez algo que irritou aos judeus ao ponto de quererem matá-lo!

Ana: – Que horror! Você não disse que era um milagre?

Michelle: – E é! Mas foi no sábado.

Antônio: – O que havia de tão importante no sábado?

Michelle: – Sábado era considerado um dia sagrado. Por isso ninguém podia fazer nada nesse dia. Nem Jesus podia curar! Mas ele estava de volta a Jerusalém, onde havia um tanque chamado Betesda e ali ficavam muuuuuuuuitos doentes. Um deles estava ali havia trinta e oito anos.

Ana: – Tudo isso??

Michelle: – Pois é! Jesus chegou perto dele sabendo disso e começou a conversar com o homem. Perguntou se ele queria ficar bom.

Antônio: – Mas que pergunta foi essa?!

Michelle: – Jesus tinha essas sacadas mesmo! Aquelas pessoas se juntavam naquele lugar com muita fé de que seriam curadas quando as águas do tanque se agitassem.

O homem explicou que não tinha ninguém para colocá-lo no tanque.

Junior: – Ele via outras pessoas sendo curadas bem ali na frente dele.

Ana: – Poxa, que difícil!

Michelle: – Então, Jesus disse para ele se levantar, pegar a maca e começar a andar. Simples assim! E o homem foi curado imediatamente!

ORAÇÃO

Jesus, permita-me viver seus milagres!

Ana: - E o moço saiu andando sem nem agradecer? Eu teria levado uma bronca da minha mãe.

Michelle: - Acho que ele queria sair logo dali.

Junior: - Mais uma vez a gente imagina a cara das pessoas vendo tudo aquilo! O homem foi curado em pleno sábado e nem precisou entrar no tanque.

Michelle: - Exatamente! Enquanto o homem caminhava, alguns judeus disseram que ele não poderia carregar a maca por ser sábado. Eles queriam saber quem havia feito aquilo, mas o homem não sabia, e Jesus havia sumido.

Ana: - Também, depois de trinta e oito anos, ele devia estar felizão mesmo!

Michelle: - Com certeza! Os judeus ficaram sabendo que foi Jesus quem o curou e começaram a persegui-lo.

Ana: - Ah, pronto! Jesus fez o bem e ainda sobrou para ele!

Michelle: - Jesus se defendeu dizendo: "Meu Pai trabalha o tempo todo, mesmo no sábado, e eu também".

Antônio: - Mas, gente, ele não tem um diazinho de folga, não?!

Todos riram.

Michelle: - Por isso amo tanto o nosso Salvador! Ele cuida de nós todos os dias!

Junior: - Algo pior poderia ter acontecido comigo quando levei aquele tombo, não é?

Ana: - Menino, pelo barulho que foi, achei que você tinha quebrado a perna!

Michelle: - Jesus livrou você de algo bem mais sério, Junior!

ORAÇÃO Paizinho, agradeço por cuidar de mim e da minha família todos os dias da semana!

Na semana seguinte, Junior chegava à escola quando ouviu Ted falar alto:

Ted: – Olha só, cuidado por onde anda, hein! Tem pedras por toda parte!

Junior: – Bom dia para você também, Ted.

Ted: – Está machucadinho ainda?

Junior: – Qual é o seu problema, hein, velho? – Ted ria com outros garotos. – Você nunca se machucou na vida?

Ted: – Fiquei sabendo que você se esborrachou no chão, hahaha!

Michelle e Ana chegaram perto de Junior.

Michelle: – Vamos entrar, Junior. Não dê bola para ele.

Ana: – Ele gosta mesmo é de confusão!

Michelle: – Deixa pra lá! Não vale a pena!

Ana: – Eu é que estou bolada com o projeto de ciências que a professora passou! Estou boiando ainda.

Junior: – Ela passou para a minha sala também. Confuso, não é?

Michelle: – Quando estamos irritados, nada parece fazer sentido mesmo.

Ana: – O pessoal da sala está com dúvidas também.

Junior: – Melhor pedir para a professora explicar mais uma vez.

Ana: – Teremos aula com ela hoje; vou pedir ajuda.

Michelle: – Mas a gente também pode estudar essa matéria juntos, depois da aula. O que acham?

Junior: – Eu topo!

Ana: – A gente se vê no intervalo!

Você já ficou tão irritado que não conseguia pensar direito? Pergunte a um adulto como a respiração profunda pode ajudar.

ORAÇÃO

Pai querido, ajude-me a ficar calmo quando alguém ou algo me irritar.

Junior: – E aí, gente! O que vocês trouxeram de lanche hoje?

Michelle: – Sanduíche de atum e suco de uva.

Ana: – Hummm, ela é toda natural! Hahaha!

Junior: – Eu queria um hambúrguer, mas trouxe salada de frutas. Você sabem como as mães são!

Ana: – Eu trouxe um pedaço de torta salgada e um refri.

Michelle: – Bora encher a barriga, então!

Ana: – Está mais calmo, Junior?

Junior: – Um pouco. Não sei qual é a graça de zoar os outros. Depois que conheci Jesus e comecei a ir à igreja, o Ted ficou estranho comigo.

Ana: – É, ele mudou bastante.

Michelle: – Existe uma bem-aventurança que combina com essa situação.

Ana: – Amiga, fala a minha língua, por favor.

Michelle: – Uma pessoa bem-aventurada é alguém feliz, abençoado, entende? Jesus contou aos discípulos o que eles deveriam fazer para ter uma vida completa, feliz, bem-aventurada. Somos completos quando ouvimos e praticamos a Palavra. As bem-aventuranças nos ensinam a pensar e agir de forma diferente.

Ana: – Ahhh, sim.

Junior: – Qual delas você acha que combina, Michelle?

Michelle: – Aquela que diz sobre cuidar dos outros, porque na hora em que você precisar de ajuda, vai receber cuidado também.

Junior: – Faz sentido. O Ted só se preocupa com ele mesmo.

Ana: – E com a aparência dele e com futebol...

Michelle: – Mesmo com vontade de discutir com ele, precisamos desejar coisas boas, não é?

Junior: – É o que ouço na igreja. Vou fazer isso e orar pela vida dele.

ORAÇÃO

Que minha preocupação seja fazer o bem para as pessoas, Senhor Jesus!

Depois de os alunos se dividirem em grupos para o trabalho de ciências, os amigos se encontram...

Ana: - Tem cenário e figurino para fazer! Vai dar um trabalhão!

Junior: - A galera estava separando os grupos lá na sala. Isso sempre dá treta.

Michelle: - É fato! Mas a Bíblia fala de cooperação, não de competição, o que significa que temos que aprender a trabalhar em grupo. Ana, o seu trabalho sempre fica lindo. Você sempre faz coisas muito legais!

Ana: - Minha imaginação não tem limites!

Michelle: - Gosto de lembrar que Deus é nosso Criador e nos fez maravilhosos, porque é muito criativo e nos ensina a ser também.

Junior: - Deus é top! Mas cooperar em trabalho em grupo não é fácil. Sempre rola um estresse!

Michelle: - Isso faz você lembrar de uma bem-aventurança, acertei?

Junior: - Siiimmm! Jesus diz que cooperar é melhor que brigar e competir, pois todos somos criação de Deus.

Michelle: - Que bonito, não é?

Ana: - Demais! Só que, para dar certo, cada um precisa cumprir com o combinado e dar o seu melhor.

Junior: - Na teoria é assim, mas nem sempre acontece na prática!

Michelle: - Geralmente me colocam como líder. Com muita paciência e jeitinho, todos colaboram e o trabalho vai tomando forma.

Ana: - Você é muito paciente mesmo! Admiro você, amiga!

Junior: - Precisa ter alguém sempre de olho e cuidando da galera que só quer brigar! Muito importante, Michelle.

Michelle: - Fácil não é, mas o Mestre sempre me ajuda e, no fim, o resultado fica incrível!

 **ORAÇÃO** Senhor, ensine-me a cooperar e a dar o meu melhor!

Depois da apresentação do trabalho de ciências, as amigas se encontram.

Ana – Fiz a apresentação do projeto com o meu grupo. Eu estava tão nervosa!

Michelle – Deu tudo certo?

Ana – Deu, sim. A professora elogiou, mas algumas meninas ficaram olhando feio.

Michelle – Sério?

Ana – Sim. A nossa nota foi maior. Elas devem ter ficado chateadas.

Michelle – Ah, entendi. Mas esse é o resultado daqueles que se esforçam.

Ana – Concordo. A gente ralou para apresentar algo bom e que agradasse a professora.

Michelle – Sabe, amiga, algumas pessoas pensam que tudo é competição.

Ana – Mas a professora avaliou de forma individual também. Cada um teve uma função.

Michelle – Se essas meninas vierem falar alguma coisa com você, diga isso.

Ana – Eu dei parabéns para elas porque o trabalho delas também ficou bom, na minha opinião, mas quem dá a nota não sou eu.

Michelle – É verdade! Você e o pessoal do seu grupo estão felizes. Consigo ver no seu rosto!

Ana – Felizes, aliviados, orgulhosos e cansados!

Michelle – Sei que você passou o fim de semana terminando as coisas.

Ana – Gosto de deixar tudo organizado.

Michelle – Melhor coisa! Sobre competitividade, meu tio outro dia contou que no trabalho dele também é assim. Às vezes um faz o mal para o outro só para poder se dar bem. Achei péssimo!

Ana – Que situação!

Michelle – Deus não se agrada disso! Como a bem-aventurança que o Junior contou, é melhor cooperar em vez de brigar e competir.

ORAÇÃO

Jesus, que eu não queira competir nem brigar!

Junior. – Eu estava estudando a Bíblia com a minha mãe e ela me explicou uma das parábolas de Jesus.

Ana – Meu tio-avô disse que na casa dele havia uma parabólica!

Junior. – Não tem nada a ver, Ana!

Michelle. – Quando acho difícil entender algo da Bíblia, pergunto para os meus pais ou peço a um líder da igreja para me explicar. Parábola eu já sei que é uma pequena história que Jesus contava para ensinar verdades sobre o reino de Deus.

Junior. – Isso mesmo, Michelle! Ana, vou falar mais uma palavra que acho que você não conhece.

Ana – Manda!

Junior. – A parábola que eu li é sobre o joio e o trigo.

Ana – Joio? Nunca ouvi falar!

Michelle. – Vou pesquisar imagens na internet para mostrar para você.

Ana – Deixa eu ver? Hummm, são parecidos, não é?

Junior. – São, mas apesar da aparência, são beeeeeeem diferentes.

Ana – Mas o joio serve para quê?

Michelle. – É uma planta que também pode ser chamada de erva daninha. Quando plantada perto de outras espécies, pode dar ruim no desenvolvimento da agricultura.

Ana – Eu, hein? Não gostei desse troço não!

Junior. – Pois é! Mas é muito interessante a lição que o Mestre nos ensina com essa parábola.

Ana – Conta logo que assim eu presto atenção e esqueço a fome!

ORAÇÃO

Mestre, agradeço pelas histórias que o Senhor contou e por nos ensinar com elas!

Junior: – Jesus comparou o Reino de Deus a um fazendeiro que plantou sementes de trigo em suas terras. Na mesma noite, enquanto os trabalhadores dormiam, um rival misturou sementes de ervas daninhas aos grãos de trigo e fugiu.

Ana: – Que coisa feia!

Junior: – Os lauradores perguntaram ao patrão o que fazer. Ele disse para arrancar o joio quando as ervas crescessem, amarrar em fardos para colocar fogo e guardar o trigo no celeiro.

Michelle: – Qual lição aprendemos, então?

Ana: – É preciso separar o bem do mal.

Junior: – Exatamente, Aninha.

Ana: – Uma vez minha avó disse algo parecido. Ela me mostrou uma laranja podre na cesta e disse que logo as outras ficariam estragadas também. Dito e feito!

Michelle: – Boa comparação também!

Junior: – Sim! Minha mãe disse que a lição serve para todas as escolhas que fazemos, para os nossos pensamentos, atitudes e palavras.

Ana: – Profundo, porém verdadeiro!

Michelle: – Que a gente possa aprender a distinguir o que é bom do que é ruim, para fazermos boas escolhas também, assim como fazemos com as frutas na feira.

Ana: – Por falar em feira, ai que vontade de tomar um suco!

Junior: – Minha barriga roncou! Hahaha! Vamos combinar um piquenique no parque?

Michelle: – Ótima ideia! Dá para a gente brincar e se divertir bastante! Mas preciso falar com a minha mãe primeiro.

Desafio! Ajude sua família a preparar alguma refeição. Aproveite para separar as folhas de salada que não estão boas e estragam o restante.

ORAÇÃO

Pai, peço sabedoria para separar as coisas boas das ruins!

No fim de semana...

Ana – Amiiiiiiiga, que bom que sua mãe deixou você vir ao parque! Até o senhor Antônio veio! Gosto tanto dele!

Michelle – Minha mãe disse que não é bom que crianças fiquem sozinhas. E como tive problemas de saúde quando era bebê, ela sempre fica preocupada.

Ana – Você devia ser uma bebê tão fofinha!

Michelle – Um dia mostro meu álbum de fotos para você!

Antônio – Turminha, "saco vazio não para em pé"! Vamos lanchar?

Junior – Não acredito que o senhor trouxe sua garrafa de café!

Antônio – Um cafezinho, boas amizades e a natureza dão *match*.

Ana – O que é isso, senhor Antônio? Desde quando o senhor sabe o que é *match*?

Antônio – Sou velho, mas sou esperto, minha filha! Muito obrigado por terem me tirado de casa!

Michelle – Por nada, senhor Antônio! Gostamos de estar juntos!

Junior – Vamos orar antes de comer?

Michelle – Claro! Sempre devemos agradecer ao nosso Senhor!

Junior – "Obrigado, Deus, por estarmos aqui, pela comida, pela sombra dessa árvore e também porque vamos nos divertir! O Senhor é muito bom para nós! Em nome de Jesus, amém."

Todos falam "amém".

Antônio – O meu médico disse para cortar o pão. Alguém me passa a faca, por favor?

Ana – Senhor Antônio, estamos de olho, viu?

Michelle – Gente, eu amo pão! Com queijo, manteiga, geleia e até com ovo!

Junior – Jesus sempre comia pão! E contou outra parábola sobre o pão e o fermento.

ORAÇÃO

Jesus, agradeço por poder contemplar a natureza e pelo alimento que não tem faltado!

Antônio: – Ouvidos atentos, meu garoto!

Junior: – Jesus ensinou que o Reino de Deus é como o fermento que uma mulher põe na massa, para fazer muitos pães, e fica esperando a massa crescer.

Ana: – Como assim? Não entendi.

Michelle: – O pão cresce por causa do fermento e porque sovamos a massa.

Ana: – Socamos a massa?

Michelle: – Não, Ana, sovar é quando amassamos a massa para que todos os ingredientes se misturem bem. Já fiz pão com a minha avó algumas vezes.

Antônio: – Minha amada fazia bisnaguinhas deliciosas! Como ela faz falta!

Michelle: – Eu imagino, senhor Antônio. Vocês foram casados por muito tempo?

Antônio: – Muito mais tempo do que a soma das idades de vocês três!

Junior: – A minha mãe fala que até a massa do pão descansa, menos ela!

Antônio: – Gerar e criar uma criança dá muito trabalho! Cansa demais mesmo!

Ana: – Calma aí! O que Jesus quis dizer é que precisamos fazer pão e levar para a igreja?

Junior: – Não é bem isso, mas o pessoal ia curtir muito! Nós precisamos ser como o fermento e fazer crescer o Reino, falando de Jesus para as pessoas, fazendo o bem e sendo bons exemplos para todos.

Ana: – Ahhh, entendi. E o pão nos alimenta, nos fortalece e nos nutre.

Junior: – A Palavra do Senhor é o nosso alimento. É do que precisamos para viver, e ela cresce dentro de nós quando a lemos ou a ouvimos.

Desafio: Com um adulto, faça a receita de um pão. Convide alguém para um café e conversem sobre Jesus.

ORAÇÃO

Amado Deus, que eu seja fermento e ajude o seu Reino a crescer!

Na segunda-feira, no intervalo, as amigas conversam.

Ana: – Amigaaaaa! Alguma coisa diferente vai acontecer na escola hoje. Não sei o que é, mas ouvi o professor falar com a coordenadora. Pareciam animados.

Michelle: – Bateu a curiosidade!

Ana: – Não sendo prova, está ótimo!

Mais tarde, a coordenadora passou de sala em sala e informou sobre uma programação chamada "Dia da Surpresa", da qual cada turma participaria na quadra. A programação poderia se repetir anualmente se houvesse colaboração dos alunos. Quando foi a vez da turma das meninas, elas comentaram:

Michelle: – Ana, olhe issooo!

Ana: – Meus óculos estão embaçados, não vejo direito.

Michelle: – Você preciiiiisa ver!

Ana: – Sempre carrego um lencinho. Vou limpar rapidinho.

Michelle: – Alguém me segura, senão vou sair correndo de tanta felicidade!

Ana: – Não posso acreditar!

Michelle: – Pula-pula, piscina de bolinhas, mesa de pingue-pongue, escorregador, não sei para onde olho! Quanta coisa legal!

Ana: – É o paraísooooooo! Não precisa copiar lição da lousa nem ler textos em voz alta!

Michelle: – A professora disse que teremos gincanas também! Cabo de guerra, dança das cadeiras, corrida de saco, descubra o objeto e muito mais!

Ana: – Não vejo a hora de começar! Mas, amiga, você não se perguntou qual o motivo disso tudo?

Michelle: – Parece que na última reunião de professores foi decidido que era preciso mudar a rotina, pois assim nosso rendimento seria melhor.

Ana: – Por mim eles podem mudar a rotina sempre! Iupiiiiii!

ORAÇÃO

Deus, faça de mim uma criança cheia de alegria!

Michelle: – Meu uniforme sujou, Ana!

Ana: – O importante é você se divertir, amiga!

Michelle: – Mas minha mãe vai ficar brava! E agora?

Ana: – Relaxa! Não vai acontecer nada!

Michelle: – Falando em acontecer, você soube da última? Não deixaram o Ted ficar na quadra porque outro garoto ficou nervoso com ele. Os dois acabaram na diretoria.

Ana: – Que babado!

Michelle: – O Ted corre superbem, então o outro garoto não soube perder, e os dois discutiram.

Ana: – A coordenadora disse que todos deveriam se comportar!

Michelle: – Pois é! Eu me lembrei disso!

Ana: – Espero que isso não prejudique a todos!

Michelle: – Idem! Às vezes, pelo erro de um ou dois, todo o resto se dá mal!

Ana: – Injusto!

Michelle: – Jesus disse que quem organiza seu mundo interior e coloca a mente e o coração no lugar certo é abençoado.

Ana: – O que isso significa?

Michelle: – Quando as pessoas discutem, é porque estão bravas. Logo, alguma coisa não está equilibrada. É igual a uma gangorra, não dá para ficar segurando o outro no alto o tempo todo. Tem que ser um de cada vez.

Ana: – Sinto raiva só de pensar!

Michelle: – É normal sentir raiva em algumas situações. O problema é deixá-la crescer dentro de nós!

Ana: – É um desafio grandão!

Michelle: – Sozinhos não conseguimos! Precisamos da ajuda do Pai!

ORAÇÃO Senhor, ajude-me a controlar minhas emoções para que eu possa viver bem!

No dia seguinte, a caminho da escola...

Junior: – Bom dia, pessoal! O que aconteceu ontem na escola? Todos estão comentando.

Michelle: – Bom dia! – arregalando os olhos.

Ana: – Só agora me dei conta de que você faltou! Foi um dia megalegal!

Junior: – Poxa...

Michelle: – Você está bem, Junior? Por que faltou?

Junior: – Tive uma consulta médica. Trouxe o atestado para comprovar a falta.

Ana: – Mês passado minha mãe me levou ao médico também, e eu tive que fazer exame de sangue.

Michelle: – Não gosto nadinha! Fico nervosa!

Ana: – Pelo menos a gente ganha um lanchinho depois!

Michelle: – Verdade! Minha mãe falou que é importante ir ao médico e fazer exames, mesmo que seja chato. É importante cuidar da saúde.

Ana: – Sabe de uma coisa de que tenho medo? Dentista!

Michelle: – Aquele motorzinho! Uiiii! Que agonia!

Ana: – Não consigo dormir direito à noite quando sei que vou ao dentista no dia seguinte!

Michelle: – Junior? Junior? Por que está tão calado?

Junior: – Não é nada!

Ana: – Desembucha!

Junior: – Perdi a diversão ontem! Deve ter sido massa!

Michelle: – Se ano que vem a escola fizer o Dia da Surpresa, você participa.

Junior: – Um ano demora muito para passar! – disse, demonstrando tristeza.

Ana: – Que nada! Vai passar rapidinho, você vai ver!

Michelle: – Hoje é o dia da escolha dos times para o campeonato de futebol.

Ana: – O dia tão esperado pelos garotos...

ORAÇÃO

Mesmo que os outros não percebam a minha ausência, o Senhor não se esquece de mim, Jesus! Por isso agradeço!

No mesmo dia, na parte da tarde...

Antônio: – Boa tarde, rapazinho. Está com o semblante diferente hoje. Aconteceu alguma coisa?

Junior: – Boa tarde, senhor Antônio. Estou chateado. Precisei faltar na escola ontem, perdi o Dia da Surpresa, e minhas amigas não se lembraram de que eu não estava lá. Eu me senti esquecido.

Antônio: – Sinto muito! Tenho certeza de que elas não fizeram de propósito.

Junior: – É triste. O senhor sabia que Jesus já foi esquecido quando tinha 12 anos de idade?

Antônio: – E onde os pais dele estavam?

Junior: – Voltando para casa. A família toda foi a Jerusalém para a festa da Páscoa e, na volta, Jesus ficou para trás. Maria e José demoraram dias para perceber.

Antônio: – Espero que essa história tenha terminado bem.

Junior: – Os pais dele tiveram que viajar um dia inteiro de volta e começaram a procurá-lo.

Antônio: – Eu teria ficado desesperado; e a minha esposa, em prantos!

Junior: – Somente no dia seguinte Jesus foi achado. Ele estava no templo conversando com os líderes religiosos, e todos ficaram admirados pela sua inteligência e sabedoria.

Antônio: – Posso imaginar que os pais dele ficaram muito preocupados!

Junior: – Mas depois eles voltaram para Nazaré e ficou tudo bem.

Antônio: – Pessoas são falhas e cometem erros. Sei que as meninas têm muito carinho por você. Logo tudo ficará bem!

Você já se esqueceu de alguém? Como essa pessoa se sentiu?

ORAÇÃO

Hoje peço ao Senhor para colocar paz dentro do meu coração!

Você tem uma lista de pedidos de oração? Que tal começar a anotar sobre suas conversas com Deus hoje?

FEVEREIRO

No intervalo da escola, a turma conversa.

Michelle: - Times escolhidos. Agora é hora de treinar bastante e se preparar para o campeonato.

Ana - Quero saber quando teremos um campeonato feminino! Junior, você ficou em qual time?

Junior: - Não fui escolhido, Ana. Isso acabou com o meu dia! Chego a sentir dor de barriga! Não sei o motivo de me sentir assim, mas é muito ruim.

Michelle: - Você consegue explicar melhor o que está sentindo?

Junior: - Rejeição, eu acho.

Ana: - Xiiii, sei bem o que é isso! Recebo olhares tortos por causa do meu cabelo volumoso e da cor da minha pele.

Michelle: - Vocês conhecem a história de um homem chamado Zaqueu? Ele morava em Jericó, era rico e trabalhava como cobrador de impostos para Roma. Jesus estava na cidade de Zaqueu, que queria muito ver o Mestre. Mas havia uma multidão e, como ele era baixinho, não conseguia enxergar direito.

Junior: - Tenho certeza de que o zoavam por causa disso!

Michelle: - E também o chamavam de pecador, porque ele explorava seu próprio povo. Ah, ele até cobrava impostos a mais para ficar com o dinheiro.

Ana - E o que aconteceu depois?

Michelle: - Zaqueu subiu numa árvore para conseguir ver Jesus passando!

Ana - Baixinho corajoso!

Michelle: - Jesus viu que Zaqueu estava lá na árvore! Falou para ele descer e disse que naquele dia se hospedaria na casa dele. Zaqueu ficou muito feliz!

Junior: - Eu também ficaria!

Michelle: - Pode estar certo de que Jesus também o vê, Junior.

ORAÇÃO

Faça-me lembrar de que sempre sou visto pelo Senhor, Deus!

No final do dia...

Papagaio Lara: – Junior chorando, Junior chorando.

Michelle ouviu aquilo e ficou preocupada. Imediatamente começou a orar pelo amigo e, depois, saiu para procurá-lo.

Michelle: – Junior! Por que você está chorando?

Junior: – Nada, Mi. Preciso ficar sozinho.

Michelle: – Mas eu me preocupo com você! Vamos conversar!

Junior: – Meus pais brigaram outra vez! – e caiu em lágrimas. – O meu pai tem uma doença que afasta as pessoas dele. Nós não somos amigos. Nunca jogamos bola juntos nem saímos para lanchar. Sinto que sou órfão de pai vivo!

Michelle: – Meu coração fica partido ao ver você assim!

Junior: – Quando meu pai está nervoso, fica muito agressivo. Às vezes, penso que seria melhor se eu não existisse mais!

Michelle: – Não diga isso!!!

Junior: – Você não tem ideia, Mi, de como o clima na minha casa é terrível! Minha mãe trabalha muito e ainda sofre maus-tratos por parte do meu pai. Eu a amo tanto e gostaria de viver em harmonia com a minha família.

Michelle: – Existe algo que eu possa fazer para ajudar?

Junior: – Oração! Muita oração!

Michelle: – Eu estava orando e procurando por você, Junior. Vou orar todos os dias por sua família.

Junior: – Obrigado por se importar. Estou um pouco melhor por ter desabafado.

Michelle: – Amigos são para essas coisas!

ORAÇÃO

Pai, que eu encontre segurança no Senhor quando me sentir em perigo.

Michelle. – Fale com Jesus sempre que você quiser e precisar! Não sei como as coisas são dentro da sua casa, Junior, mas o Senhor não sai do seu lado nem mesmo por um segundo!

Junior. – É muito complicado! Já sinto vontade de chorar novamente!

Michelle. – Não tem o menor problema!

Junior. – Eu não sinto vontade de ir para a escola, sofro *bullying* na entrada e na saída... Imagina chorar na frente dos outros alunos?

Michelle. – Não é fácil, mas você precisa chorar! Esse negócio de engolir o choro é besteira!

Junior. – Vão me zoar ainda mais!

Michelle. – Chore enquanto estiver no seu quarto, na presença de Jesus. Converse com as pessoas em quem você confia e compartilhe o que você sente com elas. Dá um alívio enorme depois. Você se lembra das palavras do Mestre dizendo que aqueles que choram serão consolados? Então, ele se lembra de cada lágrima que você já derramou na sua vida, Junior.

Junior. – Já perdi a conta de quantas vezes chorei!

Michelle. – Mas o Pai sabe! Por dentro, você está ferido e sem esperanças. Não consigo imaginar o tamanho da sua angústia quando acontece alguma briga, mas por favor lembre-se de que nosso Deus sabe e vê todas as coisas.

Michelle. – Jesus é o nosso melhor amigo. E podemos desabafar com ele pela manhã, tarde, noite ou mesmo de madrugada!

Junior. – Ele não vai se cansar de mim em algum momento, não?

Michelle. – Jamais!!

Você já contou para Deus sobre os seus sentimentos? Que tal fazer isso agora?

ORAÇÃO

Querido Deus, agradeço por me ouvir e ser meu melhor amigo!

No outro dia de noite...

Antônio: – Melhor vocês se apressarem, vai cair uma chuva daquelas!

Ana: – De noooooovo? Tem chovido demais!

Michelle: – A moça da previsão do tempo disse que será assim a semana inteira.

Junior: – Ah, não! Ficar dentro de casa sem poder brincar na rua é chato demais!

Ana: – Minha mãe fica irritada porque as roupas não secam.

Antônio: – O que vocês costumam fazer quando está chovendo?

Ana: – Eu tiro um cochilo ou faço artesanato.

Michelle: – Eu leio um livro, ouço música ou fico na cozinha com a minha mãe.

Junior: – Eu assisto a alguma coisa na tevê.

Antônio: – Em dias chuvosos, minha amada esposa passava um café fresquinho e assava pão de queijo. Conversávamos por horas e horas. Bons tempos!

Michelle: – Que boa lembrança, senhor Antônio. Pão de queijo é muito gostoso!

Ana: – Parece que em dias chuvosos e frios nossa fome aumenta.

Antônio: – Sim, menina, nosso corpo gasta muitas calorias para equilibrar a temperatura corporal. É normal mesmo.

Junior: – Olhem! É o Ted logo ali?

Michelle: – O próprio!

Junior: – Ele mora um pouco longe daqui. Acho que vou emprestar meu guarda-chuva para ele.

Ana: – Tenho esse grandão aqui que dá pra nós.

Junior: – Teeeeeeeeeeeeed!

Ted: – Não posso falar agora. Tenho que ir rápido para casa antes que chova.

Junior: – Pega meu guarda-chuva emprestado. Depois você me devolve.

Ted: – Valeu.

ORAÇÃO Senhor, que eu possa ajudar todas as pessoas, amigas ou não!

Michelle: – A moça do tempo acertou em cheio! Chuva, chuva e mais chuva.

Ana: –Tô entediada!

Junior: – Quem lembra daquela história de Jesus no barco quando estava caindo uma tempestade?

Ana: – O barco virou, não foi?

Michelle: – Nãão, Ana!

Junior: – Você vai se surpreender! O Mestre estava no barco com os discípulos quando, de repente, começou um grande temporal. As ondas batiam com força, e a água começou a invadir a embarcação.

Ana: – Que medo!

Junior: – Sabem o que Jesus estava fazendo?

Michelle: – Estava dor-min-do!

Ana: – Não acredito! Que sono pesado, hein?

Junior: – Ele estava lá, deitado com a cabeça no travesseiro na popa do barco, bem de boa. E os discípulos acordaram Jesus, desesperados. Eles pensaram que iam morrer.

Michelle: – O Senhor acordou e mandou o vento se acalmar. Ele disse ao mar para sossegar e ficar quieto. Na mesma hora, tudo se acalmou.

Ana: – Uau! Jesus conversou com a água da praia e com o vento! E os discípulos?

Michelle: – Ele questionou o medo e a fé deles.

Junior: – Deve ter sido da hora!

Ana: – Porque não era você que estava no barco! Deus me livre!

Michelle: – O ensinamento que Jesus nos deixa com esse milagre é que, mesmo em situações que parecem não ter saída, não podemos deixar de crer.

Junior: – Ele está "no barco" com a gente. Isso significa que, não importa a nossa situação, ele está conosco, Ana. Então, não há perigo. Basta que tenhamos fé.

Ana: – Estou sem palavras!

ORAÇÃO

Pai, tire o medo de dentro de mim e aumente a minha fé!

Uma semana depois...

Ana – Gente! Que friaca é essa?!

Michelle – O tempo virou do nada, não é?

Junior – A professora de ciências está sempre falando sobre as mudanças climáticas e como as estações estão bagunçadas.

Ana – Bagunçado está o meu guarda-roupas! Minha mãe disse que preciso arrumar logo! E, falando em roupas, que blusa bonita você está usando, Junior!

Junior – Foi minha mãe quem fez! Ela tem uma máquina de tricô e sabe fazer várias peças de roupa bem legais.

Michelle – Que talentosa! Achei linda!

Junior – Sim, ela é uma mulher muito criativa e batalhadora!

Ana – Ela tem muitas linhas de cores diferentes?

Junior – Tem sim, precisa variar as cores para mostrar aos clientes. Ela vende bastante!

Michelle – As roupas são feitas de lã?

Junior – Exatamente, lã que é retirada das ovelhas.

Michelle – E nos esquentam no frio com as blusas, cachecóis, toucas e luvas. Vocês conhecem a parábola da ovelha perdida?

Ana – Não! O que aconteceu com ela? Por que se perdeu? Alguém a encontrou?

Junior – Calma, menina! Quantas perguntas!

Michelle – Vou dar um *spoiler*. Acabou tudo bem sim, fique tranquila!

Ana – Ufa! Estou aliviada agora!

Junior – Na saída você conta tudo? Precisamos ir para a sala de aula agora.

Ana – Ahhhhhh, não! Terei que esperar até a gente se ver de novo?!

Michelle – Segure a curiosidade, amiga. O tempo vai passar rapidinho.

 **ORAÇÃO** Senhor, agradeço pelas roupas que me aquecem!

Ana – Michelle, conta logo a história da ovelha perdida, por favorzinho!

Michelle – Na verdade, por ser uma parábola, Jesus queria ensinar as pessoas através dessa história. Ele pede que a gente imagine a situação.

Ana – Modo imaginação ativado!!

Michelle – Vamos pensar que um de nós tenha cem ovelhas e perca uma delas.

Ana – Pode acontecer, não é? Cem ovelhas é um número grande! E deve dar trabalho cuidar delas, ainda mais ouvindo "MÉÉÉÉÉ", "MÉÉÉÉÉ", "MÉÉÉÉÉ" o tempo todo!

Junior – Eu ficaria sem saber o que fazer!

Michelle – Mas a pergunta que fica é: vocês iriam atrás dessa que se perdeu?

Ana Como? Eram 99 para cuidar!!

Junior – Teria que deixar as 99 no pasto para ir atrás daquela!

Michelle – O Mestre queria explicar que, mesmo sendo apenas uma ovelha, ela era importante. Todas eram, na verdade.

Ana – Fico tão feliz quando acho alguma coisa que havia perdido!

Junior – Dá um alívio! Ufa!

Michelle – Imaginem a felicidade ao encontrar a ovelhinha!

Ana – Eu a pegaria no colo para dar um abraço beeeeeem apertado!

Michelle – Vocês conseguem perceber que não somos "apenas mais um" para Deus?

Junior – Ele se importa com cada um de nós e nos resgata quantas vezes forem necessárias! Podemos também pensar em famílias grandes. Todos os filhos são importantes para os pais. Ou, ainda, em uma sala de aula cheia de alunos, todos têm valor para a professora.

Michelle – Mandou bem, Junior!

 **ORAÇÃO** Senhor, agradeço por me salvar e por se importar comigo!

Michelle: – Bom dia, galera. Como foi o fim de semana de vocês?

Junior: – Normal.

Ana: – Foi da hora! Comi hambúrguer com bastante queijo, ketchup e mostarda! Hummm!

Junior: – Não gosto de mostarda, eca!

Michelle: – Sabiam que a semente da mostarda é beeeeem pequenininha?

Junior: – Para tudo! A mostarda é uma planta??

Ana: – Eu não sabia, não!

Michelle: – Sim, pessoal! Olhem uma imagem no celular.

Junior: – É minúscula!!

Michelle: – O incrível é que a planta pode crescer até 1,5 metro de altura. Jesus fala sobre o grão de mostarda algumas vezes na Bíblia, logo já deu para perceber que podemos aprender muito com ele.

Junior: – Ok aprender lições novas, mas mostarda no meu sanduíche, não!

Ana: – Conta uma das histórias do Mestre sobre o grão de mostarda, então.

Michelle: – Jesus comparou o Reino de Deus com a semente de mostarda plantada por um agricultor. É superpequena, mas cresce tanto a ponto de os pássaros fazerem ninhos em seus ramos.

Junior: – Uau!

Ana: – Algumas pessoas não querem saber sobre a Bíblia ou Jesus. Acreditam em outras coisas, não é?

Michelle: – É verdade, por isso precisamos falar dele para as outras pessoas. Somente ele é o verdadeiro Deus!

Junior: – É só falar?

Michelle: – Olha, "plantar" a semente do Reino de Deus pode ser através de um versículo, orando por alguém, ou ainda ajudando uma pessoa de alguma forma.

ORAÇÃO

Quero plantar a semente do Reino de Deus todos os dias! O Senhor me dá oportunidades?

No dia seguinte, no caminho para a escola...

Michelle: – Oi, gente! O que vocês vão fazer amanhã?

Junior: – Preciso estudar para a prova de geografia.

Michelle: – Vou à feira com os meus avós. Ana?

Ana: – Irei a um casamento com os meus pais! Estou tão animada!

Junior: – O primeiro milagre de Jesus foi em um casamento, não foi?

Michelle: – Exatamente! Você conhece essa história, amiga?

Ana: – Acho que não. Conta, Junior!

Junior: – Jesus, sua mãe e os discípulos foram convidados para uma festa de casamento na cidade de Caná. Maria percebeu que o vinho estava quase acabando, então comentou com o filho.

Ana: – Nunca bebi vinho!

Michelle: – E nem deve beber, mocinha. Crianças não tomam essas coisas.

Junior: – O cheiro é forte, embrulha o meu estômago!

Ana: – Já sei! Jesus mandou o *delivery* levar mais vinho para os convidados?!

Junior: – Negativo! Na verdade, Maria sabia que Jesus era cheio de compaixão e poderoso para fazer milagres. Então ela disse aos empregados para fazerem tudo o que o Mestre ordenasse. Jesus mandou os empregados encherem seis grandes potes de pedra com água, e eles assim fizeram, até os potes quase transbordarem!

Ana: – Mas isso qualquer um poderia fazer!

Michelle: – O Junior não terminou ainda, Ana!

Junior: – O mestre de cerimônias experimentou e percebeu que não era água, era VINHO! E ainda disse que aquele era o melhor vinho!

Ana: – Não pode ser!

Michelle: – Os discípulos acreditaram nele imediatamente!

Ana: – Impossível não acreditar mesmo!

ORAÇÃO

Que o Senhor possa transformar a minha vida como fez com a água naquele casamento!

No intervalo, as meninas começam um jogo.

Michelle e Ana cantando: – Nós somos vendedoras de frutas, qual fruta você quer..?

Junior: – Hã?

Michelle: – É uma brincadeira! Escolha uma fruta para ver se podemos "vender".

Junior: – Laranja.

Michelle e Ana cantando: – Laranja nós não temos. Nós somos vendedoras de frutas, qual fruta você quer...?

Junior: – Banana.

Michelle e Ana cantando: – Banana nós não temos.

Junior: – Vocês são "vendedoras", mas não têm nada que eu quero!

Ana: – Tem um esquema para acertar. Vamos trocar agora. Você e a Michelle cantam, e eu escolho as frutas. Preste atenção!

Junior e Michelle cantando: – Nós somos vendedores de frutas, qual fruta você quer...?

Ana: – Abacaxi.

Michelle: – Abacaxi ela pode comprar, Junior. Vamos outra vez, para você entender.

Junior e Michelle cantando: – Nós somos vendedores de frutas, qual fruta você quer...?

Ana: – Abacate.

Michelle: – Pode também.

Junior: Não estou entendendo NADA!

Ana: – Vamos eu e você agora, Junior.

Junior e Ana: – Nós somos vendedores de frutas, qual fruta você quer...?

Michelle: – Mamão.

Junior: – Não pode, não é?

Ana: – Pode, sim! Ela pode comprar manga, melancia, maçã e outras! Eu posso comprar acerola, amora, ameixa e açaí, por exemplo.

Junior: – Acho que matei a charada!

ORAÇÃO

Senhor, que eu sempre aproveite as brincadeiras e aprenda com elas!

Michelle: - Que legal, Junior! O que você entendeu da brincadeira?

Junior: - Cada um só pode comprar as frutas que tiverem as mesmas iniciais dos nossos nomes. Eu posso comprar jaca, jambo, jabuticaba e jatobá, por exemplo!

Ana: - Garoto esperto!!

Junior: - Olha o Ted ali... Vamos chamá-lo e ver se ele descobre como brincar dessa brincadeira?

Michelle: - Ted! Vem aqui rapidinho, por favor?

Ted: - O que foi?

Michelle, Ana e Junior cantando: - Nós somos vendedores de frutas, qual fruta você quer...?

Ted: - Tangerina.

Todos olham admirados um para o outro.

Ted: - Tâmara e tamarindo também.

Ana: - Ah, você já conhece essa brincadeira!

Ted: - Escutei vocês três falando.

Junior: - Olha só, ouvindo a conversa dos outros!

Ted: - Vocês estavam falando super baixo, só que não!

Michelle: - A brincadeira é legal, poxa, ficamos empolgados! Uma pergunta: vocês já comeram figo?

Todos negam com a cabeça.

Michelle: - Jesus uma vez contou uma parábola sobre a figueira, que é a árvore que dá figos.

Ted: - Já vou indo nessa...

Junior: - Não, Ted, fica com a gente para ouvir a história.

Ana: - É, Ted, não vai agora!

Ted: - Certo, mas não posso demorar muito.

Michelle: - Eu amo falar sobre o Mestre e as histórias que ele contou!!

ORAÇÃO

Senhor, que eu me apaixone pelas Escrituras e conte suas histórias para outras pessoas!

12 / 02

Mateus 21.18-21

Ana: – Você ama falar sobre Jesus, e eu amo ouvir!

Michelle: – Um dia Jesus estava com fome e viu uma figueira à beira da estrada. Ele se aproximou, pois pensava que encontraria figos, mas não havia nada além de folhas.

Junior: – Ruim demais quando estamos com fome e não encontramos o que comer!

Ted: – Eu sempre preciso me alimentar bem, por causa do esporte.

Ana: – "Frutas, legumes e verduras", é o que os adultos falam que devemos comer.

Michelle: – Pois é, Ana. Continuando, o Senhor apenas disse: "Não haja figos nunca mais nesta árvore!", e a figueira ficou seca no mesmo minuto!

Ted: – Mas como foi que ele fez isso?

Ana: – Eu teria perguntado: "Vocês viram o que eu acabei de ver?"

Michelle: – Exatamente! Aos nossos olhos, teria sido mesmo algo chocante! O Mestre disse que, se não duvidarmos de Deus, conseguiremos fazer muitas coisas espetaculares, como as que ele fez. Isso significa que venceremos grandes obstáculos.

Junior: – Já pensou? Eu olhar para uma árvore e mandar ela me dar uma maçã bem docinha quando eu estiver com fome?

Michelle: – Precisamos ter cuidado com esse tipo de pensamento, porque não devemos colocar Deus à prova. Ele nos deu as feiras e os mercados para comprarmos as frutas, não é?

Ted: – Acabou a história, então, certo? Agora tenho que ir.

Todos acharam estranho o jeito como Ted falou, mas se despediram dele.

Ana: – Será que o figo é uma fruta saborosa?

Michelle: – Minha mãe disse que é.

 Que eu jamais duvide do poder que o Senhor tem, Jesus!

Ana – Galera, expliquem uma coisa, por favor. Como foi o milagre da multiplicação dos pães e peixes?

Michelle – Jesus queria ficar sozinho, mas alguém o reconheceu e contou aos demais que ele estava na Galileia. O pessoal foi chegando, e o Mestre sentiu muita compaixão pelos doentes, decidindo assim curá-los.

Junior – Jesus era tipo um famoso, não é? Sempre tinha gente indo atrás dele!

Michelle – Sim, mas era um homem bom que ajudava muito as pessoas! Quando a noite chegou, os discípulos pensaram que era melhor toda aquela multidão ir embora para ter o que comer nas cidades, pois tudo o que possuíam eram apenas 5 pães e 2 peixes.

Junior – Você disse "multidão". Quantas pessoas havia ali?

Michelle – Cerca de 5 mil, fora as mulheres e crianças. O Senhor mandou chamar todo mundo, pegou os pães e os peixes, olhou para o céu, abençoou o pão, partiu-o e entregou tudo aos discípulos. Eles foram repartindo, repartindo, repartindo e todos ficaram com a barriga cheia!

Junior – É surpreendente!

Michelle – No final, os discípulos ainda recolheram 12 cestos de sobras!

Ana – Foi muita comida meeeeesmo!

Michelle – Com esse belo milagre, aprendemos que aquilo que é pouco aos nossos olhos pode se transformar em uma quantidade enorme nas mãos do nosso Salvador! Ele sempre supre as nossas necessidades! É como quando minha mãe diz para as visitas que chegam de última hora: "Vou colocar mais água no feijão", para a comida dar para todo mundo.

ORAÇÃO

Agradeço porque o Senhor me abençoa com aquilo de que necessito!

Em uma manhã...

Ana – Gente, eu tenho uma pergunta! Vocês tomaram café hoje?

Junior – Acordei sem fome. Tomei apenas um copo de suco.

Michelle – Eu tomei, sim! Café com leite, pão com manteiga e uns pedaços de mamão.

Ana – Eu tomei café. Leite com chocolate, pães de queijo e uma banana. Mas ainda sinto fome!

Junior – Existem dias em que sentimos mais fome mesmo, principalmente nos dias frios.

Michelle – Sabe, amiga, acabei de me lembrar de uma bem-aventurança de Jesus.

Ana – Sério? Qual é?

Michelle – "Abençoados são vocês, que sentem fome de Deus. Ele é comida e bebida – é alimento incomparável".

Junior – Confesso que não entendi muito bem.

Ana – Eu também não!

Michelle – Sentir fome de Deus é ter aquela vontade de aprender cada vez mais sobre ele. Ler a Bíblia, ouvir as histórias, orar o tempo todo e falar com as pessoas sobre o amor divino.

Ana – Acho que tenho fome de Deus, então!

Michelle – Tem sim, Ana! Você sempre mostra que quer saber mais coisas sobre o nosso Mestre.

Junior – São tantas histórias que prendem a nossa atenção!

Ana – Fico imaginando se eu tivesse vivido na época de Jesus. Como seria?

Junior – Você não teria celular nem *wi-fi*, lembre-se disso!

Ana – Complicado! – e dá um sorrisinho meio sem jeito.

Michelle – Mas você teria, talvez, a possibilidade de ver Jesus pessoalmente!

Junior – Deve ter sido sensacional!

Ana – Pode crer!

ORAÇÃO

Senhor, quero sempre ter fome e sede das coisas do Reino!

As crianças estão sentadas no banco da praça no fim da tarde, conversando sobre o que Ana aprendeu na aula de ciências.

Ana: - Vocês sabiam que a Lua e os planetas não têm luz própria? Não conseguimos ver a Lua a não ser que ela seja iluminada pela luz do Sol. Eu acho isso fascinante!

Junior: - Que legal! Isso me faz lembrar de Jesus, que é a luz do mundo.

Michelle: - Nossa, verdade! Não tinha pensado nisso.

Ana: - Calma aí, Jesus é o Sol? Não cheguei nessa parte do meu livro de ciências – diz, folheando o livro freneticamente.

Junior: - Nãaao, Ana. Não foi isso que eu quis dizer. Certa vez, Jesus disse ao povo que ele é a luz do mundo e que aqueles que o seguem jamais andarão nas trevas, mas terão a luz da vida. Isso significa que ele nos tira da escuridão do pecado e nos ilumina com a luz da vida.

Ana: - Ahh, então acho que eu estou pegando a conexão. Ou seja, assim como o Sol ilumina a Lua e os planetas, Jesus nos ilumina, pois ele é a luz do mundo. Acertei?

Michelle: - Boa, Ana! É isso mesmo. Nós não temos luz própria; a nossa luz depende de Jesus. Por causa da luz dele, passamos a ter luz também. A luz de Jesus nos traz esperança e perfeita paz! Jesus nos tirou das trevas, do medo, da angústia.

Ana: - Não vejo a hora de escurecer para poder olhar para o céu cheio de estrelas e para a Lua!

Michelle: - Falando nisso, é melhor a gente sair daqui, porque daqui a pouco fica escuro.

ORAÇÃO

Jesus, agradeço por me dar a esperança de viver na luz! Amém.

No dia seguinte, a turma se encontrou na casa do senhor Antônio e conversou sobre as tentações que Jesus venceu no deserto:

Michelle: – A lição que tiramos é: Jesus venceu as tentações e usou as Escrituras Sagradas para rebater as palavras do Diabo!

Junior: – Devemos fazer o mesmo, então?

Ana: – Preciso ler muito mais a Bíblia, pois assim saberei os textos de cor e os usarei contra ele quando alguma situação acontecer!

Junior: – É verdade, a leitura da Palavra nos fortalece e nos ajuda a conhecer mais sobre o Senhor.

Antônio: – Mudando um pouco de assunto... Jesus ficou quarenta dias sem comer. Já está na hora do café da tarde, e minha barriga está roncando!

Michelle: – O dia está quente para tomar café, senhor Antônio!

Antônio: – Eu não me importo! Um café fresquinho nunca é demais!

Ana: – O senhor ainda tem aquela mesa branca de plástico, senhor Antônio?

Antônio: – Tenho. Por que a pergunta?

Ana: – Já que está calor, poderíamos nos sentar à sombra daquela árvore e fazer um lanchinho. Posso ir buscar pão na padaria.

Michelle: – A ideia é boa, mas o certo é cada um mandar uma mensagem para a mãe pedindo permissão primeiro.

Junior: – É melhor falar com elas mesmo!

Antônio: – Vocês estão certos! Espero por vocês!

 **ORAÇÃO** Peço ao Senhor que me proteja do Inimigo em todos os momentos!

Cinco minutos depois...

Junior: – A minha mãe deixou!

Michelle: – A minha também, mas falou para eu não demorar e deixar de atrapalhar o senhor Antônio.

Antônio: – Vocês não me atrapalham! Fico tanto tempo sozinho!

Ana: – A "dona minha mãe" disse: "O senhor Antônio não tem obrigação de ficar preparando lanche para vocês. Que coisa feia, Ana!".

Antônio: – Quer que eu fale com ela?

Ana: – Por favooooooor! Vou apertar esse botão e o senhor pode falar, aí o aplicativo vai gravar a sua voz e enviar a mensagem.

Antônio: – Quanta modernidade!

Antônio explica que não é nenhum incômodo e que gosta de estar na companhia das crianças. Ana faz uma dancinha para comemorar.

Antônio: – Vou passar um café e pegar o pote de bolachinhas. Também tenho bolo de fubá que fiz ontem.

Michelle: – Vou com a Ana na padaria buscar pão e suco de uva.

Ana: – Hummmmm! Junior, arruma a mesa e as cadeiras, por favor.

Junior: – Falou igual à minha mãe agora! Já vou, já vou.

Dez minutos depois...

Antônio: – Que mesa linda!

Junior: – Precisamos orar antes de comer!

Todos fecham os olhos e Junior ora: – "Senhor Jesus, muito obrigado por esse dia e por essa mesa de café. Agradecemos pelas amizades verdadeiras e sinceras. Em nome de Jesus, amém".

Todos falam amém.

ORAÇÃO

Agradeço por tudo o que o Senhor passou por amor a mim!

Michelle, Ana e Junior passando em frente à casa do senhor Antônio...

Junior: – Olá, senhor Antônio! Está cuidando das plantinhas?

Antônio: Oi, crianças! Sim, estou. Minha amada esposa gostava muito de fazer isso, então acabei pegando o jeito. É também uma forma de recordar os momentos com ela.

Michelle: – Minha mãe tem vários vasos em casa.

Antônio: – Mas vocês gostam de mexer com a terra?

Junior: – Para ser sincero, não curto, não. Tenho medo de achar alguma minhoca.

Antônio: – Qual de vocês já plantou grãos de feijão no algodão?

Todas as crianças falam juntas: – No algodão?

Antônio: – Sim, no algodão! É simples e fácil. Não precisa mexer com a terra, então nada de minhocas. Ouviu, Junior? Basta pegar um copinho de plástico, molhar o algodão com água e colocá-lo no fundo do copo. Depois é só pôr uns dois ou três grãos de feijão no algodão. É muito importante deixar o copo perto da janela para receber luz. Com o passar dos dias, o algodão vai secar. Vocês podem colocar algumas gotinhas de água novamente quando for necessário. Fiz muito isso com os meus filhos!

Ana: – Desculpe, senhor Antônio, não quero dar a entender que estou duvidando do senhor, mas não precisa de terra mesmo?

Antônio rindo.

Antônio: – Que tal se vocês fizessem em casa para ver se dá certo?

Junior: – Vou correndo lá!

Michelle: – Quero ver vocês me alcançarem!

Antônio: – Não corram! Cuidado!

ORAÇÃO Senhor, que eu respeite os mais velhos e aprenda com eles.

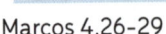   
Uma semana se passou. A turminha foi até a casa do senhor Antônio segurando os copinhos de plástico. Eles começaram a conversar no jardim.

Antônio: - A experiência deu certo, pessoal?

Michelle: - Está dando! Olhe aqui - mostrando os grãos de feijão germinados com um sorriso no rosto.

Ana: - Acho que está, não é? - Ana mostra o copo dela.

Antônio: - Muito bem! Deixe-me ver o seu, rapazinho.

Junior: - Não rolou, gente. Devo ter feito algo de errado!

- olhando para baixo chateado.

Antônio: - Você se lembrou de colocar o copo perto da luz?

Junior: - Ahhhh, foi isso! Como eu sou burro!

Michelle: - Não diga isso! Todos podemos errar!

Ana: - Tente novamente, Junior. Sua mãe não vai se importar se você pegar mais alguns grãos de feijão. E lembre-se de deixar o copo perto da luz.

Antônio: - Exatamente! Assim como nós precisamos da luz do Sol, as plantas também precisam.

Michelle: - E de água, não é, senhor Antônio?

Antônio: - Sim, mocinha. Muita água!

Ana: - Eu não gosto de água!

Michelle: - Mesmo sem gostar ou sem estar com sede, nosso corpo precisa.

Ana: - Não é fácil ser uma pessoa!

Antônio: - Como vocês se sentiram ao cuidar da plantinha?

Michelle: - Eu acordava sempre ansiosa para vê-la! É incrível perceber que, de um dia para o outro, ela estava diferente!

Ana: - No começo pensei que não ia acontecer nada!

 **ORAÇÃO** Pai, peço ao Senhor que me ajude a esperar o tempo certo das coisas!

Junior: – Uma vez a professora da escola bíblica contou a parábola da semente. Querem que eu conte?

Todos respondem que sim.

Junior: – Ela disse que Jesus queria ensinar sobre o tempo.

Ana: – Não era a parábola da semente?

Junior: – Sim! Respondam à minha próxima pergunta: o feijão de vocês cresceu bem rápido, meninas?

Michelle: – Demorou uns três dias, mais ou menos.

Junior: – Jesus disse nessa parábola que o Reino de Deus é como sementes lançadas num campo por um homem. Ele vai dormir e se esquece do que fez. A semente brota e cresce, porque a terra dá conta de tudo, sem a ajuda de ninguém.

Antônio: – É verdade, Junior. A terra recebe os raios do Sol e a água da chuva. É um processo natural.

Junior: – O tempo passa e, na hora certa, o agricultor faz a colheita!

Antônio: – Como esse pé de limão que tenho aqui. Foi plantado há bastante tempo, mas, na época certa, os limões crescem e eu posso retirá-los.

Junior: – O tempo de Deus é perfeito, não é mesmo? Será que podemos colher juntos, senhor Antônio?

Antônio: – Claro! Não consigo usar todos. Vamos pegar, melhor do que estragarem!

Ana: – Dá para fazer suco, torta, musse, bolo, hummmmm!

Michelle: – Minha boca encheu de água agora!

Antônio: – Atenção com os doces, crianças! Vocês não podem comer muito!

Michelle: – Deus nos deu tempo de vida suficiente para podermos comer um pouquinho de cada vez! E vai ser no tempo certo também que teremos feijões frescos!

 **ORAÇÃO** — Agradeço pelas plantas que nos alimentam, Senhor!

Em uma manhã de domingo, Junior estava a caminho da igreja, andando distraído. Ao passar por uma rua onde havia uma feira, ele esbarrou acidentalmente no Ted.

Ted: – Você bateu no meu ombro, velho!

Junior: – Desculpa, Ted. Foi sem querer!

Ted: – Desculpa nada. Você me irritou e, se eu pudesse, daria o troco agora, na frente de todos!

Junior: – Já pedi desculpas, mano. Não foi minha intenção.

Ted: – Imagina você chegando na sua "igrejinha" com a roupa toda suja porque alguém bateu em você na rua! Hahaha!

Junior: – Nós éramos próximos. Não entendo o motivo de você ficar me tratando assim.

Ted: – Olhe para si mesmo no espelho! Você é um "crentão" agora!

Junior: – O fato de eu ter começado a ir à igreja incomoda você?

Ted: – Fala sério! Meus pais dizem que as igrejas são chatas.

Junior: – Se você começasse a frequentar a igreja, veria com os próprios olhos que não é bem assim.

Ted: – Eu não vou perder o meu tempo!

Junior: – Não tem a ver com perder tempo e sim com ganhar tempo!

Ted: – Hã?

Junior: – Deixa pra lá! Você está irritado demais para entender alguma coisa agora. Vou fazer algumas orações por você e pela sua família.

Ted: – Eu não pedi nada para você!

Junior: – Não precisa pedir, farei mesmo assim. Tenho muita fé em Deus e sei que um dia você vai conhecê-lo melhor e perceber que perdeu o seu tempo com coisas bobas.

Ted: – Vou deixar você falando sozinho!

ORAÇÃO Que eu consiga falar do Senhor mesmo em situações difíceis!

No dia seguinte, na entrada da escola...

Michelle: - Oiii, pessoal, bom dia!

Junior: - Oi.

Michelle: - Xiii, pelo jeito não deve ser um bom dia para você, não é, Junior?

Ana: - O que houve? Você parece tão tristonho!

Junior: - O Ted quase me bateu na rua ontem. Eu estava indo à igreja, quando passei naquela rua onde há a feira de domingo. Eu estava distraído e acabei esbarrando nele sem querer.

Ana: - E aí ele ameaçou você?

Junior: - Sim. Ficou irritado e me chamou de "crentão".

Ana: - E o que você disse?

Junior: - Perguntei se o fato de eu ter começado a ir à igreja o incomodava. Ele acha que as igrejas são muito chatas.

Ana: - Nada a ver!

Junior: - Eu disse que, se ele começasse a frequentar, perceberia que não é bem assim.

Ana: - Seria ótimo mesmo se ele conhecesse Jesus de verdade, não é?

Michelle: - Eu já venho pedindo a Deus isso!

Junior: - Eu também!

Ana: - Gosto tanto de ouvir sobre a Bíblia, aprender a cantar as músicas e junto com a minha avó ajudar a montar as cestas de alimentos para doar aos necessitados!

Michelle: - Que incrível, amiga!

Ana: - Eu penso nas famílias que serão ajudadas. As igrejas cuidam de muitas pessoas. O Ted não sabe mesmo o que ele está falando!

Junior: - Um dia ele vai visitar alguma igreja, tenho certeza.

Michelle: - Espero que seja uma ótima experiência e que o desejo de continuar seja grande no coração dele!

ORAÇÃO

Peço a Deus que todas as pessoas lhe conheçam um dia e que aprendam sobre o Senhor!

Junior: - Sabe, meninas, às vezes eu acho que o Ted me persegue.

Ana: - A professora da escola bíblica disse que, em alguns lugares do mundo, é proibido ler a Bíblia e falar sobre Jesus. Muitas pessoas sofrem perseguição.

Michelle: - É verdade! Por isso devemos sempre ser gratos e aproveitar o fato de sermos livres aqui no Brasil para ir à igreja, orar, cantar e ler a Bíblia! É um grande privilégio!

Ana: - Uma grande quantidade de cristãos perdeu a vida por acreditar em Jesus.

Michelle: - É muito triste, realmente! Você falou sobre ser perseguido, não é, Junior?

Junior: - Sim.

Michelle: - Jesus disse que muitas pessoas não entenderiam a nossa fé e a questionariam. Isso é normal, Junior. Quando decidimos viver para Jesus, algumas pessoas podem não gostar, mas isso não deve nos desanimar. Devemos amar essas pessoas e orar para que também se encontrem com o Mestre.

Ana: - Minha tia uma vez disse que quem é "bonzinho" demais sofre bastante.

Michelle: - Na verdade, precisamos praticar o bem em todas as situações. Acho que você está de parabéns, Junior, pois poderia ter se irritado com o Ted e a situação poderia ter ficado complicada.

Junior: - Eu lembrei das palavras da minha mãe, quando ela fala que Jesus está sempre ao nosso lado nos acompanhando. Então ele vê e ouve todas as conversas, não é?

Ana: - Todas? - e arregala os olhos.

Michelle: - Sim, amiga. Tudinho!

Ana: - Fiquei com vergonha agora!

Você já fez ou falou algo de que sente vergonha? Converse com Deus Pai agora e peça perdão.

ORAÇÃO

Agradeço por viver em um país onde sou livre para adorar ao Senhor!

Michelle: – Por que você está envergonhada, Ana?

Ana: – Porque falei mal da professora de português para a minha mãe!

Junior: – O que você disse?

Ana: – Que ela é chata e não explica as coisas direito!

Michelle: – Falar mal da professora não vai ajudar a resolver os problemas, amiga.

Ana: – Estou percebendo agora. Tenho um montão de dúvidas, e todos os outros alunos estão reclamando muito!

Michelle: – Na minha opinião, o melhor a ser feito é falar com a coordenadora. Vocês precisam explicar que as dúvidas são da sala toda.

Ana: – E se ela mandar a professora embora por nossa causa? Não quero prejudicar ninguém!

Junior: – Calma, Ana, você está sofrendo antes do tempo!

Michelle: – Respira fundo! Conversa com o pessoal da sala e tenta falar com a coordenadora. Ela vai dar um jeito de resolver.

Junior: – Dê alguns exemplos para que ela entenda como têm sido as aulas. Ela não está lá para ver, não é?

Ana: – Não quero que ela pense que estamos fazendo fofoca! Queremos aprender o conteúdo e ir bem na prova.

Michelle: – Então pensa bem nas palavras antes de falar. Troca uma ideia com os colegas e depois você treina o seu discurso comigo.

Junior: – Que o melhor aconteça e que você fique calma na hora da conversa, Ana!

Ana: – Valeu! Orem por mim!

Michelle: – Falando em oração. Você já pediu perdão para Deus por ter falado mal da professora?

Ana: – Ainda não! – e abaixa a cabeça.

Junior: – Ele ouviu tudo, lembra?

ORAÇÃO

Senhor, ajude-me a não falar mal das pessoas.

Ana: - Agora entendo que Jesus está comigo em todos os momentos.

Michelle: - O Espírito Santo nos acompanha em todos os lugares!

Ana: - Quem é o Espírito Santo?

Michelle: - Nós, cristãos, acreditamos na Trindade, que são três pessoas em uma só. Deus, Jesus e Espírito Santo. Vou simplificar com o exemplo do ovo!

Ana: - Ovo? Como assim?

Michelle: - O ovo é composto por três partes: a casca, a gema e a clara. Uma parte precisa da outra para ser considerada um ovo. Deus é o nosso Pai, Jesus é aquele que viveu como homem aqui na terra, e o Espírito Santo está com a gente em todos os momentos. Podemos falar com os três, pois são um só. Deu para entender?

Junior: - Também podemos pensar no exemplo da água! A água no estado líquido, como quando bebemos, no estado gasoso, como no vapor, e no estado sólido, como nos cubos de gelo. São três estados diferentes, mas não deixa de ser água.

Ana: - Entendi agora. Aprendo muito com vocês, pessoal.

Michelle: - Nós sabemos disso porque um dia alguém nos ensinou!

Junior: - E ainda temos muitas coisas para aprender!

Ana: - Conheci Jesus faz pouco tempo e a Bíblia está cheinha de histórias, mas estou amando aprender aos poucos!

Michelle: - E vai amar cada vez mais! Falei que você é humilde, pois entende suas limitações quando nos faz perguntas sobre o Mestre e também porque percebeu que errou ao falar mal da professora.

Junior: - É, Ana, está tudo bem admitir que não sabe de alguma coisa ou que errou.

ORAÇÃO

Senhor, ajude-me a sempre ser uma pessoa humilde!

Ana – Vocês estão me deixando sem graça... – e dá um sorrisinho.

Michelle – Jesus fala sobre isso em uma bem-aventurança. Ele ensina que abençoados são aqueles que não são orgulhosos e reconhecem seus erros, ou seja, são pessoas humildes.

Junior – Uma vez um senhor me pediu dinheiro na rua, mas eu não tinha nada.

Ana – Eu só tenho algum dinheiro se a minha avó me der. Não ganho mesada.

Michelle – Eu também não!

Junior – Em meu coração, eu queria ter ajudado aquele senhor.

Michelle – Você teve boas intenções, Junior. Tenho certeza de que, quando crescer, você se tornará um homem muito disposto a ajudar o próximo!

Ana – Algumas pessoas moram nas ruas, mas podemos fazer alguma coisa por elas. Sei que amanhã haverá um encontro de mulheres na casa da minha avó. Elas sempre levam muita comida. Posso pedir para alguma delas fazer uma marmitinha de doces e salgados para você entregar a alguém, Junior. O que acha?

Junior – Não vai ter problema?

Ana – Claro que não! Sempre sobra comida depois que elas tomam café juntas.

Michelle – Peça para a sua mãe ir com você, Junior. Porque não podemos falar com desconhecidos quando estamos sozinhos.

Junior – Vou conversar com ela e orar pedindo a Deus que eu encontre alguém para abençoar!

Ana – Vai encontrar, sim, e será um momento marcante para você, Junior!

Junior – Quero muito um dia poder ajudar várias pessoas.

ORAÇÃO Deus, que eu não seja arrogante nem orgulhoso!

Alguns dias depois, na saída da escola...

Michelle: - Junior! Junior! Espere um pouco! Queria saber se deu certo entregar a marmitinha de doces e salgados para algum morador de rua?!

Junior: - Sobre a marmitinha e o morador de rua, deu certo, sim! O homem parecia não acreditar no que estava vendo!

Michelle: - Ebaaaa! Fico muito feliz em saber! Deus é bom!

Ana: - Eu também fico feliz!! Quero chegar em casa logo e contar para a minha avó!

Junior: - Agradeço muito a vocês, meninas. A você, Ana, por ter falado com a sua avó e ter conseguido a marmita, e a você, Michelle, pelo incentivo. Jamais me esquecerei do brilho nos olhos daquele homem!

Michelle: - Sabiam que Jesus uma vez curou um morador de rua que era cego?

Junior: - O nome dele era Bartimeu, certo, Michelle?

Michelle: - Isso! Bartimeu sabia que o Mestre estava passando, então começou a gritar pedindo por misericórdia. Muitos tentaram fazê-lo ficar quieto, mas ele gritava ainda mais alto.

Ana: - Poxa. Ninguém o levou para perto do Senhor?

Michelle: - Jesus o ouviu e mandou levá-lo até onde ele estava. Imediatamente Bartimeu se levantou, jogando longe a capa que tinha, ficou em pé e foi até onde o Senhor estava.

Ana: - E o que houve depois?

Michelle: - Jesus perguntou: "O que você deseja?"

Junior: - O Mestre sempre fazia perguntas para as quais, obviamente, sabia a resposta!

ORAÇÃO

Senhor, quero ver seus milagres e suas maravilhas!

Ana: – Percebo que Jesus gostava de ouvir o que as pessoas desejavam!

Michelle: – Isso mesmo, Ana! Bartimeu então disse que queria ver! Mas Jesus também já sabia disso e falou: "Siga seu caminho. Sua fé salvou e curou você".

Ana: – Posso imaginar Bartimeu ouvindo o Mestre e seu coração batendo forte de emoção e alívio!

Junior: – Ele foi curado no mesmo instante! Recuperou a visão e seguiu Jesus estrada afora!

Ana: – Eu também seguiria! Não somente por Jesus ser poderoso e fazer milagres, mas porque poderia aprender muito com ele!

Michelle: – Sabe, Ana, muitos querem se aproximar do Salvador somente por aquilo que ele pode fazer. Como quem apenas tem interesse. Depois de conseguirem o que desejam, se esquecem dele.

Ana: – Minha mãe fala que isso é errado!

Junior: – Quem só se aproxima de Jesus querendo algo em troca, mas depois decide não o seguir, entristece o coração dele. Devemos também falar dele para as outras pessoas e mostrar que a nossa vida está sendo transformada dia após dia.

Michelle: – Exatamente! Temos que viver a verdade de Jesus todos os dias, não apenas ir à igreja aos domingos. As pessoas devem olhar para nós e ver o brilho do Senhor através das nossas palavras e atitudes. Ele nos quer perto, quer nos usar para ser bênção aos outros e quer transformar a nossa história!

Ana: – Ele tem transformado a minha!

Junior: – Glórias a Deus por isso!

 ORAÇÃO — Que eu jamais me aproxime do Senhor querendo algo em troca!

As crianças se levantam e caminham de volta para casa.

Ana: - Será que é por isso que as pessoas falam "Jesus te ilumine" no meu aniversário?

Junior: - Acho que sim.

Michelle: - Vocês sabiam que Jesus disse que nós também somos a luz do mundo? Ele falou que a luz não pode ser escondida, mas deve iluminar todas as pessoas. Então, com a luz que vem de Jesus, somos iluminados a ponto de brilhar diante de outras pessoas!

Ana: - Que privilégio, não é? Não somente recebemos a luz e a esperança que vêm de Jesus, como também podemos mostrar às outras pessoas que Jesus é a luz do mundo.

Junior: - E como vamos fazer isso?

Michelle: - Vivendo em obediência e amor! As pessoas devem olhar para nós e ver que somos bondosos, amorosos, educados, pacientes, justos.

Ana: - Eu quero brilhar a luz de Jesus.

Mais tarde, Ana abre a janela de seu quarto para admirar o céu estrelado enquanto fala com Deus: - Deus Pai, tenho aprendido tanto sobre o seu amor. Muito obrigada por me mostrar quem o Senhor é. Hoje, aprendi que Jesus é a luz do mundo. Ele é a luz que nos tira da escuridão do pecado e nos dá esperança. Também aprendi que o seu desejo é que eu seja a luz do mundo e brilhe diante das outras pessoas. Por favor, ajude-me a viver em obediência e amor. Quero que os outros também conheçam a esperança. Em nome de Jesus, amém.

 **ORAÇÃO** Senhor, ajude-me a fazer brilhar a sua luz. Amém.

Você já escreveu uma carta para Deus? Aproveite esta página para contar a ele sobre os seus sonhos e medos.

MARÇO

Em um dia, na entrada da escola...

Michelle: – Bom dia, pessoal!

Ana: – Semana longa! Eu não via a hora de chegar à sexta-feira! Ufa!

Michelle: – Vocês sabiam que hoje mais de 170 países estão celebrando uma data importante? Hoje se comemora o Dia Mundial da Oração.

Ana: – Uau! Eu não sabia!

Michelle: – Sim! Existem pessoas que passam um tempo sozinhas exclusivamente em oração, participam de vigílias ou se reúnem em pequenos grupos. É através das orações que pedimos e agradecemos, tanto por nós mesmos como pelos outros.

Junior: – Jesus orava bastante, não é?

Michelle: – E como! Lembram-se da oração do Pai-Nosso que já lemos juntos? É muito bonita e podemos fazê-la hoje. Ela nos ensina que a vontade de Deus é sempre melhor.

Ana: – Precisamos orar sempre em voz alta? Tenho um pouco de vergonha.

Junior: – Nem sempre precisamos falar para que todos ouçam. Há coisas que só falo com Deus.

Michelle: – Ele é nosso melhor amigo e quer ouvir o que temos a dizer. A oração pode ser espontânea, como se estivéssemos conversando mesmo com Deus, pode ser uma oração de adoração, de confissão de pecados, de intercessão, que é quando colocamos outras pessoas na presença do Pai, pedindo em favor delas.

Ana: – Minha avó tem um caderninho onde ela e as suas amigas escrevem os pedidos de oração. E durante a semana elas oram umas pelas outras.

 **ORAÇÃO** Senhor, que bom me permitir pedir e agradecer em oração!

Junior: - Sabe que ter um caderno de orações é uma iniciativa bem legal, porque pode ser que a gente se esqueça de algum pedido.

Michelle: - Tive uma ideia!

Ana: - Fala rápido porque já vamos entrar na sala de aula!

Michelle: - Vamos escrever em papéis "Nome e motivos de oração" para entregar hoje no intervalo a todos os professores, coordenadores e funcionários. Quem sentir o desejo pode preencher e nos entregar na saída da escola. A gente explica que hoje é o Dia Mundial da Oração e que queremos ajudá-los de alguma maneira.

Ana: - "Como posso orar por você hoje?" é uma boa maneira de falar sobre o assunto, não acham?

Junior: - Eu acho! Vamos explicar que pode participar quem se sentir à vontade e, se alguém não quiser colocar o nome, não tem problema. Vamos orar mesmo assim, pois Deus saberá quem escreveu o motivo da oração.

Michelle: - Boa! Não queremos que ninguém se sinta obrigado a fazer isso!

Ana: - Com certeza muitas pessoas estão passando por situações difíceis que nem imaginamos! A professora da igreja sempre fala que a oração tem poder.

Junior: - Ela está certa!

Michelle: - Quando formos ler os pedidos, devemos orar crendo que Deus pode realizar o que está escrito num simples papel.

ORAÇÃO

Senhor, que eu sempre ore pelas necessidades das outras pessoas, assim como oro pelas minhas.

Saindo da escola, as crianças se encontram.

Michelle: Nem todo mundo nos devolveu os papéis, mas temos um total de dezesseis pedidos! Estou muito feliz!

Ana: – Vamos nos sentar naquela pracinha para ler e fazer as orações?

Junior: – Vamos lá! O primeiro pedido que tenho é: "Meu pai está desempregado e muito desanimado".

Michelle: – A pessoa escreveu o nome dela?

Junior: – Não.

Ana: – Tudo bem. Deus sabe quem é...

Michelle: – Claro que sabe! Um dos pedidos que tenho diz assim: "Não consigo dormir direito à noite. Tenho vivido muitos problemas". O outro diz: "Meus pais estão brigando muito. Tenho medo de que eles se separem".

Junior: – Poxa. Escutem esse: "Queria ter um pai mais presente, amoroso, amigo, confiável e que fosse cuidadoso comigo".

Ana: – Que difícil, galera! Vou ler o próximo: "Minha mãe brigou comigo porque tirei nota baixa na prova de matemática. Estudei tanto, mas não adiantou! Sou burra".

Michelle: – Ninguém é burro!

As crianças terminam de ler os pedidos de oração.

Ana: – Estou impressionada! São várias situações complicadas!

Michelle: – Sim, amiga, todos com as suas lutas!

Junior: – Vamos falar com Deus agora?

Ana: – Vamos!

ORAÇÃO

Socorra as pessoas que estão
à minha volta, Senhor!

Michelle: – "Senhor Deus, gostaríamos de lhe pedir ajuda. Todas essas pessoas fazem parte do nosso dia a dia, porém não sabemos dos reais problemas delas. Existem coisas que só o Senhor pode fazer. Alivia a alma delas, abre as portas com novas oportunidades, seca as lágrimas, traz novos motivos de alegria, protege e guarda cada uma delas por onde andarem. Confiamos no poder que só o Senhor tem! Acreditamos que o Senhor é um Pai amoroso e sempre disposto a estender a mão para socorrer aqueles que sofrem. Em nome de Jesus, amém!"

Junior: – Amém!

Ana: – Amém. O Senhor já ouviu as nossas orações!

Junior: – Com certeza! Podemos fazer mais orações depois, não é?

Michelle: – Com certeza! Todos os dias, mas hoje em especial podemos refletir ainda mais sobre a importância da oração.

Ana: – Deus já sabe o que vamos falar em oração mesmo antes de abrirmos a boca ou falarmos com ele em pensamento, não é?

Junior: – A oração nos coloca em sintonia com Deus, e ele deseja que a gente se relacione com ele através da oração!

Michelle: – Concordo 100% com você! Deus sabe tudo a nosso respeito, mas, como é o nosso melhor amigo, ele quer que falemos aquilo que está no mais íntimo do nosso ser!

Ana: – Assim como as nossas amizades, sempre desabafamos uns com os outros!

 **ORAÇÃO** Que eu esteja conectado com o Senhor através das orações em todos os momentos!

Em uma tarde, as crianças se encontram e começam a conversar.

Junior: - Estou entediado! Não tenho nada para fazer!

Ana: - Vamos brincar, então?

Michelle: - Alguém tem uma bola? A gente joga e conversa ao mesmo tempo.

Junior: - Só consigo jogar com vocês mesmo, porque na escola nunca sou escolhido. Vou lá em casa buscar a bola. Esperem aqui, é rapidinho.

Junior corre para dentro de casa.

Ana: - Ele tem muita vontade de jogar com o time, não é?

Michelle: - Sim, mas sempre o deixam por último, e ele acaba não sendo escolhido. Fico triste.

Junior: - Essa bola é um pouco antiga, mas acho que dá para usarmos.

Ana: - Dá, sim! Você consegue fazer embaixadinhas, Junior?

Junior: - Mais ou menos. Deixa-me tentar. 1, 2. Ops, a bola caiu!

Michelle: - Minha vez. 1, 2, 3, 4. Caiuuuuu! Hahaha!

Ana: - Dá vontade de segurar a bola com as mãos, mas sei que não pode! Meus tios e primos não curtem muito jogar bola, eles preferem pescar. Dizem que "relaxa". Você fica lá sentado, esperando, esperando e esperando.

Junior: - Eu não gosto de esperar. Em vez de relaxar, eu ficaria estressado.

Michelle: - Já ouviram falar da primeira pesca milagrosa que Jesus realizou?

Ana: - Ele sabia pescar também? Cheio de habilidades!

Junior: - Na verdade, não há nada que o Mestre, por ser Deus, não possa fazer! Ele é onipotente!

ORAÇÃO

Senhor, quando eu ficar entediado, que eu encontre bons amigos para juntos aprendermos coisas novas!

Michelle: - É verdade! Jogue a bola para mim, Ana!

Ana: - Lá vai, hein! Conta a história da pesca milagrosa, amiga!

Michelle: - Jesus estava na praia do lago de Genesaré e havia uma multidão se apertando para ouvir a Palavra de Deus. Então, ele viu dois barcos amarrados, que foram deixados pelos pescadores enquanto lavavam as redes. O Senhor entrou no barco que era de Simão e pediu a ele que o afastasse um pouco da margem.

Ana: - Ele ia embora deixando todas aquelas pessoas para trás?

Michelle: - De forma alguma! Ele queria mostrar algo maravilhoso àquelas pessoas. Usando o barco como púlpito, ficou sentado ali ensinando a multidão. Quando terminou de falar, disse para Simão se afastar da margem do lago e jogar a rede de pesca. Simão respondeu então que havia passado a noite pescando, porém não tinha conseguido pegar nem um peixinho.

Ana: - Parece meu tio. Horas e horas no pesqueiro e nada!

Michelle: - Mesmo assim Simão falou que, se Jesus estava mandando, ele lançaria a rede nas águas. Então a rede ficou tão pesada que quase arrebentou, de tantos peixes que estavam nela. Foi preciso até pedir ajuda aos companheiros do outro barco, e assim aqueles dois barquinhos ficaram lotados de peixes.

Junior: - E como Simão ficou vendo aquela fartura toda?

Michelle: - Ele se ajoelhou diante do Mestre e pediu que Jesus se afastasse dele, pois era pecador, e o Senhor, santo demais.

ORAÇÃO

Em situações que o Senhor mandar, que eu obedeça, crendo que o Senhor tem o melhor para mim!

Ana: - Por que Simão pediu para Jesus se afastar?

Michelle: - Acho que ele ficou constrangido pelo tamanho do poder do Senhor!

Junior: - Quantos peixes havia nos barcos?

Michelle: - Simão, Tiago e João, que eram companheiros de trabalho, foram conferir a quantidade de peixes e ficaram chocados! Eram muitos peixes! Depois disso, Jesus disse a Simão que não era preciso ter medo, pois dali em diante ele pescaria pessoas. Foi uma maneira de dizer que Simão falaria sobre Jesus para as pessoas e que elas passariam a segui-lo também.

Ana: - Não tenho linha nem anzol. E agora?

Michelle: - Mas você tem a Bíblia e o Senhor para ajudá-la. Nossas atitudes, a forma como vivemos, nossas palavras... Tudo isso mostra o que chamamos de testemunho, que é o amor de Deus por meio da nossa vida. O mundo precisa saber que existe um Deus grande, maravilhoso e poderoso!

Junior: - Eu queria falar mais sobre o Mestre para o Ted, mas ele parece não se interessar muito.

Michelle: - Não desista! Quando você perceber que existe uma oportunidade, fale. Ele demonstra ter sede de algo, mas ainda não sabe de quê.

Ana: - Mas então é só oferecer água ou suco!

Michelle: - Não é bem isso, amiga. O que quero dizer é que existe uma vontade de conhecer Deus mais profundamente, como quando bebemos água e ficamos saciados e satisfeitos.

Junior: - E se eu desse uma Bíblia de presente para ele?

Michelle: - É uma boa ideia!

Junior: - Xii! A bola caiu na casa do vizinho!

ORAÇÃO

Senhor, quero me tornar um pescador de pessoas também!

Na entrada da escola...

Ana – "Sextou" com "s" de...?

Michelle – ... sala de aula. É para onde vamos daqui a pouco.

Junior – ... sanduíche. Queria um agora.

Ana – ... sucesso. Não faço ideia do que realmente significa, mas acho uma palavra bonita.

Michelle – As pessoas sempre desejam "sucesso" umas às outras, não é?

Ana – Vou pesquisar aqui no celular. Sucesso significa "acontecimento favorável; resultado feliz; êxito: projeto de sucesso. Algo ou alguém que obteve êxito; que possui excesso de popularidade: esta atriz é o sucesso do momento. Resultado de um acordo, de um projeto etc."

Junior – "Acontecimento favorável", tipo tirar uma nota boa na prova?

Ana – Pode ser, Junior! Já a parte "que possui excesso de popularidade" deve ser a frase do Ted.

Junior – Eleito o melhor aluno e capitão do time de futebol. Um verdadeiro "sucessudo".

Michelle – Sucesso para mim é o dia de hoje!

Junior – Sexta-feira! E amanhã é sábado! Dois dias que começam com "s".

Michelle – É verdade, mas eu me refiro ao Dia Internacional da Mulher.

Ana – Eu tinha esquecido! Feliz dia, Michelle!!

Junior – Feliz dia, meninas! Vocês serão grandes mulheres, tenho certeza!

Ana – Espero que eu cresça um pouco mais... Ainda não alcanço os armários da cozinha!

Junior – Minha mãe é uma mulher incrível! Sinto muito orgulho dela!

 **ORAÇÃO** Senhor, que todas as mulheres no mundo inteiro sejam abençoadas!

No intervalo, a turma se encontra para lanchar e conversar.

Michelle: – Junior, muito obrigada por ter feito esta flor de origami! Vocês deram parabéns para as meninas da sala e para as professoras?

Ana: – Muito obrigada, Junior, eu amei! Na sala, demos um abraço coletivo! Hoje é um dia para honrar todas as mulheres! E isso independentemente da idade, da profissão, da cor da pele, do cabelo, da casa onde moram.

Michelle: – Amanhã haverá uma programação para as mulheres lá na igreja. Teremos aula de maquiagem, cabeleireiras para hidratar os cabelos das participantes, massagem relaxante e esmaltação de unhas.

Ana: – Um dia de princesa? Eu quero!

Junior: – Aproveitem, meninas!

Michelle: – Peça permissão para a sua mãe, Ana. Haverá um culto depois das atividades e tomaremos café juntas.

Junior: – Qualquer mulher pode participar? Seria muito bom se minha mãe fosse. Ela nunca tem tempo para cuidar de si mesma.

Michelle: – Sim, mas precisa fazer a inscrição antes. Faz a inscrição dela e escreve uma cartinha explicando sobre a programação. Ela vai amar a surpresa!

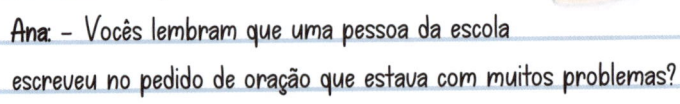

Ana: – Vocês lembram que uma pessoa da escola escreveu no pedido de oração que estava com muitos problemas?

Junior: – Sim. Você reconheceu a letra dela. Consegue convidá-la?

Michelle: – Excelente ideia!

 **ORAÇÃO** Agradeço ao Senhor por todas as mulheres da minha família!

10 / 03

Lucas 13.10-17

Michelle: - Essa conversa me fez lembrar da vez que Jesus curou uma mulher que tinha um problema grave na coluna havia dezoito anos. Ela não conseguia nem olhar para cima.

Junior: - Tenho certeza de que as pessoas olhavam com preconceito para ela.

Michelle: - Veradde!. O Mestre estava ensinando na sinagoga e, quando a viu, disse: "Mulher, você está livre!". Jesus impôs as mãos sobre ela, que ficou boa na hora, dando glória a Deus.

Junior: - Isso sim que é uma história de sucesso! Um resultado feliz!

Michelle: - Mas deu uma treta depois! O líder da sinagoga, o fariseu, que procurava viver a Lei de forma minuciosa, ficou furioso por Jesus ter curado a mulher num sábado. Ele disse para as pessoas que o sábado não era um dia para curar os outros; era o dia de celebrar a Deus e se alegrar em sua criação, lembrando principalmente que o Senhor os havia libertado da escravidão do Egito.

Junior: - Tenho certeza de que Jesus não ficou calado!

Michelle: - Óbvio que não! Ele respondeu: "Chega de enganar o povo! Todo sábado vocês tiram seus animais do estábulo e os levam para beber água, sem se preocupar com o dia. Então, onde está o erro de libertar hoje essa filha de Abraão amarrada por Satanás há dezoito anos?".

Junior: - E depois?

Michelle: - Com essa resposta, os críticos de Jesus ficaram envergonhados e perdidos. Mas o povo estava alegre.

Ana: - Cristo veio para mostrar que as pessoas são a parte mais importante da criação! Que fantástico!

ORAÇÃO

Agradeço porque o Senhor se importa mais com as pessoas do que com regras!

Certo dia, no intervalo das aulas...

Junior: - Que fome! O cheiro vindo da cantina está uma delícia!

Ted: - Bom dia para vocês três. Parece até que nasceram grudados. Estão juntos o tempo todo.

Ana: - Isso quer dizer que somos AMIGOS!

Michelle: - Quem mais terá que fazer o sistema solar para o projeto de Ciências?

Ana: - Euuuuuuu! Estou superempolgada!

Ted: - Minha sala já fez. Meu trabalho foi o melhor, e a minha nota foi a mais alta! Eu sou o melhor aluno, vocês já devem ter ouvido falar.

Michelle: - Parabéns, Ted, continue assim.

Ted vai encontrar os amigos dele.

Ana: - Quando minha mãe chegar do trabalho, vou falar com ela sobre os materiais que preciso comprar para montar o sistema solar.

Junior: - Lá em casa já é difícil pagar as contas, imaginem ter dinheiro para ir à papelaria. Minha mãe trabalha muito. Quero um dia ter a oportunidade de recompensá-la.

Ana: - Você vai! É um garoto bom.

Michelle: - Dizem que, em determinado momento da vida, os filhos têm a chance de cuidar dos pais e assim retribuir o bem que fizeram.

Junior: - Meu pai não anda fazendo muitas coisas boas, mas ainda assim não desejo retribuir de forma igual.

Michelle: - Sim. Não devemos pagar o mal com o mal. Está na Bíblia.

Junior: - Confesso a vocês que às vezes tenho pensamentos ruins sobre o meu pai.

Michelle: - Poxa. Se você quiser conversar mais sobre isso depois, estarei aqui.

ORAÇÃO Senhor, ensina-me a sempre fazer o bem, mesmo se alguém tiver feito o mal para mim.

Dois dias depois, na entrada da escola.

Michelle: – Bom dia, gente!

Junior: – Bom dia!

Ana: – Bom dia com alegria!

Michelle: – Que sorrisão no rosto é esse, Ana?

Ana: – Sorrisão de quem foi às compras!!!

Michelle: – Já sei! Você foi à papelaria, não é?

Ana: – Siiiiiimmmmm! Eu AMO entrar numa papelaria e olhar todas as coisas! Encontrei tudo e mais um pouco!

Junior: – Quais materiais você comprou?

Ana: – Tintas, pincéis, bolas de isopor, papel alumínio para fazer a lua e placa EVA cinza com *glitter* para fazer as estrelas. Acho que é isso!

Michelle: – Não vai usar palitos de churrasco?

Ana arregala os olhos.

Junior: – O que foi?

Ana: – Esqueci de comprar! Achei que havia comprado tudo aquilo de que precisava, e até escolhi uma cartela de adesivos! Não acredito! Minha mãe não vai me dar mais dinheiro!

Michelle: – Você deveria ter feito uma lista de compras para não se esquecer de nada, amiga.

Ana: – Se minha mãe sonhar com isso, estou frita!

Michelle: – Acho que tenho um pacote de palitos de churrasco em casa. Se minha mãe não for usar, dou para você.

Junior: – Michelle é sua amigona, Ana!

Ana: – Espero que você tenha o pacote e que consiga me dar alguns palitinhos!

Michelle: – Amanhã eu falo para você!

Ana: – Só amanhã?! Vou ficar ansiosa!

ORAÇÃO

Senhor, que eu possa ajudar meus amigos quando estiverem com problemas!

Lucas 14.28-30

Mais tarde, no intervalo...

Michelle - Ana! Vem aqui, por favor!

Ana - O que foi?

Michelle - Sou sua amiga e quero sempre o melhor para você.

Ana - Eu sei disso.

Michelle - Mas amigos verdadeiros falam a verdade. Acho que você precisa aprender uma lição sobre o que aconteceu.

Ana - É bronca?

Michelle - Não! Foi uma parábola que Jesus contou.

Junior se aproxima - Eu ouvi o nome "Jesus"? O que tem ele?

Ana - Michelle vai contar uma parábola que vai ensinar alguma lição.

Junior - Quero ouvir também!

Michelle - Ele estava reunido com um número grande de pessoas contando histórias quando fez uma pergunta: "Será que alguém começa a construção de uma casa sem primeiro fazer um orçamento para calcular o custo?".

Ana - Não entendi muito bem.

Junior - Orçamento é quando você anota os valores dos itens que pretende comprar, antes de gastar o dinheiro. Você pode fazer vários orçamentos em lojas diferentes para ver qual delas tem os melhores preços.

Michelle - O Mestre explicou que, se a pessoa construir apenas a base da casa e ficar sem dinheiro, os outros vão perceber que foi tolice.

Ana - Precisamos de sabedoria em todas as áreas da nossa vida, e com o dinheiro não é diferente!

Você já fez contas para usar bem o dinheiro alguma vez? Converse com um adulto de sua confiança sobre isso.

ORAÇÃO

Peço ao Senhor que sempre me dê sabedoria para usar bem o dinheiro.

Uma semana depois, saindo da escola...

Ana: – Michelle, você viu a cor do cabelo daquela menina? É tão chamativo que logo você descobre quem é!

Michelle arregala os olhos: – É azul! Muito azul!

Ana: – Acho que ela é da sala de cima. Cada dia usa um tênis de marca diferente e sempre me olha com desprezo. Ouvi dizer que os pais dela dão tudo o que ela quer. Eles trabalham muito e não têm tempo para ela. Nós nunca conversamos, mas eu sinto que ela não gosta de mim.

Michelle: – Ela tem um olhar um pouco triste.

Ana: – Sabe que eu também acho?!

Michelle: – Qualquer hora a gente tenta puxar conversa com ela!

Ana: – Pode ser. Mas ela já tem o grupinho dela.

Michelle: – Não custa tentar. Às vezes ela está precisando de alguma ajuda, e nós nem imaginamos. Mesmo sem nunca terem conversado, você precisa perdoá-la pela maneira como ela olha para você.

Ana: – Vamos ver. Voltando ao assunto de sempre querer as coisas, minha mãe fala que é melhor eu me preocupar em estudar do que em querer as coisas o tempo todo.

Michelle: – Isso é verdade! Mas algumas pessoas querem ter certos produtos por influência dos outros ou para se encaixarem em algum grupo.

Ana: – Às vezes nem precisam daquilo, é só ostentação mesmo.

Michelle: – E postam tudo nas redes sociais!

Antônio: – Olá, meninas! Estão falando do quê?

Ana: – De gente que gosta de "ostentar", senhor Antônio!

ORAÇÃO — Senhor, que eu me preocupe com os estudos e não com coisas materiais.

Antônio: - O que significa "ostentar", Ana?

Ana: - É mostrar os seus pertences ou habilidades para os outros. As pessoas que ostentam nunca estão satisfeitas. Vou dar um exemplo. O celular delas é legal e de marca boa, mas, quando é lançado um modelo novo e caro, elas querem de qualquer jeito.

Antônio: - Tudo é uma grande bobagem! No meu tempo não existia isso. O par de tênis era sempre o mesmo, as roupas vinham dos irmãos ou primos, e ninguém tinha telefone. Morávamos próximos, então estávamos sempre nos encontrando. Os familiares de outras cidades mandavam cartas.

Ana: - Acho que nunca mandei uma carta pelo correio!

Michelle: - Eu também não!

O senhor Antônio dá uma risada: - Eram outros tempos, crianças. Éramos livres, brincávamos com os pés na terra, com árvores frutíferas e animaizinhos por perto. Venho de família humilde, então era tudo muito simples. Mas nós aproveitamos muito. Sinto saudades!

Michelle: - Deve ter sido muito bom mesmo!

Antônio: - Mas... voltando ao assunto de antes. Quem está "ostentando"?

Ana: - Uma menina da escola. Ela parece ter tudo o que quer, porém o olhar dela é triste. Sabe qual é a cor do cabelo dela? Azul!

Antônio: - Puxa! Que diferente! Deixa-me tentar adivinhar. Os pais dela compram tudo o que ela pede. Acertei?

Ana: - Como o senhor sabe?!

Antônio: - Lembrem-se que tenho idade para ser avô de vocês! Já vi e vivi muitas coisas!

ORAÇÃO

Que eu possa aproveitar mais os momentos que o Senhor me dá!

Michelle: - Quando Jesus estava pregando o Sermão do Monte, ele ensinou uma bem-aventurança que tem tudo a ver com essa nossa conversa.

Ana: - Já existia ostentação na época dele?

Antônio: - Não com esse nome, mas pode acreditar que já existia!

Ana: - O que algumas pessoas tinham que chamava a atenção?

Michelle: - Poder, joias, estátuas, ouro, terras.

Antônio: - Eram bem ricas, não?

Michelle: - Ricas e poderosas, porém o Mestre ensinou que devemos nos contentar com o que somos – nem mais nem menos.

Ana: - O que significa "se contentar" com alguma coisa?

Antônio: - Estar alegre ou satisfeito.

Michelle: - Percebam que o Senhor disse: "Abençoados são vocês, que se contentam com o que são – nem mais nem menos", e não "com o que vocês têm"!

Ana: - Ótima observação, Michelle!

Antônio: - Existem coisas que o dinheiro não pode comprar! Não posso trazer minha amada esposa de volta, por exemplo.

Michelle: - Tem razão. A saúde, o amor e o tempo ninguém consegue comprar!

Antônio: - Exatamente isso! O que é mais importante na vida não tem preço!

Michelle: - Precisamos nos aproximar da menina do cabelo azul e falar de Jesus para ela!

 Peço ao Senhor que me ensine a estar satisfeito com quem eu sou!

Em uma tarde, Junior ajuda um senhor a carregar as compras, e Ted observa a cena.

Ted: – Olha só, você ajudou aquele senhor a atravessar a rua! Como você é bonzinho! – Ted fala com ironia. – Você faz as coisas por interesse! Eu vi que o senhor entregou dinheiro do outro lado da rua para você!

Junior: – Mas eu não aceitei!

Ted: – Muito bonito, não é? Você vai à igreja todos os domingos, mas mente!

Junior: – Você está falando bobagem! Vai procurar alguma coisa útil para fazer em vez de ficar inventando histórias!

Ted: – Vou mesmo! Vou jogar bola! Coisa que você nunca faz!

Junior: – Mas eu faço o bem para as pessoas. Coisa que *você* nunca faz!

Michelle encontra Junior: – Boa tarde!.

Ted: – Sabia que seu amigo é mentiroso?

Michelle: – Eu não sei do que você está falando, Ted.

Ted: – Ele ajudou um senhor a atravessar a rua porque sabia que ganharia um dinheirinho depois.

Junior: – Não é verdade.

Michelle: – Junior, vamos embora daqui. Deixa isso pra lá.

Michelle e Junior saem andando.

Michelle: – Peço que você me conte direitinho o que aconteceu.

Junior: – Eu vi um senhor com dificuldades para andar e resolvi oferecer ajuda. Minha mãe sempre me falou para fazer isso. Quando chegamos do outro lado, ele estendeu a mão com uma nota de R$ 10, mas eu não aceitei, pois fiz aquilo somente com a intenção de ajudar!

Michelle: – A sua atitude foi muito bonita, e eu acredito em você!

ORAÇÃO

Senhor, peço que me dê oportunidades de fazer o bem ao próximo sem esperar nada em troca.

Junior: – Devemos respeitar os mais velhos. Ted viu e pensou que eu tinha aceitado o dinheiro, o que não é verdade!

Michelle: – Mas você sabe o que realmente aconteceu. E Deus também sabe. Então fica em paz. Você fez o que é certo e com certeza nosso Pai se agradou com a sua atitude.

Junior: – Mas agora o Ted vai ficar fazendo fofoca de mim!

Michelle: – Junior, entenda que as pessoas cometem erros, não somos perfeitos. Não se preocupe tanto com isso!

Junior: – Ele disse que vou à igreja todos os domingos, mas sou mentiroso.

Michelle: – Você sabe quem é o mentiroso nessa história toda.

Junior respira fundo.

Michelle: – Como você está se sentindo?

Junior: – Com raiva. Se eu pudesse, me vingava de alguma forma! Eu sei que não é o certo, mas isso também não é justo! Eu só estava fazendo o bem, como aprendi com a minha mãe!

Michelle: – Ela ficará orgulhosa de você, com certeza!

Junior: – Mas e se o Ted sair dizendo essa mentira para os outros e minha mãe ficar sabendo?

Michelle: – Conte tudo para ela hoje mesmo! Ela vai acreditar em você!

Junior: – Eu não fiz aquilo pensando em ser recompensado! – fala com lágrimas nos olhos.

Michelle: – Você não deve explicações a ninguém, a não ser à sua mãe!

Junior: – Fiquei tão feliz por ter feito algo bom! Mas aí o Ted apareceu e me deixou assim!

Michelle: – Eu sinto muito, de verdade!

 **ORAÇÃO** Peço ao Senhor que me ajude a não sentir o desejo de vingança quando for injustiçado.

Junior: - Minha mãe fala que o importante é o que Deus pensa a nosso respeito e que a recompensa vem dele.

Michelle: - Ela está certa! Porém, não temos que ficar pensando se iremos ganhar alguma coisa ou não. Em uma das bem-aventuranças, Jesus fala sobre "galardão", que é uma recompensa, tipo um prêmio, um presente. O Mestre diz para nos alegrarmos e comemorarmos, mesmo que os outros não gostem, por estarmos fazendo a vontade de Deus, ele gosta!

Junior: - Vamos ganhar presentes de Deus?

Michelle: - Ganhamos todos os dias, na verdade! A vida é um grande presente!

Junior: - É verdade! A professora da igreja disse que nós não merecemos.

Michelle: - Sim, somos pecadores, mas a graça de Deus nos alcançou, e hoje temos a oportunidade de chamá-lo de "Pai".

Junior: - Ele é um Pai de verdade!

Michelle: - Bondoso, generoso, amoroso, provedor, poderoso, libertador, amigo. Eu poderia ficar aqui falando uma lista gigante de adjetivos positivos sobre Deus!!

Junior: - A gente se sente até constrangido por saber que existe um Deus que nos ama taaaaaaaanto!

Michelle: - É verdade! Sabe, Junior, jamais nos decepcionaremos com o Senhor. Temos uma vida inteira pela frente e conheceremos muitas pessoas que, ainda que sejam boas, são falhas.

ORAÇÃO

Agradeço ao Senhor por me amar como ninguém ama e por se alegrar quando faço o bem!

No dia seguinte, Michelle e Ana conversam na entrada da escola.

Ana: - Ontem à noite minha mãe cortou a mão e saiu muito sangue. Ela estava cozinhando. Eu tentei ajudá-la, mas fiquei desesperada na hora. Ela teve que ir ao hospital e levou pontos. Foi um corte profundo.

Michelle: - Poxa! Espero que ela se recupere rápido!

Ana: - Eu também. Minha mãe está sempre fazendo muitas coisas em casa, então agora vou ajudar mais com as tarefas.

Michelle: - É importante mesmo! Ela precisa se cuidar e não fazer nenhum esforço com a mão machucada.

Ana: - O problema é convencê-la a ficar parada e quieta!

Michelle: - Minha mãe é do mesmo jeito! Ana, você conhece a história da mulher que estava doente havia doze anos sofrendo de hemorragia?

Ana: - Não! Mas doze anos é muito tempo!

Michelle: - Ela consultou vários médicos que a deixaram pior que antes, e por isso também ficou sem dinheiro!

Ana: - Que situação! Sinto muito por ela! Ela acabou encontrando um especialista?

Michelle: - Sim! O melhor médico do mundo! Ele era famoso e muito poderoso!

Ana: - Estou impressionada! O que ele fez para curá-la?

Michelle: - Você vai ficar chocada quando eu disser! A mulher apenas encostou na roupa dele e foi curada imediatamente!

Ana: - Só Jesus poderia fazer algo assim!

Michelle: - E você acha que estou falando de quem?

ORAÇÃO

Que o Senhor possa curar-me das coisas que me fazem sofrer!

Ana: - Que coisa mais linda! Fiquei emocionada agora!

Michelle: - Ela tinha ouvido falar de Jesus e então foi até onde ele estava. Uma multidão se formou perto do Mestre na praia. A mulher conseguiu discretamente chegar perto dele e tocou sua roupa. Ela pensava que bastava fazer isso para ficar boa. No momento em que ela o tocou, a hemorragia parou. Ela pôde sentir a mudança. Sabia que estava livre daquele mal. Que sensação maravilhosa deve ter sido!

Ana: - E, depois disso, ela foi embora?

Michelle: - Jesus sentiu que algo havia acontecido. Ele percebeu que dele tinha saído poder. Ele se virou para a multidão e perguntou: "Quem tocou minha roupa?".

Ana: - Como se ele não soubesse...

Michelle: - Claro que sabia! Ele insistiu e olhou ao redor para ver quem era. A mulher começou a tremer de medo, ajoelhou-se diante dele e contou toda a história.

Ana: - E o Senhor ficou bravo com ela?

Michelle: - De forma alguma! Jesus disse: "Filha, você se arriscou por causa da sua fé e agora está curada. Tenha uma vida abençoada! Seja curada da sua doença!". De acordo com a lei vigente, a mulher estava impura e, ao tocar em alguém, também tornava essa pessoa impura. Então, quando Jesus curou aquela mulher, também deu a ela uma chance de viver em sociedade de novo.

Ana: - Que emoção ouvir palavras tão lindas da boca de Jesus!

Michelle: - Dá para sentir carinho e amor através das palavras dele, não é?

Ana: - E como!

ORAÇÃO

Agradeço por ser um Pai tão bondoso e amoroso!

Michelle: – Sabe, amiga, o que Jesus quer de nós são atitudes de fé e coragem.

Ana: – Ontem, quando eu vi como minha mãe estava, corri para pedir ajuda. Eu só queria vê-la bem logo!

Michelle: – Você fez o certo! Esse tipo de situação pode acontecer com qualquer pessoa. Na verdade, minha mãe tem medo quando estou na cozinha. Eu faço algumas coisas, mas ela sempre recomenda que eu tome cuidado para não me machucar. Sentir qualquer tipo de dor é desconfortável demais.

Ana: – É verdade! Nunca levei pontos e nem quero levar! Minha mãe terá que voltar ao hospital para tirar os dela.

Michelle: – Espero que ela se recupere logo.

Ana: – Eu também! Ouvi dizer uma vez que muitas pessoas têm feridas emocionais. Fiquei sem entender.

Michelle: – É fácil ver uma pessoa com um machucado na perna ou no braço e perceber que ele ou ela está com dor. Porém, existem feridas que estão dentro de nós. Quando alguém nos magoa, nos maltrata, nos fere com palavras e atitudes, nós nos sentimos machucados internamente. Essas feridas, Ana, só Deus pode ver e curar! Aquela mulher sofria muito por ser excluída e maltratada pelas pessoas, mas ela encontrou a cura.

Ana: – Acho que estou entendendo. As pessoas precisam saber que existe um Deus que também pode curá-las da tristeza, da mágoa, do medo! O amor de Deus sara todas as feridas, até as que não podemos ver.

ORAÇÃO

Cure os meus machucados emocionais, Senhor!

Ana - É muito triste pensar que algumas pessoas são tão maltratadas e rejeitadas que desenvolvem feridas emocionais, não é? Eu jamais quero causar dor em outras pessoas; pelo contrário, quero ajudar, cuidar e demonstrar o amor e a bondade de Deus.

Michelle - Verdade, Ana. Precisamos ser diferentes. Não podemos fazer ou falar coisas para machucar os outros. Também não devemos excluir ou rejeitar. Somente Deus pode curar essas feridas emocionais, mas nós podemos mostrar aos outros a esperança da cura.

Ana - Acho que conhecemos uma pessoa que tem sido curada por Deus, não é mesmo?

Michelle - Sim, eu sei de quem você está falando.

Ana - O Junior sofre bastante com a rejeição do pai dele, mas, cada vez mais, ele tem sido transformado pelo amor de Deus Pai. Como amigas, devemos acolher, orar e ajudar no que estiver ao nosso alcance.

Michelle - Com certeza! Oramos para que Deus transforme também o lar do Junior. Ele se tornou muito mais alegre e confiante desde que conheceu o amor de Jesus.

Ana - Será que o Ted também tem uma ferida emocional que precisa ser curada?

Michelle - Pode ser que sim. O Ted também merece ser acolhido, mesmo fazendo coisas erradas de vez em quando. Deus se importa com ele, então também devemos nos importar.

Ana - Eu quero muito que ele conheça Jesus!

Michelle - Eu também! Vamos orar por ele.

ORAÇÃO

Pai, peço que me ajude a levar esperança às pessoas.

A turminha se encontra perto da casa do senhor Antônio, e os amigos começam a conversar.

Ana: - É impressionante como as coisas mudam e evoluem, não é?! Vi uma foto da minha tia em cima de um burro, na rua da casa da minha avó. Perguntei para a minha mãe o que ela estava fazendo, e ela disse que era comum tirar fotos assim antigamente.

Michelle: - É verdade! Jesus também já montou em um animal parecido, mas era um jumento. Isso aconteceu no momento em que ele estava entrando em Jerusalém.

Junior: - Como foi a entrada do Mestre naquele dia?

Michelle: - Os discípulos foram buscar uma jumenta e o filhotinho dela, como Jesus havia ordenado. Puseram mantos sobre os animais, e Jesus montou na jumenta. A multidão estendia mantos pela estrada, dando ao Mestre uma recepção de rei. Alguns cortaram ramos de árvores e os espalharam ao chão formando um tapete de boas-vindas. Havia muita gente por todo lado gritando: "Hosana ao Filho de Davi"; "Bendito é o que vem em nome de Deus!"; "Hosana nos altos céus!".

Ana: - Mas quem é Hosana, gente? Só conheço Rosana, que é amiga de infância da minha mãe.

Michelle: - Não é uma pessoa. "Hosana" é uma palavra de origem hebraica que significa "salva-nos".

Ana: - Ok. Mas acho que o povo se enganou. Jesus era filho de José, e não de Davi.

Junior: - Ele era descendente de Davi, por isso as pessoas falaram isso.

 **ORAÇÃO** "Hosana", salva-nos, Senhor!

Ana – Fez mais sentido agora. Uma dúvida: por que Jesus estava entrando em Jerusalém?

Michelle – Em breve ele viveria o momento mais doloroso e difícil de sua vida.

Junior – Hoje é o dia que marca o início da Semana Santa, certo?

Michelle – Exatamente. Essa semana é considerada importante. Na multidão que viu Jesus entrar, havia gente que o admirava muito, mas também alguns ficaram irritados.

Ana – Por quê?

Michelle – Eles perguntaram: "Quem é esse se achando o rei desfilando pelas ruas?". A multidão respondeu: "É o profeta Jesus, de Nazaré da Galileia".

Ana – Será que Jesus ficou triste por duvidarem dele?

Junior – Certamente. O desejo dele era curar e salvar a todos.

Ana – Eu não gosto quando duvidam do que eu falo.

Michelle – Eu também não.

Ana – Acho que as pessoas inventavam coisas a respeito de Jesus.

Michelle – Com certeza. Deviam dizer que ele era mago, vidente, feiticeiro e até bruxo.

Ana – Ele não tinha varinha mágica!

Junior – Claro que não, Ana! Ele não precisava disso!

Michelle – Muitas vezes ele apenas tocou nas pessoas, e elas instantaneamente foram curadas.

Ana – Mesmo presenciando os milagres, muitos duvidaram dele, então?

Michelle – Sim. Era incomum para aquela época um homem de carne e osso fazer coisas tão inexplicáveis.

ORAÇÃO

Que em nenhum momento eu duvide do Senhor!

Junior, Michelle, Ana e Antônio estão conversando na calçada.

Ana: - Haverá um feriado essa semana, não é?

Michelle: - É a Sexta-feira da Paixão, também chamada de Sexta-feira Santa.

Antônio: - É um dia muito importante, em que comemoramos o sacrifício de Jesus e refletimos sobre o maior amor que já existiu na face da Terra!

Junior: - Na verdade, precisamos refletir sobre o sacrifício de Jesus diariamente!

Michelle: - Concordo! Falando em sacrifício, contei essa história para a menina do cabelo azul. Ela parecia muito interessada! Mostrei o texto em minha Bíblia e percebi os olhos dela cheios d'água de emoção. Eu perguntei no final se ela gostaria de aceitar Jesus como Senhor e Salvador. Ela disse "sim", com voz trêmula e muitas lágrimas!

Antônio: - Que lindo! Você ganhou uma pessoa para o Senhor!

Ana: - Emocionante e impressionante! Fico angustiada só de imaginar uma pessoa presa por pregos numa cruz de madeira!

Michelle: - Jesus sofreu muito por amor a mim e a vocês!

Junior: - Com certeza! Mas algo incrivelmente maravilhoso aconteceu depois de tanta dor! Ele ressuscitou! A morte e ressurreição de Jesus são a parte essencial da fé cristã.

Ana: - Podemos entender que não há maior amor que o de Jesus!

Junior: - A menina do cabelo azul sentiu esse amor através de você, Michelle!

Michelle: - E eu chorei de emoção junto com ela! Momento inesquecível!

 **ORAÇÃO** Não tenho palavras para agradecer ao Senhor por tanto amor!

Ana: - Mas por que Jesus morreu na cruz?

Michelle: - Vamos falar um pouco sobre o primeiro casal que a Bíblia menciona, Adão e Eva. Eles desobedeceram a Deus e, a partir de então, toda a humanidade se separou do Senhor. Por isso Jesus veio ao mundo, para nos reconciliar com Deus e nos levar de volta para ele. Jesus assumiu nossa culpa e a pena que nós merecíamos.

Junior: - É verdade! Nós merecíamos a cruz, não ele!

Ana: - Jesus sabia que sofreria tanto?

Michelle: - Sim, amiga. Em nenhum momento ele pensou em desistir, pois sabia que precisava cumprir aquele chamado. O chamado de Deus Pai.

Ana: - Jesus foi obediente e amou profundamente a humanidade!

Antônio: - Você tirou as palavras da minha boca! Tudo isso só prova que ele realmente amava absurdamente as pessoas a ponto de dar a vida por nós!

Michelle: - Mesmo fazendo tantas coisas boas, no final ele foi visto por todos como um homem errado. A cruz era símbolo de maldição, da maior humilhação que uma pessoa poderia sofrer. Os maiores pecadores e criminosos é que recebiam como pena de morte a crucificação.

Junior: - Muita injustiça! Chego a ficar com vergonha quando me lembro dos meus pecados. Foram eles que pregaram Jesus naquela cruz.

Michelle: - Ficamos constrangidos porque cada um de nós levou Jesus à cruz. Ele morreu por causa do nosso pecado.

ORAÇÃO

Deus Pai, agradeço por ter enviado o seu único e amado filho para nos salvar!

Ana: - Amor inexplicável!

Junior: - Uma vez eu vi uma reportagem que mostrava um acidente com uma moça. Ela era muito fã de um cantor famoso. Onde ele se apresentava, lá estava ela também. Em um dos *shows*, ela se arriscou para tentar chegar perto do palco. Houve uma briga muito feia, ela se machucou e precisou ir ao hospital.

Michelle: - A pergunta é: esse cantor famoso daria a própria vida para salvar a moça? Com certeza não. Podemos dizer que Jesus era famoso. Muitos o conheciam e falavam dele, mas, ao contrário das celebridades, ele não queria nada em troca ao fazer o bem.

Ana: - É verdade! Cristo foi crucificado sozinho na frente de todos?

Michelle: - Junto dele havia dois ladrões, um à direita e outro à esquerda. Quem passava por aquela cena zoava dizendo: "Salve-se! Se você é mesmo Filho de Deus, desça da cruz!".

Antônio: - Que absurdo!

Ana: - Mas, se ele quisesse, poderia ter feito isso, certo?

Junior: - Poderia, mas esse não era o plano! Era preciso passar por momentos de extrema dor, humilhação e julgamentos. Jesus era um filho obediente e foi até o fim para fazer a vontade de Deus Pai.

Antônio: - Vocês conseguem imaginar Maria, mãe de Jesus, vendo tudo aquilo?

Ana: - Ela deve ter ficado muito aflita, com certeza!

Antônio: - Vocês são pequenos ainda, mas, quando temos um filho, somos capazes de fazer coisas que nunca imaginamos para ver nossos filhos bem.

 **ORAÇÃO** Que eu nunca me esqueça do grande sacrifício que o Senhor fez por mim!

Junior: - Eu vejo minha mãe se esforçando muito!

Michelle: - Minha mãe fala que só vou entender o amor que ela sente por mim quando eu me tornar mãe.

Ana: - Será que Maria pensou naquela situação: "Tirem meu filho daí e me coloquem no lugar dele?".

Michelle: - Talvez. Mas certamente ela não queria presenciar a morte do próprio filho. Bateram muito nele, xingaram e colocaram uma coroa de espinhos na cabeça dele. Cristo carregou aquela enorme e pesada cruz com o corpo cheio de feridas, e foi crucificado às 9 horas da manhã.

Antônio: - Ele estava com o corpo e a alma feridos, tamanha era a crueldade das pessoas.

Michelle: - A história continua dizendo que, do meio-dia às 3 da tarde, toda a Terra ficou na escuridão, Jesus deu um último grito de dor, suspirou e morreu.

Ana: - Para tudo! Não sou boa em matemática, mas essa conta eu consigo fazer!

Ana conta nos dedos. - 9, 10, 11, 12, 13, 14, 15. Foram cerca de SEIS HORAS pregado naquela cruz??

Antônio: - Inacreditável!

Junior coloca as mãos no rosto. - Eu não tinha parado para pensar nisso!

Michelle com os olhos marejados - O preço que ele pagou pela nossa vida, pessoal, foi muito grande. Nunca houve nada parecido na história da humanidade.

Ana: - Estou sem palavras!

 Agradeço ao Senhor do fundo do meu coração pelo sangue derramado na cruz!

Michelle: - Vocês acreditam que Pilatos, que foi o juiz que condenou Jesus à cruz, ainda duvidou de que o Mestre havia mesmo morrido? Ele mandou verificar e só depois entregou o corpo de Jesus a José.

Ana: - Fala sério!

Antônio: - Não havia caixões naquela época, certo?

Michelle: - Os corpos eram colocados em túmulos que haviam sido escavados na rocha. José comprou um lençol de linho para envolver o corpo de Jesus e então o depositou no túmulo. A seguir, pôs uma grande pedra na entrada. Maria Madalena e Maria observaram o sepultamento.

Ana: - Quem era Maria Madalena?

Junior: - Uma das seguidoras mais dedicadas de Jesus Cristo.

Ana: - Se ela tivesse rede social, ficaria curtindo, comentando e compartilhando os conteúdos dele, não é? Eu assistiria às *lives* e clicaria várias vezes no coraçãozinho!

Michelle: - Mas precisaríamos ter cuidado com os perfis falsos!

Antônio: - Eu não consigo entender o que vocês estão falando.

Ana: - Estamos falando de uma rede social, senhor Antônio, onde as pessoas mostram fotos e vídeos. Está na moda hoje em dia. É possível encontrar pessoas conhecidas e famosas, por isso estamos pensando em como seria se Jesus usasse as redes também.

Antônio: - Precisa pagar alguma coisa para fazer parte?

Junior: - Não! É *free!*

Antônio: - E só pessoas mais jovens podem ter?

Michelle: - Também não!

ORAÇÃO

Quero seguir ao Senhor todos os dias da minha vida!

JESUS CRISTO ≡

4.859 PUBLICAÇÕES 257 MIL SEGUIDORES 483 SEGUINDO

FILHO DE DEUS
CARPINTEIRO
PASTOR DE OVELHAS
AMA MUITO VOCÊ ♥

Ana: – Michelle, depois de colocarem o corpo de Jesus no túmulo, não havia mais nada a ser feito, certo?

Michelle: – Somente esperar. Chamamos o dia seguinte ao da morte de Jesus de Véspera da Páscoa. É o dia que celebra a espera pela ressurreição de Jesus Cristo.

Antônio: – Esperar não é uma tarefa fácil.

Ana: – Não tenho paciência para esperar!

Michelle: – Mas a espera pode nos trazer algo surpreendente! Na manhã de domingo, assim que o sol raiou, Maria Madalena e Maria foram até o túmulo. Elas estavam preocupadas, pois a pedra que havia sido colocada para fechar o túmulo era pesada demais. Ao chegar, elas descobriram que a pedra já havia sido rolada – era uma pedra muito grande.

Ana: – Não acredito! E o que elas viram lá dentro?

Michelle: – Elas se aproximaram e viram um jovem vestido de branco assentado à direita. Ficaram muito assustadas. Então ele lhes disse: "Não tenham medo. Sei que vocês procuram Jesus, o Nazareno, aquele que foi crucificado. Ele ressuscitou, não está mais aqui. Vejam vocês mesmas que o lugar está vazio. Agora, podem ir! Digam aos discípulos e a Pedro que ele vai adiante de vocês para a Galileia. Vocês o verão lá, exatamente como ele disse".

Ana arregala os olhos.

Junior: – Eu imagino as duas mulheres paralisadas como estátuas vendo e ouvindo aquilo!

ORAÇÃO Quando achamos que acabou, o Senhor faz coisas novas acontecerem! Obrigado!

Você já contou para alguém que Jesus veio ao mundo para morrer pelos nossos pecados e ressuscitar para nos dar vida? Faça uma lista de pessoas para quem você pode contar sobre o amor de Deus.

ABRIL

Michelle e Ana encontram Junior chorando na escola.

Ana: - O que aconteceu, Junior?

Junior: - O Ted disse que queria conversar comigo no intervalo, porque queria voltar a ser meu amigo. Aí, na frente de todo mundo, ele começou a falar várias coisas horríveis sobre mim e sobre a minha família.

Michelle: - Que horror! Por que ele fez isso?

Junior: - Porque hoje é Dia da Mentira. Ele me enganou!

Ana: - Que vacilo... Sinto muito, Junior.

Junior: - Eu não aguento mais esse menino chato.

Michelle: - Poxa, Junior. Entendo que você esteja magoado, mas não é certo falar assim dele. Mesmo que a atitude dele seja muito errada, você não pode se deixar abater por causa disso.

Junior: - Mas é injusto!

Michelle: - Eu também acho. Mas você se lembra da história de Pedro... Ele mentiu três vezes, ao negar Jesus. Depois, arrependeu-se verdadeiramente e foi transformado. O nosso papel é orar para que o Ted também aceite ser transformado pelo amor de Jesus.

Junior: - É verdade. Eu sei que você está certa.

Ana: - Esse negócio de Dia da Mentira é péssimo. A mentira só serve para prejudicar. Não existe mentirinha inocente. Toda mentira é ruim.

Michelle: - Concordo. E o Senhor despreza a mentira, pois ele gosta da verdade. Devemos falar a verdade sempre. Mais do que isso, devemos anunciar a maior e melhor verdade: Jesus morreu na cruz por nós e ressuscitou ao terceiro dia.

ORAÇÃO

Você já foi prejudicado por alguma mentira? O que aconteceu?

Senhor, peço que me afaste da mentira.

No final da tarde, na casa do senhor Antônio, continuam a conversa...

Antônio: - Vocês já perderam alguma coisa dentro de casa? O objeto estava ali, no sofá ou na cama e, sem explicação, não está mais lá?!

Junior: - A gente leva um susto, não é? Estava em algum lugar e, de repente, não está mais. E o que aquelas mulheres fizeram quando viram sepulcro vazio?

Michelle: - Elas saíram o mais rápido que puderam, nervosas e ainda um tanto atordoadas. Com medo, não contaram nada a ninguém. Depois de ressuscitar, Jesus apareceu bem cedo, na manhã de domingo, para Maria Madalena.

Antônio: - Será que ela ficou com medo?

Michelle: - Que nada! Chorando, ela procurou os antigos companheiros na fé e deu a notícia a eles. Quando ouviram que Jesus estava vivo e que ela o tinha visto, não acreditaram.

Ana: - Eu sabia!

Michelle: - Depois Jesus apareceu, de forma diferente, a dois deles que caminhavam pelo campo. Eles voltaram e contaram aos demais, mas estes também não acreditaram.

Junior: - Se Jesus quisesse, poderia ter feito um retorno surpreendente, chamando a atenção de todos, para não duvidarem.

Michelle: - É verdade! Mas, ele preferiu ser mais discreto. Depois disso, quando os Onze discípulos estavam jantando, ele apareceu e deu uma ordem, pois se recusavam a acreditar naqueles que o tinham visto ressuscitado.

ORAÇÃO

Ajude-me a não duvidar das coisas que o Senhor fez e que ainda pode fazer.

Ana: – Sério? O que ele disse?

Michelle: – O Mestre ordenou que os discípulos saíssem pelo mundo e anunciassem sua mensagem para todos.

Ana: – Eles tiveram que fazer as malas às pressas, então?

Michelle: – Alguns foram a lugares distantes e outros foram espalhando a boa-nova para vizinhos, familiares e amigos! O Senhor restaurou a esperança dos discípulos e deu a eles essa bela missão. Onde os pés deles pisassem, da boca deles deveria sair a mensagem de salvação a todas as pessoas! A mesma salvação que chega a nós deve chegar aos outros. Aqui no Brasil, lá no Japão, nos Estados Unidos ou nos países da África.

Ana: – Mas, amiga, eu só sei falar o português! Como vou falar de Cristo para pessoas de outros países?

Junior: – Você pode estudar idiomas e ir para outros países como missionária do Senhor, ou pode ficar aqui mesmo e contar sobre ele para seus vizinhos, familiares, amigos.

Antônio: – E, não importa o lugar, devemos falar sobre Deus sempre que tivermos uma oportunidade. Podemos usar algumas estratégias, como convidar as pessoas para um café e, assim, falar de Jesus!

Ana: – Às vezes a mensagem pode chegar a alguém na forma de um lanche, de um agasalho, de uma surpresa inesperada. Dessa maneira, essa pessoa sentirá no coração que o doador possui um brilho diferente – o brilho de Jesus!

Michelle: – Com certeza! Vamos espalhar a mensagem do Senhor!

 **ORAÇÃO** Peço ao Senhor oportunidades de contar aos outros a mais bela mensagem que existe!

João 3.16

No intervalo, Ana encontra os amigos e conta uma novidade incrível.

Ana: - Vocês não vão acreditar! Ontem à noite, fiquei pensando sobre o que conversamos e em como eu posso espalhar as boas-novas.

Junior: - Que bom, Ana! E o que você decidiu fazer?

Ana: - Eu fiz uma pesquisa na internet para encontrar o texto de João 3.16 em vários idiomas. Inglês, espanhol, italiano, francês, mandarim... Depois de pesquisar, escrevi alguns cartões com o versículo em todos esses idiomas.

Michelle: - Eu amo esse versículo!

Junior: - É muito lindo saber que somos tão amados por Deus!

Ana: - Verdade! Por isso, eu fiz esses cartões para nós e para o senhor. Antônio. Quero que todos saibam do amor de Deus. Eu posso não saber vários idiomas ainda, mas aprendi a falar e a escrever o mais importante: Deus nos ama e deu o seu Filho por nós, para que tenhamos vida!

Michelle: - Eu amei a ideia, Ana! Tenho certeza de que alguns amigos da igreja vão querer aprender também. A mensagem de Deus precisa ser pregada em todos os idiomas.

Junior: - Isso mesmo. Acho que temos que escrever alguns cartões em português também e andar com eles. Podemos entregar para os nossos colegas, pessoas que encontrarmos na rua, no mercado, para os visitantes da igreja... São muitas opções e oportunidades para falar do amor de Deus!

Desafio: Pesquise o texto de João 3.16 em três idiomas diferentes e leia-os para alguém ou anote em um cartão. Você pode dar para alguém da sua escola, da sua rua, algum amigo ou familiar.

ORAÇÃO

Senhor, me ajude a perder a timidez para falar do seu amor.

Na saída da escola, as crianças caminham e conversam.

Ana: – Eu não via a hora de ir embora!

Michelle: – Hoje as aulas foram complicadas, e estou cheia de lição para fazer! Acho que meus tios vão lá em casa. Vou pedir ajuda para um deles com um exercício de matemática que não entendi. Ele manda muito bem!

Junior: – Que bom que você pode contar com a ajuda de alguém!

Ana: – Minha mãe sempre olha os meus cadernos, mas ela não tem muita paciência para ajudar.

Junior: – Meu pai não está nem aí!

Michelle: – Sinto muito, Junior! Alguns pais trabalham muito e, quando chegam em casa, estão exaustos.

Junior: – Lá em casa o problema é outro. Deixa pra lá.

Michelle: – Fiquei sabendo que hoje é o Dia do Filho.

Junior: – Dia normal para mim, então. Tenho certeza de que meu pai não faz ideia disso. Para ele, é uma sexta-feira como outra qualquer. Minha mãe talvez saiba que hoje é um dia especial.

Michelle: – Sei que este assunto deixa você pra baixo, Junior, mas não se esqueça de que temos um Pai que tem muitos filhos e os ama demais!

Junior: – Tenho aprendido sobre isso! Que bom que encontrei um Pai!

Ana: – Então fique feliz pelo dia de hoje! É o nosso dia! Vamos comemorar por sermos filhos de Deus!

Michelle: – É verdade! Somos filhos de Deus pela fé que temos em Cristo Jesus!

ORAÇÃO

Que eu nunca me esqueça que sou um filho amado pelo Senhor!

Duas semanas depois, os amigos se encontram no intervalo.

Ana: – Atchim! Atchim!

Michelle: – Saúde, Ana!

Junior: – Uau! Quantos espirros! Você está bem?

Ana: – Mais ou menos. Meus vizinhos estão construindo uma casa e sempre tem muito pó em volta. Atchim!

Michelle: – Sinto muito! Você está tomando algum remédio?

Ana: – Não, apenas lavando o nariz com soro fisiológico. Eu odeeeeeio, mas minha mãe me faz lavar todos os dias. Obras são terríveis! Atchim! São tratores e caminhões entrando e saindo o tempo todo! Sinto a minha casa tremer. É pó todo dia, o dia inteiro. Falta muito para terminarem ainda! Eles estavam tirando a terra com o trator e enchendo as caçambas dos caminhões.

Michelle: – Existe uma parábola de Jesus que fala sobre construir casas.

Ana: – Ele aconselha a tomar antialérgico? Não aguento mais espirrar! Atchim!

Michelle: – Na verdade não, mas é uma lição superprofunda. Na saída eu termino a história. O Mestre ensina que escolher o lugar certo para construir nossa casa é muito importante para ela permanecer bela e de pé.

Ana: – Mas obras fazem a gente espirrar muito!

Michelle: – Tudo tem dois lados, não é? Quando há bagunça e sujeira, todos ficam estressados, mas depois de tudo novo e limpo vem aquele sentimento bom.

Ana: – O único sentimento bom que eu queria era respirar ar puro! Atchim!

ATCHIM!

ORAÇÃO

Paizinho, ajude-me a fazer boas escolhas para que minha casa fique sempre firme.

Michelle: - Melhoras, Ana! Vou pedir a Deus em oração por sua recuperação.

Junior: - Eu também, Ana.

Ana: - Valeu, galera. Estou mal mesmo! Atchim!

Michelle: - Continuando... Jesus explica que as palavras dele não são apenas como a reforma de uma casa, mas sim o próprio alicerce, a base da vida de alguém.

Junior: - Meu tio me explicou uma vez que o alicerce é também chamado de fundação, estrutura, suporte. É o que faz a casa ser erguida e permanecer firme. Depois que a casa fica pronta, não conseguimos ver os alicerces, mas sabemos que estão lá.

Michelle: - O que nosso Senhor nos ensina com essa parábola é que, mesmo se chover ou se o vento soprar forte, a casa continuará inabalável, pois foi construída com base firme.

Ana: - Como a história dos três porquinhos?!

Michelle: - Boa comparação, amiga! Jesus diz que, se não praticarmos o que ele ensina, seremos como péssimos pedreiros que construíram casas na areia.

Junior: - Basta garoar, e a casa se desfaz!

Ana: - Faz sentido! Imaginem montar uma maquete usando como base folhas de papel. Não iria segurar nadinha! Atchim!

Junior: - É, por isso usamos papelão ou placas de isopor.

Michelle: - As chuvas e o vento representados por Jesus nessa parábola são os problemas e as dificuldades que as pessoas enfrentam ao longo da vida.

Ana: - E, infelizmente, não tem como fugir! Todos nós passamos por problemas!

Junior: - É verdade!

ORAÇÃO

Que minha vida esteja sempre firmada na rocha, que é o Senhor!

Antônio: - Sobre o que vocês estavam falando enquanto fui passar o café?

Ana: - Sobre como Jesus voltou para junto de Deus Pai depois que ressuscitou.

Antônio: - Através das nuvens?!

Michelle: - Exatamente!

Antônio: - Que evento maravilhoso! Se não me engano, Jesus operou um milagre na praia mesmo depois que morreu e ressuscitou, não foi?

Junior: - Sim! É o milagre chamado de "Jesus e a pesca milagrosa"! O Mestre apareceu aos discípulos em uma manhã na praia, mas eles não o reconheceram. Os homens haviam pescado a noite toda, porém não pegaram nada. Jesus perguntou se eles tinham algo para comer e a resposta foi "Não".

Michelle: - Talvez eles não estivessem conseguindo ver quem era, pois estavam longe da areia.

Ana: - E estavam cansados da pesca sem sucesso durante a noite toda!

Antônio: - É verdade!

Junior: - O texto continua dizendo que Jesus os instruiu a lançarem a rede do lado direito do barco. Eles assim fizeram, e mal conseguiram recolher a rede, tal era a quantidade de peixes!

Ana: - Uau! Depois disso, eles descobriram quem era aquele homem?

Junior: - Claro! Um deles, chamado Simão Pedro, vestiu a capa que havia tirado e lançou-se ao mar! Os outros foram de barco ao encontro de Jesus, arrastando a rede cheia de peixes!

Michelle: - A vontade era de sair correndo para chegar o mais rápido possível perto dele, não é?!

Antônio: - Sem dúvidas!

Junior: - Mas, esse milagre incrível continuou! Estão preparados?

ORAÇÃO

Senhor, agradeço por ser o nosso socorro bem presente na angústia!

Ana: - Conta logo!!!

Junior: - Quando os discípulos desembarcaram, viram uma fogueira, peixe sobre brasas e um pouco de pão. Jesus havia preparado uma refeição para eles!

Antônio: - Não é maravilhoso?!

Ana: - Uau! A fome deles devia ser igual à fome de leão!

Michelle: - Quanto carinho e preocupação de Jesus em surpreender e alimentar seus amigos! Fico encantada com isso!

Junior: - É verdade! Então Jesus disse aos discípulos: "Tragam alguns dos peixes que vocês acabaram de pescar".

Ana: - Na verdade, o milagre que eles pescaram, não é?!

Junior: - Sim! Simão Pedro entrou no barco e arrastou a rede para a praia, que estava cheia, com 153 grandes peixes. Mesmo com tantos peixes, a rede não rasgou!

Antônio: - Surpreendente!

Michelle: - Eles, então, vendo de pertinho que era o Senhor, fizeram a refeição com ele!

Ana: - Que lindo, gente!

Antônio: - Eu me lembrava vagamente dessa história!

Michelle: - Essa história nos ensina muitas coisas. Os discípulos estavam sem esperanças, pois ainda não sabiam que Jesus havia ressuscitado. Eles voltaram ao trabalho, pescaram a noite inteira e não obtiveram sucesso. Mas, então, Jesus apareceu e, com ele, a esperança. O Mestre os encorajou a tentar de novo, e eles foram muito bem-sucedidos na pesca!

Ana: - E isso é interessante, pois os primeiros discípulos estavam pescando quando foram chamados para seguir Jesus. Imagine como deve ter sido emocionante encontrar Jesus novamente na mesma situação!

ORAÇÃO Agradeço ao Senhor por me encorajar a tentar novamente!

Junior: - Com certeza! Jesus levou salvação aos discípulos, mais uma vez!

Michelle: - Jesus sempre nos traz a esperança, não é? Confiar no Senhor é maravilhoso! Eles obedeceram e tiveram um resultado inesperado, pois a pesca foi muito melhor do que poderiam ter imaginado.

Ana: - Eles haviam se esforçado a madrugada toda e, ao amanhecer, estavam frustrados, sem poder levar o sustento para casa, mas foi pela graça de Jesus que tiveram sucesso!

Antônio: - Mais uma lição valiosa: Não devemos nos esforçar por nós mesmos! Sozinhos não conseguiremos!

Junior: - É verdade! Foi o Mestre que atraiu todos aqueles peixes para a rede, mas eles a lançaram! Jesus quer de nós coragem mesmo quando estivermos cansados e sem esperanças!

Michelle: - Bem colocado, Junior! Nenhum dos discípulos perguntou quem era aquele homem ou o motivo para ele mandá-los lançar a rede ao mar. Eles simplesmente obedeceram e, estando admirado, Simão Pedro se jogou na água e foi ao encontro do dono daquele milagre!

Ana: - E que encontro! Com direito a comida preparada pelo próprio Senhor!

Antônio: - Falando em comida, café e pãozinho são uma dupla inseparável, não acham?

Junior: - Pãozinho quentinho com manteiga! Hummmm!

Você consegue se lembrar de alguma situação em que estivesse sem esperança e encontrou a solução?

ORAÇÃO

Que eu encontre no Senhor a solução para as minhas frustrações!

Ana, Michelle e Junior se encontram na entrada da escola e conversam.

Ana: - Bom dia, gente!

Michelle: - Bom dia, amiga! Que foto foi aquela que você mandou ontem à noite?

Ana: - Montei uma cabana com cadeiras e lençóis na sala da minha casa. Entrei e fiquei quietinha lá dentro. Ouvi algumas histórias sobre o fim do mundo e fiquei aterrorizada!

Michelle: - Amiga, se a gente for pesquisar na internet, as notícias que diziam que o mundo acabaria na data X ou Y são muitas, porém todas se mostraram mentirosas!

Junior: - Isso é verdade! Relaxa, Ana!

Ana: - Relaxar como? E se um asteroide gigantesco invadir a Terra e acabar com tudo? E se o Sol explodir? E se toda a nossa comida acabar?

Michelle: - Shhhh! Chega! Sua confiança está em quem mesmo?

Ana: - Em Deus.

Michelle: - Então PARE de ficar com minhocas na cabeça!

Junior: - Você já sabe que Jesus salvou a sua vida e deu para nós de presente a eternidade ao lado de Deus Pai, não sabe?

Ana: - Ai, gente! Mas sou um ser humano, não é? E na escola sempre há aulas sobre o aquecimento global e os problemas climáticos!

Junior: - Sim, Ana. Lembre-se de que a fé é crer em coisas que não vemos! Precisamos acreditar que o Senhor continua no controle de todas as coisas! Você sabe que Jesus vai voltar para nos buscar e que, juntos, viveremos com Deus Pai, Filho e Espírito Santo para sempre, não sabe?

Ana: - Eu sei, mas há coisas que são complexas de entender!

ORAÇÃO

Acalme o meu coração quando eu sentir medo e angústia, Senhor!

Michelle: - A Bíblia é um livro interessante e com contextos muito diferentes do que estamos acostumados a viver. Quando a dúvida bater, pergunte para algum líder da sua igreja e, juntos, vocês podem mergulhar mais a fundo nos textos.

Junior: - É bom fazer estudo bíblico em grupo.

Michelle: - Exatamente! O estudo bíblico é diferente de apenas fazer uma leitura.

Ana: - E o que mais vocês sabem sobre a volta de Jesus e a eternidade?

Michelle: - Bom, João teve várias visões a respeito disso, e uma delas me chama bastante a atenção! - "Um novo céu e uma nova terra."

Ana: - Como assim?

Michelle: - Imagine que hoje em dia há reis, rainhas e governantes no mundo. Certo? Mas tudo será novo quando Jesus voltar em glória para buscar a igreja, e somente ele reinará! Será um tempo de paz e harmonia, no qual todos poderemos adorá-lo e estar lado a lado com a Trindade! Será maravilhoso!

Ana: - Eu quero!

Junior: - Eu também!

Michelle: - É nisso que devemos crer e pensar, amiga! Não permita que seus pensamentos atormentem a sua vida! Quando sentir medo, chame a sua mãe e peça que ela ore com você. Um chá pode ajudar a acalmar e a pegar no sono também.

Junior: - Chá de camomila ou hortelã ajudam a relaxar!

Ana: - O senhor Antônio têm hortelã na casa dele, vou pedir algumas folhinhas.

Michelle: - Ele ficará contente em ajudar você!

Desafio: Chame alguém para fazer um estudo bíblico com você. Vocês podem escolher o tema, decidir o local da leitura e compartilhar as suas anotações e o que aprenderam sobre o texto. Não se esqueçam de orar juntos.

ORAÇÃO

Que meus pensamentos estejam voltados às promessas do Senhor!

No intervalo das aulas, a turma se encontra e conversa novamente.

Ana: - Eu estou MUITO brava! Uma menina da minha sala tropeçou na minha lancheira, a garrafa de suco vazou e estragou todo o meu lanche!

Michelle: - Sinto muito! Parece que minha mãe estava sentindo algo... Hoje cedo ela preparou dois sanduíches e colocou na minha lancheira. Por favor, amiga, aceite um deles.

Ana: - Não sei como agradecer, Michelle!

Michelle: - Não precisa! É uma alegria repartir com você! Acidentes acontecem, e precisamos nos acalmar.

Ana dá uma mordida no sanduíche: - Gente, que delícia! Hummmmm!

Michelle: - Muito bom, não é? E melhor ainda é ver que você está mais calma e alegre por saborear o sanduíche e matar a fome!

Junior: - Eu estava até com medo de olhar para você, Ana!

Ana: - A menina não se desculpou! Vocês acreditam? Por isso fiquei mais brava ainda! Mas a atitude da Michelle me ajudou a ficar calma.

Michelle: - Que bom! Fico feliz por ter ajudado você! A Palavra do Senhor diz que Deus quem se alegra em doar.

Junior: - E ele te ama muito, Michelle!

Ana: - Eu também te amo, amiga!

Michelle: - Também amo você, Ana! Gosto muito de ser útil e ver as pessoas alegres! Sempre penso que podemos fazer algo para deixar o dia das pessoas um pouco melhor.

Junior: - Você consegue! É uma pessoa muito boa!

Michelle: - Vou ficar sem graça desse jeito!

ORAÇÃO

Senhor, que eu possa sempre me alegrar ao fazer alguma doação!

Michelle: – Estou um pouco envergonhada. Hihihi! Estávamos falando do sentimento de alegria e lembrei de um versículo muito bonito que diz: "Cada um dê conforme determinou em seu coração, não com pesar ou por obrigação, pois Deus ama quem dá com alegria".

Junior: – Acho muito legal o momento das ofertas nas igrejas. Algumas pessoas se emocionam ao entregar alguma quantia em dinheiro.

Michelle: – Sim! As ofertas devem ser dadas de maneira genuína e com o coração grato, pois a fidelidade do Senhor permanece diariamente em nossa vida!

Ana: – Existe um valor certo?

Junior: – Não, Ana! "Conforme determinou em seu coração", diz o versículo! Deus não vê se é uma moedinha ou uma nota grande!

Michelle: – Exatamente! Ele se importa com as intenções do nosso coração! Não devemos ofertar com o coração pesado, como se fosse muito difícil, nem porque alguém "mandou". Deve ser um ato voluntário!

Ana: – Sempre que tiver algum dinheiro, vou orar e entregar uma oferta em minha igreja!

Michelle: – O Senhor se alegrará muito, amiga!

Ana: – Além disso, a oferta nem sempre é relacionada ao dinheiro, não é? A Michelle ofertou o lanche dela para mim e saciou a minha fome!

Junior: – É verdade! Há outras opções de ofertas.

Michelle: – Então vamos ofertar mais para outras pessoas e para Deus! Sejam ofertas em dinheiro, objetos, tempo, ajuda ou orações, fazer o bem sempre agrada a Deus Pai!

ORAÇÃO

Que eu sinta o desejo de ofertar e alegrar o Senhor!

Na saída da escola, a turma caminha e conversa.

Ana: - Eu e o Junior não paramos de falar até agora dos vídeos que a professora de história mostrou sobre o avanço da medicina.

Michelle: - Quero muito ver! Gosto de vídeos assim!

Ana: - Achei incrível poder ver tanta evolução e tantas pessoas impactadas positivamente!

Junior: - Eu também! E, se pensarmos nos tempos de Jesus, a realidade era beeeeem diferente!

Michelle: - Com certeza! Mas os vídeos mostraram o avanço da tecnologia na medicina?

Ana: - Quer *spoiler*, não é?! Os vídeos mostraram equipamentos ultramodernos, mas também a importância de ter uma vida saudável. Falando nisso, preciso beber mais água.

Michelle: - Minha mãe sempre fala que as pessoas sabem o que precisa ser feito, como se alimentar bem, praticar esportes e ir regularmente ao médico, mas às vezes simplesmente não fazem.

Junior: - É que beterraba, chuchu e abobrinha não são saborosos, pelo menos na minha opinião!

Ana: - Não basta apenas ser *fitness* e treinar todos os dias. Há doenças que não são visíveis, e a medicina pode torná-las visíveis às pessoas. Por isso ouvimos dos mais velhos sobre a importância de ir ao médico e fazer exames.

Junior: - Precisamos cuidar da nossa saúde com os recursos que o Senhor deu à humanidade ao longo dos anos! Se detectarmos algo diferente, devemos orar, clamar a Deus sobre a situação e usar as ferramentas que estão disponíveis.

ORAÇÃO

Agradeço ao Senhor pela medicina e por todos os profissionais da saúde.

Michelle: – Algumas vezes Deus faz curas milagrosas, como aconteceu no passado. Há uma história sobre um homem que tinha uma doença de pele. Ele se ajoelhou diante de Jesus e pediu: "Senhor, se quiseres, podes purificar-me".

Junior: – Poxa! Ele ainda foi humilde a ponto de dizer "Senhor, se quiseres".

Michelle: – Não é chocante? O homem poderia ter feito um escândalo para chamar a atenção de Jesus ou ter dito que o Mestre deveria curá-lo também.

Ana: – É mesmo, não é?

Michelle: – Quem tinha doenças como a dele era excluído da sociedade e vivia isolado. Essas pessoas eram consideradas imundas. Mas Jesus estendeu a mão, tocou o homem e disse: "Quero. Seja purificado!". Ele se referia à pureza do corpo sem machucados. A doença desapareceu na hora.

Junior: – Jesus tocou no homem! Será que alguém viu isso?

Michelle: – Aparentemente não, porque na sequência Jesus disse para o homem não contar a ninguém e apenas se apresentar ao sacerdote, para que este confirmasse a cura. E terminou ordenando ao homem que desse testemunho, não apenas com palavras, mas com sua vida.

Ana: – Dar testemunho? Como assim?

Michelle: – O Mestre gostaria que o homem mostrasse com atitudes que havia sido curado, e não somente por dizer.

Junior: – Quem o conhecia imediatamente veria que no corpo dele não havia mais a doença.

Ana: – O que chamou a minha atenção foi quando o Senhor disse "Quero"!

Junior: – Emocionante mesmo!

ORAÇÃO Que eu seja humilde e compreenda o agir do Senhor!

Ana: – Fico feliz pela cura desse homem! Jesus gostava de estar com as pessoas, mesmo que fossem diferentes ou ainda que tivessem cometido algum erro, certo?

Michelle: – Sim, Jesus amava se sentar e fazer refeições com as pessoas!

Junior: – Já imaginou que da hora seria convidar Jesus para comer um pastel e beber caldo de cana com a gente na feira?

Ana: – Hummmm, que delícia! Ele não recusaria o convite, tenho certeza!

Michelle: – Há outro milagre em que o Mestre está na casa de um dos principais líderes dos fariseus, participando de uma refeição. Na mesma casa, havia um homem com uma doença que o deixava com o corpo todo inchado. Ele estava diante de Jesus. Então, o Mestre perguntou: "É permitido curar no sábado?".

Junior: – Eles responderam "não", certo?

Michelle: – Pasmem. Todos ficaram em silêncio. Jesus chamou o homem e o curou. Depois de o despedir, fez uma pergunta certeira: "Se um de vocês tiver um filho ou um boi, e este cair num poço no dia de sábado, não irá tirá-lo de lá imediatamente?".

Ana: – Uau! E o que eles responderam?

Michelle: – Nadinha. Ninguém se arriscou a responder.

Junior: – Claro, não importa o dia, o certo a se fazer é salvá-lo.

Ana: – O Mestre queria ensinar ao povo sobre o que era mais importante, não é, Michelle?

Michelle: – Exatamente. Ele, mais uma vez, teve compaixão daquele homem enfermo e deixou um ensinamento aos demais.

ORAÇÃO

Senhor, ajude-me a ter compaixão e ajudar ao meu próximo!

Certo dia, na saída da escola, a turminha ouve o papagaio Lara dizer algo.

Papagaio Lara: - Caloteiro! Caloteiro!

Ana: - Gente! Do que ele está falando?

Junior: - Nunca ouviu falar nisso? Caloteiro é quem não paga o que deve.

Ana: - Eita. Nunca ouvi. De quem será que ele está falando?

Junior: - Sei lá! Mas pelo jeito ele ouviu uma pessoa dizer isso muitas vezes e ela estava irritada! Olhem como ele anda de um lado para o outro gritando "Caloteiro".

Michelle: - Papagaios imitam direitinho as pessoas, não é?!

Ana: - Eles aprendem tanto coisas boas como ruins.

Junior: - Isso é verdade! Falando em caloteiros, ouço frequentemente essa palavra lá em casa por causa das vendas da minha mãe.

Michelle: - O tio que vende doces em frente à escola já me disse que passou muito por isso.

Ana: - A galera compra "fiado", mas acaba não pagando.

Michelle: - Se eu não tenho dinheiro, não compro. Simples assim.

Ana: - É, mas muita gente não pensa dessa maneira.

Junior: - Minha mãe está sempre se esforçando para pagar as contas, mas, quando algum cliente não paga, as coisas ficam difíceis.

Michelle: - Vocês já viram um *meme* que é a foto de uma pessoa na praia e um balão dizendo: "Olha eu viajando com o dinheiro da conta de luz".

Ana: - Não vi! Que absurdo!

Junior: - O problema é se cortarem a luz depois!

Michelle: - Aí a pessoa vai postar uma foto com a legenda: "Jantar romântico à luz de velas hoje!".

E todos caem na risada.

ORAÇÃO

Senhor, quando eu crescer, que eu sempre pague as contas corretamente!

Michelle: – Jesus uma vez contou uma história de dois homens que estavam devendo. Um devia quinhentos denários; e o outro, cinquenta.

Ana: – É uma diferença grande de dinheiro, não é?!

Junior: – É verdade! Eles conseguiram pagar?

Michelle: – Não, nenhum deles tinha como quitar a dívida.

Ana: – E o que aconteceu, então?

Michelle: – O homem a quem eles deviam resolveu perdoar as dívidas.

Junior: – Que homem bom!

Michelle: – Jesus, que estava jantando na casa de um fariseu chamado Simão, ao terminar de contar a história, perguntou-lhe: "Qual deles o amará mais?".

Junior: – O que devia a maior quantia, óbvio!

Michelle: – Foi exatamente o que Simão respondeu! O Mestre contou essa história, pois havia uma mulher que foi até a casa do fariseu e levou um vaso de alabastro.

Ana: – Vaso de quê?

Michelle: – Um vaso de rocha branca.

Junior: – Que nome esquisito! Havia algo dentro do vaso?

Michelle: – Sim, tipo um óleo perfumado. As pessoas falavam que aquela mulher era pecadora. Ao ver Jesus, ela se ajoelhou e chorou muito aos pés dele. Eram tantas lágrimas, que foi possível lavar os pés do Mestre, que ela enxugou com seus próprios cabelos.

Ana: – Por que ela chorou tanto?

Michelle: – Pode ter sido de emoção, de remorso e de arrependimento pelos pecados cometidos e de estar frente a frente com o Salvador! Depois de inúmeras lágrimas, ela quebrou o vaso, derramou óleo nos pés de Jesus e os ungiu, enquanto os beijava.

Ana: – Uau!

ORAÇÃO

Que eu possa me derramar verdadeiramente na presença do Senhor!

Michelle: - Simão ficou olhando para tudo aquilo e pensou: "Se este homem fosse profeta, saberia quem nele está tocando e que tipo de mulher ela é: uma pecadora".

Ana: - Mas o Mestre sabia!

Michelle: - Claro! Mas, em vez de se comportar de forma arrogante, ele contou essa história e falou abertamente sobre o que havia acontecido. Jesus disse que Simão não havia dado água para lavar-lhe os pés, mas aquela mulher tinha molhado os pés do Senhor com lágrimas. Quando chegou, Simão não cumprimentou Jesus com um beijo no rosto, mas, desde que a mulher o viu, não parou de beijar-lhe os pés.

Ana arregala os olhos.

Michelle: - Babado, amiga! E ainda disse: "Você não ungiu minha cabeça com óleo, mas ela derramou perfume nos meus pés". Para concluir, o Mestre disse que os muitos pecados dela haviam sido perdoados, pois ela amou muito. Mas aquele a quem pouco foi perdoado, pouco ama. E virou-se para a mulher, dizendo: "Sua fé a salvou; vá em paz".

Ana: - Então, para Simão, Jesus era uma pessoa comum, pois aparentava não saber quem aquela mulher era?!

Michelle: - Exatamente! Aquela mulher tinha fé de que Jesus poderia perdoá-la e o tratou com muito amor e gratidão no coração.

Junior: - Ela provavelmente era mal falada na cidade e, com tudo isso, os comentários poderiam ser piores.

Michelle: - Mas a mulher pouco se importou! Ela desejava receber o perdão e assim se sentir leve, sem mais nenhuma culpa!

Ana: - E recebeu o maior perdão!

Você se lembra de alguma outra história sobre o perdão de Jesus? O que ele disse?

ORAÇÃO

Pai, perdoe os meus pecados, mesmo que eu não mereça.

Em uma manhã, Ana chega indignada à porta da escola e desabafa com a turma.

Ana: - Eu tento, Deus sabe que eu tento ser uma pessoa boa, mas parece que só atraio problemas! Eu me ofereci para cuidar do cachorro da minha tia enquanto ela estava viajando a trabalho. É um filhotinho muito fofo.

Michelle: - Vocês devem ter se divertido bastante!

Ana: - Ele sim, eu não! Cuidei dele com carinho e atenção, mas ele comeu o meu chinelo, fez xixi na minha cama e estragou o meu trabalho de português! Estou furiosa!

Junior: - Eu também ficaria!

Ana: - Ajudei a minha tia, mas fui prejudicada!

Michelle: - Sinto muito, amiga. E o filhote ainda está na sua casa?

Ana: - Ela vai buscá-lo hoje à noite. Gente, ele é muito agitado. Se eu vacilasse no portão, ele passava por entre minhas pernas e saía correndo pela rua. Meu coração parecia que iria sair pela boca de medo de acontecer algo.

Junior: - Filhotes são assim mesmo. Você assumiu uma responsabilidade ao oferecer ajuda, não acha?

Ana: - Minha tia já fez tanto por mim, eu só quis retribuir. Minha mãe ainda brigou comigo dizendo que eu deveria ter cuidado melhor dele e das minhas coisas!

Michelle: - Você teve ótimas intenções ao oferecer ajuda, Ana.

Junior: - Pense assim, Ana: "Eu fiz o bem por amor e admiração que tenho pela minha tia. É só um cachorrinho que não sabe o que está fazendo".

Ana: - Os adultos estão certos: pessoas boazinhas demais sofrem muito.

ORAÇÃO

Senhor, que eu consiga oferecer ajuda a alguém e dar o meu melhor.

Michelle: – Minha mãe uma vez falou que temos que aproveitar ao máximo a nossa infância, porque infelizmente viveremos coisas complicadas no futuro.

Ana: – Tipo o quê?

Michelle: – Poderemos ver pessoas fazendo coisas erradas e, ainda por cima, achando que se deram bem.

Junior: – Ah, mas uma hora alguém descobre!

Ana: – O que devemos fazer, então? Devemos ser egoístas e não ajudar mais ninguém?

Michelle: – Negativo, Ana. Quer saber a opinião de Jesus sobre o assunto?

Ana: – Por favor!

Michelle: – Certa vez ele contou uma parábola sobre um homem que viajava de Jerusalém para Jericó. No caminho, foi assaltado por ladrões. Eles o machucaram e fugiram com suas roupas.

Junior: – Que coisa terrível!

Michelle: – Pouco tempo depois, um sacerdote passou por aquela estrada, mas, quando viu o homem, escapou de forma discreta e simplesmente desviou para o outro lado. Em seguida, surgiu um religioso levita, que também evitou o homem ferido.

Ana: – Como alguém pode ver outra pessoa precisando de ajuda e se recusar a fazer algo para ajudar?

Junior: – No mundo real acontece quase o tempo todo.

Michelle: – Temos Jesus em nossa vida e por isso precisamos fazer a diferença!

ORAÇÃO

Peço ao Senhor que seus ensinamentos me influenciem a fazer a diferença no mundo!

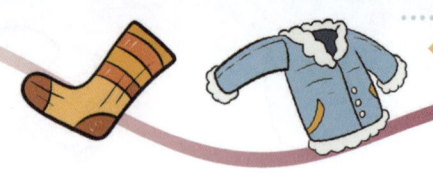

Ana: - O que vocês fariam numa situação parecida com a da parábola?

Junior: - Eu pediria para a minha mãe chamar o resgate, para que o homem pudesse receber os cuidados certos.

Michelle: - Sim. Eu também pediria aos vizinhos doações de roupas.

Ana: - Sinto aflição só de pensar numa pessoa toda machucada e sem roupas, exposta para todos olharem! Ninguém parou para ajudar, amiga?

Michelle: - Um samaritano que viajava por aquela estrada se aproximou do ferido. Quando viu o estado do homem, sentiu muita pena. Aplicou os primeiros socorros, tratando os ferimentos e fazendo alguns curativos. Então colocou o homem em cima do jumento em que viajava e o levou até uma pensão. Na manhã seguinte, entregou dinheiro ao dono da pensão e disse para cuidarem bem dele, pois na volta pagaria todos os gastos.

Ana: - Que homem bom e com um coração generoso!

Michelle: - Jesus perguntou qual dos três agiu de maneira certa com o homem atacado pelos ladrões. A resposta é: aquele que o tratou com bondade. E então Jesus concluiu com a frase mais impactante possível: "Vá e faça o mesmo".

Ana respira fundo e fecha os olhos: - Já entendi tudo. Não devemos fazer o bem esperando que o bem volte para nós, mas sim porque isso é o que de fato agrada ao Senhor.

Junior: - Já ouvi o senhor Antônio dizer repetidas vezes a frase: "Faça o bem sem olhar a quem".

ORAÇÃO

Senhor, quero fazer a sua vontade oferecendo boas ações a quem precisar!

Em um dia comum, na hora do intervalo, Michelle conta aos amigos sobre uma brincadeira que os pais fizeram no dia anterior.

Michelle: - Ontem meus pais fizeram uma brincadeira tão legal lá em casa! Chama-se caça ao tesouro.

Junior: - Conte em detalhes, por favor.

Michelle: - Eles disseram que haviam comprado algo para mim, mas eu teria que seguir as pistas e acertar as respostas. Em cada cômodo da casa, eles colocaram papéis com as perguntas. Por exemplo: na cozinha, a pergunta foi "O que está escrito em João 3.16?"; na sala, foi: "Conte um milagre que Jesus realizou"; no quarto, foi: "Quantos discípulos Jesus teve?"; e, no banheiro, foi: "Qual é o significado do arco-íris na Bíblia?".

Ana: - Até no banheiro, amiga?

Michelle: - Sim! Toda vez que eu acertava uma resposta, no verso do papel estava indicando o próximo cômodo para eu buscar mais um papel. Até que cheguei aonde o tesouro estava.

Junior: - O que era o tesouro?

Michelle: - Uma Bíblia nova, toda moderna, com uma capa da hora! Eles disseram que, de tudo que eles podem deixar para mim aqui na terra, o bem mais precioso é a Palavra de Deus!

Ana: - Eu consigo imaginar a sua empolgação ao acertar as respostas e encontrar o tesouro! Fico feliz por você!

Junior: - Eu também! Você gosta de ler e é inteligente, por isso acertou tudo! Parabéns!

Michelle: - Valeu, galera! Vocês sabiam que Jesus contou uma história sobre o tesouro escondido?

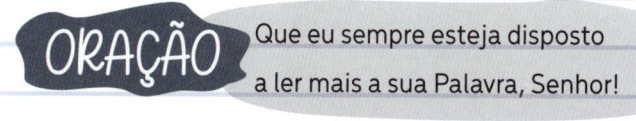

ORAÇÃO Que eu sempre esteja disposto a ler mais a sua Palavra, Senhor!

Ana: - Nessa história de Jesus também havia pistas sobre o tesouro?

Michelle: - Ele disse que uma pessoa encontrou o tesouro acidentalmente! Jesus comparou o tesouro com o Reino de Deus, que estava escondido num campo por muitos anos. Quando a pessoa o encontrou, ficou eufórica e vendeu tudo que possuía a fim de reunir a quantia necessária para comprar aquele campo.

Junior: - Era algo muito valioso, então?

Michelle: - Sim! Tanto é que a tal pessoa decidiu abrir mão de tudo o que tinha para consegui-lo!

Ana: - Ela poderia ter cavado, levado o tesouro e continuado com seus bens?

Junior: - Sim, mas isso seria errado! Ela entendeu o grande valor daquele tesouro e agiu corretamente.

Michelle: - Exatamente, Junior! O Reino de Deus vai muito além de qualquer outra coisa! Jesus ensinou que existe algo pelo qual vale a pena abrir mão; algo que dará sentido e propósito verdadeiros e eternos à nossa vida!

Junior: - Meninas, a gente poderia fazer brincadeiras parecidas para saber mais sobre a Bíblia. O que vocês acham?

Ana: - Eu topo!

Michelle: - Uma gincana! Uhuuuuu! Será que mais crianças teriam vontade de participar?

Junior: - Tive uma ideia aqui! Cada participante poderia contribuir com apenas R$ 1,00, depois a gente junta todo o dinheiro e compra algo para ser o "tesouro escondido".

Michelle: - Mas vocês precisam prometer que irão guardar segredo sobre o que é o tesouro!

ORAÇÃO

Senhor, ensine-me a reconhecer o valor do Reino de Deus!

Numa manhã fria, Junior conta às amigas sobre sua ida ao médico no dia anterior.

Ana: – Junior, você faltou ontem, não é?

Junior: – Minha mãe me levou ao médico. Vocês sabem... por causa daquelas dores que sinto na barriga.

Michelle: – Poxa, sinto muito. O que o médico disse?

Junior: – Ele me examinou e pediu exames. O chato foi ter que esperar um tempão para ser atendido. Minha mãe ficou fazendo crochê para passar o tempo. Ela conseguiu fazer um cachecol inteiro, acreditam?

Ana: – Eu amo cachecóis!

Junior: – As pessoas que também estavam esperando ficaram olhando para a rapidez das mãos dela, e eu aproveitei para fazer propaganda dos outros trabalhos que ela faz.

Michelle: – Que legal!

Junior: – Indiquei o suéter que eu estava usando e, no celular, mostrei várias fotos das outras peças que ela sabe fazer. Saímos de lá com cinco encomendas!

Ana: – Olha só! Temos um vendedor aqui!

Michelle: – Que interessante, Junior! Você foi ao médico por conta de um problema, mas saiu de lá alegre por ter contribuído com o trabalho da sua mãe!

Junior: – É verdade! Fiquei orgulhoso de mim mesmo!

Ana: – Quando eu crescer e tiver uma empresa, chamarei você para ser vendedor! Hahaha!

Junior: – Combinado! Serei um excelente funcionário!

Michelle: – Jesus uma vez explicou sobre algo parecido: "Aproveitem as adversidades para motivar a criatividade".

Ana: – O que é adversidade?

Junior: – É uma dificuldade, um obstáculo ou um imprevisto.

ORAÇÃO

Quando uma dificuldade surgir, que eu possa mostrar toda a minha criatividade, Senhor!

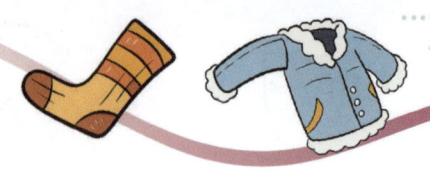

Ana: - Entendi. E qual foi a explicação de Jesus?

Michelle: - A parábola chama-se "A história do administrador desonesto", um homem que havia sido demitido por ter tirado proveito do cargo que exercia. O patrão, que era um homem rico, ficou muito bravo e exigiu uma prestação de contas.

Junior: - Deu ruim para o administrador!

Michelle: - Pois é! O administrador ficou pensando no que poderia fazer e decidiu chamar as pessoas que deviam ao patrão dele. Ele foi negociando aos poucos, assunto que logo chegou aos ouvidos do homem rico.

Ana: - A língua do povo não tem limites, não é?

Junior: - O que o patrão achou da atitude do administrador?

Michelle: - Ele ficou surpreso e o elogiou! Sabem por quê? Porque ele sabia cuidar de si mesmo! Com essa história, Jesus falou sobre usar a inteligência para o que é certo e aproveitar as adversidades para desenvolver a criatividade.

Ana: - Uau! Que impactante!

Michelle: - Deus é o Criador e nos fez segundo à sua imagem e semelhança; logo, podemos ser criativos também, tendo boas ideias em meio aos problemas!

Junior: - Se ficarmos reclamando ou sendo cabeça-dura quando aparece um obstáculo, não conseguiremos focar nas soluções. Certo?

Michelle: - Exatamente!

Ana: - Pode ser que o administrador tenha até sido recontratado!

Junior: - Seria uma ótima oportunidade para ele mostrar que mudou de comportamento e que faria o trabalho da forma correta.

ORAÇÃO

Agradeço ao Senhor por nos ter feito inteligentes!

28/04

Mateus 22.1-14

Numa tarde de inverno, as crianças tomam café da tarde junto com o senhor Antônio.

Michelle: – Vocês viram no jornal o que aconteceu na festa do casamento esquecido?

Junior: – Estão falando que houve algo surreal. Alguns foram entrevistados, mas não conseguiram se explicar.

Michelle: – Festa de casamento sem convidados? Que estranho! Eu marco os compromissos na agenda e minha mãe coloca um papel no ímã da geladeira.

Ana: – Eu uso aplicativos, mas às vezes me perco com as datas.

Antônio: – Se um ou outro esquecer, tudo bem. Mas todos os convidados? Realmente estranho. Espero que gostem deste bolo de laranja. Receita de família.

Michelle: – O cheiro é delicioso. Falando em bolo, já pensaram na quantidade de comida que ninguém comeu nessa "festa"?

Junior: – Imaginem a cara dos noivos olhando para o salão vazio!

Ana: – Decepcionante! Casamento é um dia muito esperado por várias pessoas que sempre planejam os detalhes com antecedência.

Antônio: – No meu casamento havia muita gente, mas foi tudo bem simples. A festa foi no quintal de casa mesmo, com música e salgadinhos.

Junior: – Alguém deixou de ir, senhor Antônio?

Antônio: – Uma tia, por questões de saúde. De resto, amigos, familiares, vizinhos, colegas de trabalho, todos estiveram presentes.

Michelle: – Foi um dos dias mais importantes, não é, senhor Antônio? Acabei de me lembrar de uma parábola de Jesus sobre o banquete sem convidados.

ORAÇÃO

Senhor, que eu viva experiências felizes junto às pessoas que têm consideração por mim!

Ana - Não me diga que aconteceu algo parecido?! Gente! Não perco uma festa por nada!

Junior - Fiquei curioso, Michelle.

Michelle - Imaginem tudo à mesa, a carne pronta para assar, só que ninguém apareceu! Jesus explicou que o Reino de Deus é como um rei que promoveu um banquete de casamento para seu filho, mas acabou não dando nada certo. Um convidado foi cultivar seu jardim, outro foi trabalhar em seu comércio.

Antônio - Quem prefere trabalhar do que ir à uma festa?

Junior - Se ele era rei, era uma pessoa muito conhecida, não é?

Michelle - Siimm! Ele ficou furioso, com razão! E disse aos seus serviçais: "Vão às esquinas e convidem para o banquete todos os que vocês encontrarem". Eles saíram às ruas, convocando qualquer um que achassem, sem distinguir os bons dos maus. Na hora do banquete, todos os lugares estavam preenchidos.

Antônio - Vocês acham mesmo que as pessoas não aceitariam comida de graça?

Ana - Os lugares foram ocupados rapidinho!

Michelle - Quando o rei entrou na sala, viu que um homem não estava vestido de forma apropriada. Então, o rei falou: "Amigo, como você entrou aqui sem veste nupcial?". O homem ficou sem fala. Então o rei mandou tirá-lo de lá o mais rápido possível e disse para se certificarem de que ele não voltasse.

Antônio - Que situação constrangedora!

Ana - Consigo quase ouvir o barulho das pessoas comentando baixinho sobre o acontecido.

ORAÇÃO

Senhor, que eu me preocupe com o Reino de Deus antes de qualquer coisa!

Michelle: - Foi de certa forma humilhante. Mas Jesus conclui a história, dizendo: "Muitos são chamados, mas poucos são escolhidos".

Ana: - Qual é a relação da parábola com o Reino de Deus? Não entendi muito bem.

Michelle: - Deus convida a todas as pessoas a se voltarem para ele, para estarem em comunhão plena e contínua com o Senhor.

Junior: - Podemos dizer "estar conectados" também?

Michelle: - Sim! Em concordância, união, identificação!

Antônio: - Assim como vocês, os jovens de hoje em dia estão sempre conectados às redes sociais.

Ana: - Quando eu chego na casa da Michelle, meu celular já conecta direto no *wi-fi*! Hahaha!

Junior: - Precisamos conectar a nossa vida na rede de Deus para estarmos em harmonia com ele!

Michelle: - Boa! Continuando, quando Jesus falou que um foi cuidar do jardim e o outro foi trabalhar, ele quis exemplificar que essas coisas eram mais importantes para essas pessoas do que o convite em si. O Mestre convida a todos e espera que o convite seja aceito, para que o honrem e o agradem.

Ana: - Acho que estou entendendo. Mas não é um convite para a gente comer, não é?

Michelle: - É um convite para estarmos na presença dele, aprendendo, ouvindo, refletindo e fazendo parte do Reino de Jesus.

Junior: - Muita gente ainda recusa o convite do Senhor, preferindo outras coisas. E isso está errado! Nada pode tomar o lugar de Deus em nossa vida!

ORAÇÃO

Senhor, que eu aceite o seu convite e aproveite cada momento em sua presença!

MAIO

Na saída da escola, as crianças caminhavam e conversavam, quando, de repente, um carro freou bruscamente, atropelando um gatinho.

Ana: - Nãããããoooo! Pobre do gatinho!

Junior: - Será que morreu?

Ana: - Vamos lá ver!

As crianças chegam perto do gato.

Michelle: - Acho que ele está respirando! Vamos pedir ajuda a alguém! Machucou a patinha direita.

Ana: - Alguém precisa levá-lo ao veterinário o mais rápido possível!

Ana terminou de falar, quando um caminhão de bombeiros virou a esquina.

Michelle: - Parece resposta de oração, hein?!

Junior: - Todo mundo acena para chamar a atenção deles.

O caminhão parou, e Ana desabou a chorar de alívio. A turma explicou o que havia acontecido e eles cuidadosamente pegaram o gatinho.

Michelle abraça a amiga: - Fique em paz agora; ele estará em boas mãos!

Junior: - Não consigo acreditar que o caminhão dos bombeiros apareceu bem na hora em que estávamos precisando de ajuda!

Ana: - Eu fiz uma oração bem rapidinho quando vimos que o gatinho estava respirando: "Senhor, envie alguma ajuda aqui, por favor!".

Michelle: - Eu disse que era resposta de oração! Deus é muito bom!

Junior: - Se ficamos assim tão comovidos pelo gatinho, imaginem quem perde pessoas queridas.

Ana: - Eu não quero nem pensar, senão vou começar a chorar de novo!

Você já ouviu histórias sobre respostas de oração? Como foi esse testemunho?

ORAÇÃO

Que, em momentos de angústia, eu me lembre de que posso contar com o Senhor!

Michelle: – Isso me lembra a história de Jairo, que viu a própria filha sem vida, mas disse a Jesus que, se o Mestre colocasse as mãos sobre a menina, ela poderia reviver.

Ana: – Quem é Jairo, Michelle?

Michelle: – Ele foi um dos chefes da sinagoga no tempo de Jesus.

Junior: – Um homem importante, então...

Michelle: – Jairo ocupava, sim, uma posição de destaque naquela época.

Ana: – Mas o que aconteceu com a filha dele?

Michelle: – Ela havia falecido, então Jairo chegou perto do Mestre, curvou-se educadamente e informou sobre a morte da menina. Jesus foi com ele e os discípulos até a sua casa. Chegando lá, abriu caminho entre os vizinhos e os fofoqueiros sempre inquietos por uma novidade. Jesus chegou, viu aquela galera toda e disse: "Saiam! A menina não está morta".

Ana: – Não entendi nada! O pai dela disse que ela havia morrido!

Michelle: – Jesus quis dizer que a menina não permaneceria morta. Assim que se livrou da multidão, ele entrou, pegou a mão da menina e a levantou... viva!

Ana e Junior arregalam os olhos.

Ana: – Se eu estivesse lá comendo um lanchinho e visse essa cena, engasgaria na hora!

Junior: – Surpreendente!

Michelle: – A notícia logo se espalhou e correu por toda a região.

Ana: – Posso imaginar todo mundo comentando sobre o acontecimento!

ORAÇÃO

Peço ao Senhor que venha ao meu encontro, ouvindo aquilo de que necessito!

Junior: - Com toda a certeza do universo, algumas pessoas aumentavam algumas histórias. Tipo aquelas mentiras mais elaboradas só para a galera ficar de boca aberta!

Ana: - Sempre, não é? Mas também havia aqueles que não conseguiam duvidar.

Michelle: Não foi somente a filha de Jairo que Jesus ressuscitou. Uma pessoa que Jesus amava muito reviveu depois de quatro dias de sua morte. Seu nome era Lázaro. Ele era de Betânia.

Ana: - O QUÊ?

Junior: - Não é possível, Michelle!

Michelle: - É sim, gente! Leiam sobre esse milagre em João 11.1-44! Não é *fake news*!

Ana: - Muita calma nesta hora! Acabei de lembrar que minha Bíblia está aqui na mochila. Vamos àquela pracinha para ler juntos?

As crianças se sentam no banco e Ana procura o texto bíblico.

Ana: - Achei. Vamos às informações. Aqui diz que Lázaro estava doente, ele era de Betânia e tinha duas irmãs, Marta e Maria. As irmãs mandaram um recado para Jesus, dizendo: "Senhor, aquele a quem amas está muito doente".

Junior estica o pescoço para continuar lendo.

Junior: - Quando Jesus recebeu a mensagem, comentou: "Essa doença não acabará em morte; é para a glória de Deus, para que o Filho de Deus seja glorificado por meio dela.

Michelle seguiu a leitura até que algo chamou a atenção de Ana.

Ana: - Interessante, o Mestre disse que Lázaro adormecia.

Michelle: - Continue lendo! Os discípulos responderam: "Senhor, se ele dorme, vai melhorar".

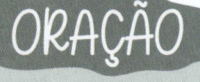

ORAÇÃO

Senhor, quero contar os seus milagres a muitas pessoas!

Ana: – Betânia era o nome de uma pessoa?

Junior: – Não, era o nome de uma cidade que ficava perto de Jerusalém. Quando Marta soube que o Mestre estava chegando, saiu ao seu encontro. Maria ficou em casa.

Michelle: – Marta disse: "Senhor, se estivesses aqui meu irmão não teria morrido. Mas sei que, mesmo agora, Deus te dará tudo o que pedires".

Ana: – Jesus a consolou, dizendo: "O seu irmão vai ressuscitar", e Marta respondeu que sabia, mas que isso aconteceria somente na ressurreição do fim dos tempos.

Junior: – "Eu sou a ressurreição e a vida. Aquele que crê em mim, ainda que morra, viverá; e quem vive e crê em mim, não morrerá eternamente. Você crê nisso?"

Ana: – Para tudo! Quem morre continua vivo? Não estou entendendo!

Michelle: – O nosso corpo um dia vai deixar de existir, amiga, mas o nosso espírito, não.

Junior: – Talvez vocês já tenham ouvido os adultos falarem que alguém não morreu, mas que foi morar com Deus.

Ana: – Sim, também já ouvi dizer que a pessoa "descansou".

Michelle: – Depois desse bate-papo com Jesus, Marta foi até onde estava a irmã dela, Maria. Na mesma hora, ela saiu correndo, foi até onde Jesus estava e caiu aos pés dele, dizendo a mesma frase da irmã: "Senhor, se estivesses aqui meu irmão não teria morrido".

Junior: – "Ao ver chorando Maria e os judeus que a acompanhavam, Jesus agitou-se no espírito e perturbou-se. 'Onde o colocaram?', perguntou ele".

ORAÇÃO

Quero muito passar a eternidade junto do Senhor!

Michelle: – "Vem e vê, Senhor", elas disseram. Naquele momento, Jesus chorou.

Ana: – Chorou? De sair lágrimas mesmo?

Michelle: – E ele era fingido, por acaso, Ana?

Ana: – Claro que não, mas fiquei impressionada.

Junior: – Ele sabia que o amigo havia falecido, mas era um homem de carne e osso como nós. Então ele sentia tristeza, alegria, raiva, empolgação.

Michelle: – Sim! Os judeus disseram: "Vejam como ele o amava!".

Ana: – Deve ser muito difícil perder um amigo querido.

Michelle: – É verdade. Sabe o que outras pessoas disseram depois da fala dos judeus?

Ana: – Lá vem!

Michelle: – "Ele, que abriu os olhos do cego, não poderia ter impedido que este homem morresse?".

Junior: – Xi! Isso pode dar treta!

Ana: – Desculpe a sinceridade, mas talvez eu falasse a mesma coisa!

Michelle: – Amiga, não podemos questionar os planos de Deus. Na oração do Pai-Nosso, nós oramos dizendo: "Seja feita a tua vontade".

Junior: – É, minha mãe fala que existem os mistérios de Deus e que não cabe a nós exigir respostas.

Michelle: – Sim. Vamos continuar, Jesus ouviu aquilo e ficou indignado! Chegou ao túmulo e mandou retirar a pedra. Marta, irmã do homem morto, disse: "Senhor, ele já cheira mal, pois já faz quatro dias".

Ana: – Eca! É mesmo!

Junior: – Jesus a olhou bem nos olhos e respondeu: "Não falei que, se você cresse, veria a glória de Deus?". E mandou que tirassem a pedra do lugar.

ORAÇÃO

Senhor, que eu não questione o seu agir.

Michelle: – A pedra foi removida, o Mestre ergueu os olhos para os céus e orou: "Pai, eu te agradeço porque me ouviste. Eu sei que sempre me ouves, mas disse isso por causa do povo que está aqui, para que creia que tu me enviaste".

Ana: – Que bonito! Jesus orava falando com o Pai!

Junior: – Sim! Ele fez isso inúmeras vezes!

Michelle: – Entendo como uma dependência, sabe. O céu, perto de nós, é enorme. Somos pequenos quando comparados à imensidão celestial. Não sabemos qual é o começo ou o fim do céu. Penso o mesmo sobre nós e o Pai, que está no céu. Deus Pai é imenso, sem começo nem fim.

Ana: – Boa reflexão!

Junior: – Jesus encheu os pulmões de ar e disse "Lázaro, venha para fora!". Lázaro saiu, ainda enrolado nos panos da cabeça aos pés e com um lenço sobre o rosto.

Ana: – Uau! Que história da hora!

Michelle: – Jesus mandou que as pessoas tirassem os panos para que Lázaro pudesse ir.

Ana: – Parece coisa de filme, não parece?

Junior: – Quatro dias sem vida e, do nada, uma frase fez o homem reviver!

Michelle: – A frase foi dita pela pessoa mais importante da história do mundo! Pense no poder quando Jesus abria a boca!

Ana: – Gente, como é emocionante ver que Jesus se relacionava com o Pai por meio da oração. Ele sabia que Deus Pai estava ouvindo!

Junior: – É mesmo muito emocionante! E que maravilha saber que Deus Pai também ouve nossas orações!

ORAÇÃO

Agradeço ao Senhor pelos feitos maravilhosos que realizou!

No intervalo das aulas, a turma conversa sobre um assunto complicado.

Ana: – Que cara é essa, Junior?

Junior: – Você já confiaram em uma pessoa e depois se decepcionaram?

Michelle: – Algumas vezes. Infelizmente faz parte.

Junior: – Estou cansado de acreditar nas palavras da minha mãe sobre o comportamento do meu pai. Ele faz besteiras, mas ela sempre diz que ele vai melhorar. O tempo passa, mas as brigas continuam.

Michelle: – Sinto muito! É tão chato quando nos frustramos, não é?

Junior: – Demais! O clima lá em casa é tenso. Gente grande diz que vida de casal é cheia de altos e baixos, porém na minha família parece que só existem "baixos". Já estou perdendo as esperanças, sabe.

Ana: – "A esperança é a última que dorme."

Michelle: – "Que morre", Ana. "A esperança é a última que morre."

Ana: – É isso mesmo!

Junior: – Não sei, meninas. É tudo muito difícil! Ele é um homem muito duro, não aceita ajuda. Minha mãe sofre tanto, e isso me deixa triste demais.

Ana: – É joelho no chão, então, como minha avó costuma falar.

Michelle: – Existem situações que são tão complicadas que devemos fazer isso mesmo: jejum, oração, campanhas, vigília. Lá na igreja sempre tem essas coisas, para causas difíceis. Muitas vezes, a única coisa que podemos fazer para ajudar uma pessoa é orar por ela. Espero que o seu pai encontre o amor de Jesus e que você e a sua família tenham a esperança renovada por Deus Pai!

Desafio: Escolha alguém da sua família, escola ou igreja para orar por uma semana. Ore por essa pessoa todos os dias da semana.

ORAÇÃO

Que eu coloque toda a minha esperança somente no Senhor.

Michelle: - Quando eu penso em famílias, lembro da parábola do filho pródigo, vocês conhecem?

Antônio: - É uma das mais contadas, eu diria.

Ana: - Não conheço, Michelle.

Junior: - Já ouvi na igreja, mas não me lembro direito.

Michelle: - Jesus contou uma história sobre um homem que tinha dois filhos. O mais novo disse: "Pai, quero a minha parte da herança".

Ana: - Mas o senhor Antônio explicou que isso só acontece quando os pais morrem...

Antônio: - Pela lei, é assim que funciona, porém já vi alguns casos que acontecem ainda em vida.

Junior: - O pai desses dois filhos repartiu a propriedade, não foi?

Michelle: - Sim, Junior. Não passou muito tempo, e o filho mais novo arrumou as malas e foi morar em uma região distante. Por ser indisciplinado e gastão, desperdiçou tudo o que havia recebido da herança.

Ana: - Não acredito!

Michelle: - É verdade! Ele estava sem dinheiro quando uma grande seca devastou aquele país, e ele começou a passar necessidade. Um cidadão o contratou para cuidar dos porcos e, para piorar, ninguém lhe dava nada. Ele sentia tanta fome que pensou em comer a comida dos animais.

Junior: - Eca!

Michelle: - Tudo isso o fez cair na realidade e ele pensou: "Quantos empregados do meu pai têm comida de sobra, e eu aqui, morrendo de fome!".

Antônio: - Mas ele mesmo decidiu entrar nessa situação. Foi escolha dele!

Michele: - Minha mãe diz que tudo tem uma consequência na vida!

Antônio: - Ela está certíssima!

ORAÇÃO

Você já fez alguma escolha ruim? O que você aprendeu com isso?

Senhor, ajude-me a tomar as decisões corretas!

Ana: - O que houve depois?

Michelle: - O filho decidiu voltar para casa e confessar que havia pecado não somente contra o pai, mas também contra Deus. Ele pensou que não merecia nem ser considerado um filho e que ser um dos empregados do pai já estaria muito bom. Decidido, levantou-se e tomou o caminho de casa.

Junior: - Será que ele sentiu vergonha do que fez?

Ana: - Acho que sim!

Michelle: - Ele ainda estava bem longe, na estrada, quando o pai o viu. O coração do pai disparou, e ele correu para abraçar e beijar o filho, que começou a se justificar. O pai nem quis escutar. Chamou os empregados e ordenou: "Depressa! Tragam a melhor roupa e vistam nele. Coloquem um anel em seu dedo e calçados em seus pés".

Ana: - Fala sério! Ele não merecia tudo isso!

Michelle: - Rolou até um churrasco depois! O pai fez questão de festejar, dizendo: "este meu filho estava morto e voltou à vida; estava perdido e foi achado!".

Antônio: - Não existe explicação para o amor de um pai ou de uma mãe, crianças.

Junior: - E o outro filho?

Michelle: - Estava no campo quando tudo isso aconteceu. No final do dia, voltou para casa e escutou o som da música e das danças. Ele não sabia o que estava acontecendo, então perguntou a um dos empregados, que lhe contou tudo.

Ana: - O irmão não gostou nadinha, não é?

Junior: - Eu lembro que a professora da igreja contou que ele ficou furioso!

Antônio: - Confusão entre irmãos é algo que sempre acontece, turminha.

ORAÇÃO

Senhor, quando algo der errado, que eu saiba qual caminho seguir!

Michelle: – O irmão ficou tão revoltado que não quis participar da comemoração! O pai tentou conversar com ele, que não lhe deu ouvidos. Apenas discordou, dizendo que sempre trabalhou sem reclamar e nunca desobedeceu ao pai, mas nunca pôde festejar com os amigos. Mas, com o retorno do irmão, o pai fez uma festa com tudo o que tinha de melhor.

Junior: – Que treta!

Antônio: – Eu me lembro de quando os meus filhos brigavam. Era preciso ter muita paciência para conversar e explicar certas coisas.

Ana: – E o que o pai da parábola respondeu?

Michelle: – "Meu filho, você está sempre comigo, e tudo o que tenho é seu. Mas nós tínhamos que celebrar a volta deste seu irmão e alegrar-nos, porque ele estava morto e voltou à vida, estava perdido e foi achado."

Antônio: – Posso falar o que eu entendi?

Michelle: – Claro, senhor Antônio. Enquanto isso vou experimentar essa geleia de morango que o senhor fez.

Antônio: – Passe na torrada! Espero que goste! Bom, vamos lá. O filho que ficou em casa não reconhecia, mas tudo o que o pai tinha era dele também. Se ele soubesse disso, não teria brigado com o irmão.

Ana: – Ahhh, faz sentido mesmo!

ORAÇÃO

Senhor, ensina-me a entender os detalhes das histórias que Jesus nos contou!

Michelle: - Concordo com o senhor Antônio!

Ana: - Essa história é conhecida como a parábola do filho pródigo, certo? Alguém sabe o que significa "pródigo"?

Michelle: - É aquela pessoa que gasta de maneira compulsiva, desperdiçando mais do que possui ou necessita.

Junior: - Foi justamente o que o filho fez.

Michelle: - Mas vamos pensar no que Jesus queria ensinar. Primeiro, o filho agiu por impulso ao exigir a herança ao pai. Depois esbanjou toda a fortuna, sofrendo humilhação, e por último se arrependeu. Com certeza passou pela nossa cabeça que o pai dele não o aceitaria de volta.

Ana: - Eu pensei que isso fosse acontecer!

Michelle: - O Mestre nos mostra que Deus ama seus filhos, apesar de nossos erros, e nos aceita quando voltamos para ele! Deus está sempre pronto a perdoar quem se arrepende e fica feliz quando isso acontece!

Junior: - Eu me pergunto se o meu pai se arrepende das coisas erradas que faz...

Michelle: - Mas pode acreditar que ele ama você!

Junior: - Não sei. É difícil pensar nisso. Ele não fala nem demonstra. Isso porque queria muito um filho homem... Não consigo entender.

Michelle: - Sinto muito! Mas saiba que você tem um Pai maravilhoso que o ama de um jeito que ninguém jamais amou! Quando se sentir triste por causa do seu pai aqui na terra, lembre-se de que Deus enviou o único Filho dele para se entregar na cruz por amor a nós!

Ana: - Sim, Junior! Você é muito amado!

Antônio: - Por nós e por Deus!

ORAÇÃO

Senhor, agradeço por sempre me perdoar!

Após as aulas, a turma se encontra na casa do senhor Antônio.

Ana: - Oi, pessoal! Vocês fizeram a lembrança do Dia das Mães?

Michelle: - Siimm! Ficou tão linda! Fiz um vaso decorativo com gesso. E vocês?

Ana: - Uma plaquinha feita com palitos de picolé. Pintei palavras positivas usando um molde que a professora emprestou e um coração! Uma gracinha!

Junior: - Que legal! A gente fez uma bolsinha feita com placas EVA. Minha mãe vai amar, tenho certeza!

Michelle: - Nossas mães merecem mimos e muito mais! Todas as mães são especiais! Existem as que ficaram com um barrigão e deram à luz de formas diferentes, e outras que são mães do coração, com filhos que foram gerados em outra barriga.

Ana: - Eu amo muito a minha mãe.

Michelle: - Os bebês choram muito quando estão com fome, não é?! Minha mãe disse que tive muitas cólicas também.

Junior: - Minha mãe é uma mulher maravilhosa! Já passou por situações muito difíceis.

Michelle: - Diga isso a ela, então! Se puder, faça alguma coisa em casa que a deixe feliz! Pode ser lavar a louça ou varrer a casa. Nossas mães têm muitas responsabilidades e preocupações.

Ana: - Eu não gosto de lavar a louça, mas a minha mãe merece descansar. Posso fazer mesmo sem gostar, pois ela se esforça muito por minha causa.

Desafio: Tire uma *selfie* com a sua mãe ou com a mulher que cuida de você.

ORAÇÃO

Agradeço ao Senhor pela _____ (escreva o nome da sua mãe ou mulher responsável por você). Ela é muito importante para mim!

Na semana seguinte, a turminha conversa sobre algo triste que aconteceu.

Ana: – Gente! Vocês não sabem! Uma das melhores amigas da minha avó faleceu.

Michelle: – Sinto muito, Ana!

Junior: – Que notícia triste! Ela era da igreja?

Ana: – Sim. E era muito carinhosa e amável com todos – baixa a cabeça com tristeza.

Michelle: – É tão difícil nos despedirmos das pessoas que amamos, não é?

Junior: – Vocês já foram em algum velório?

Ana: – Eu não! Morro de medo!

Michelle: – Medo do quê, amiga?

Ana: – Sei lá! Não gosto nem de pensar.

Junior: – Minha mãe fala que, se for para termos medo de alguma coisa, que não seja dos mortos, porque eles não podem fazer nada!

Ana: – Velório, cemitério, flores, gente chorando. Sinto até um frio na barriga!

Junior: – É, não é o melhor lugar do mundo para alguém estar, na minha opinião. Mas pelo menos podemos confortar os familiares e amigos.

Michelle: – Vocês sabiam que Jesus fez uma outra pessoa morta reviver?

Ana e Junior arregalam os olhos.

Ana: – História de terror agora não, Michelle. Depois não vou conseguir dormir.

Michelle: – Nada disso! Foi outro milagre que o Mestre fez!

ORAÇÃO

Paizinho, peço ao Senhor que console aqueles que estão sofrendo pela perda de alguém.

Junior: – Quero ouvir sobre a história em que Jesus fez alguém ressuscitar!

Michelle: – Jesus estava numa cidade chamada Naim. Os discípulos estavam com ele e muitas pessoas os seguiam quando, de repente, viram que estava passando um funeral. O filho único de uma viúva havia morrido.

Ana: – Poxa! Ela já havia perdido o marido e agora o filho!

Junior: – Ela tinha ficado completamente sozinha, não é?

Michelle: – Que tristeza! O Senhor então viu aquela mãe sofrendo tanto que se encheu de compaixão e lhe disse: "Não chore".

Ana: – Como não chorar?! Até eu estou ficando emocionada e olha que eu nem conhecia a mulher!

Junior: – Difícil segurar as lágrimas mesmo!

Michelle: – Sabem o que Jesus fez? Ele colocou a mão no caixão. Os carregadores pararam de andar e então o Senhor ordenou: "Jovem, levante-se!" Na mesma hora ele se levantou e começou a falar.

Junior: – Imaginem a felicidade daquela mãe!

Ana: – Imaginem o espanto das pessoas ao verem aquilo!

Michelle: – Jesus deu vida novamente àquele rapaz e trouxe alegria sem fim à mãe dele, realizando um milagre na frente de todos, que perceberam que Deus estava agindo no meio deles.

Junior: – Deve ter sido realmente impressionante!

Michelle: – Esse é o poder de Jesus! Quando pensamos que tudo está acabado, ele dá uma nova chance!

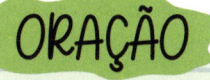

ORAÇÃO

Quando eu pensar que é o fim, que o Senhor possa me mostrar uma nova oportunidade, se assim for da sua vontade!

Em uma tarde ensolarada, senhor Antônio varre a calçada quando Ana, Michelle e Junior chegam.

Antônio: - Eu já varri esta calçada de manhã, vocês acreditam? Gosto muito desta árvore. Eu a plantei há anos, mas faz muita sujeira.

Junior: - O senhor a plantou?

Antônio: - Sim, com os meus irmãos e os meus pais. Tenho muito clara a memória daquele dia. Eu cresci nesta casa com a minha família.

Junior: - A sua família era feliz, senhor Antônio?

Antônio: - Feliz e barulhenta! Falávamos alto e, quando crianças, brigávamos o tempo todo! Meu pai era um homem muito trabalhador, e minha mãe era uma excelente dona de casa. Ela fazia serviços de costura para complementar a renda da casa. Tudo era simples, mas cheio de amor!

Michelle: - Hoje é o Dia da Família, sabiam?

Ana: - Eu sei, porque haverá uma programação especial lá na igreja. Chama-se "Cinema em família". Vamos assistir a um filme todos juntos.

Junior: - Acho que não tenho uma família feliz, pois meus pais estão sempre brigando. E me sinto muito mal quando eles brigam!

Antônio: - Posso imaginar como você se sente, Junior, mas fale com Deus em oração sobre os seus sentimentos, crendo que ele pode ajudar você!

ORAÇÃO

Agradeço pela família da qual o Senhor me permitiu fazer parte!

Desafio: Faça alguma coisa legal com a sua família hoje. Vocês podem ver fotos antigas e conversar sobre os acontecimentos do passado, podem ver um filme juntos, preparar uma refeição diferente ou inventar alguma brincadeira da qual todos possam participar! Deixe a imaginação fluir!

Michelle: – Eu sei que você fica bravo, Junior, mas a Bíblia diz que devemos honrar nossos pais, ou seja, tratá-los com respeito e obediência.

Ana: – Só um momento, galera. Se acreditamos que Deus é nosso Pai, então somos todos irmãos e fazemos parte da mesma família?!

Michelle: – Sim, amiga-irmã!

Antônio: – É uma família gigantesca, então!

Junior: – Se a gente somar todos os filhos de Deus ao redor do mundo, serão MUITAS pessoas!

Michelle: – É verdade! Somos irmãos, Junior, filhos do mesmo Pai! Um Pai que não se compara com nenhum outro!

Antônio: – Sabem, crianças, há muitos pais que fazem coisas erradas. Existem famílias cheias de traumas e dores relacionados ao passado. Brigas, desentendimentos e comportamentos incomuns fazem parte da realidade de muitas famílias.

Ana: – Triste, não é? Podemos fazer alguma coisa para ajudar?

Michelle: – Podemos orar pela vida dessas pessoas e falar a elas sobre Jesus, para que tenham uma transformação de vida!

Junior: – Além de honrar, também tenho que orar pelo meu pai?

Michelle: – Sim, Junior. Os problemas pelos quais sua família vem passando são uma preocupação de todos nós, pois somos irmãos na fé! Então, estaremos junto a você orando para que as brigas acabem e para que haja harmonia no seu lar!

ORAÇÃO

Que grande alegria poder fazer parte da família de Deus!

O campeonato de futebol acabou e, mais uma vez, o time do Ted ganhou.

Michelle: - Foi um jogo intenso, não é?

Ana: - Fiquei até rouca de tanto gritar!

Junior: - Queria muito ter participado. Fico pensando na emoção de entrar em campo e jogar bola com tanta garra e empolgação. Agora o Ted vai andar com o nariz empinado e falar dessa vitória o restante do ano.

Michelle: - É importante comemorar porque o time se esforçou bastante, mas ficar se achando o tempo todo por causa disso não é nada legal.

Junior: - Vocês já viram como o Ted fica quando tenta fazer gol, mas alguma coisa dá errado?

Ana: - Furioso!

Michelle: - Não aceita errar.

Junior: - Ele é, de fato, um excelente jogador. Não podemos negar.

Ana: - Isso é verdade!

Michelle: - Jesus uma vez contou a parábola do fariseu e do publicano.

Junior: - Eles se enfrentaram num campeonato?

Michelle: - Não. O Mestre disse que eles estavam orando no templo.

Ana: - Por favor, refresque a minha memória sobre quem eram os fariseus e os publicanos.

Michelle: - Os fariseus eram o grupo mais religioso da época de Jesus. Eles eram muito rígidos em sua obediência às tradições. Os publicanos eram cobradores de impostos que trabalhavam para os romanos.

Junior: - E como é essa história?

Michelle: - Jesus disse que eles oravam de maneiras bem diferentes, referindo-se às palavras que cada um falava durante a oração.

ORAÇÃO

Senhor, que eu possa celebrar minhas vitórias sem magoar ninguém!

Junior: - O que eles falaram?

Michelle: - O fariseu, cheio de pose, orava: "Deus, eu te agradeço porque não sou como os outros homens: ladrões, corruptos, adúlteros; nem mesmo como este publicano. Jejuo duas vezes por semana e dou o dízimo de tudo quanto ganho".

Ana: - Que atrevimento!

Junior: - E como o publicano orou?

Michelle: - Ele estava de cabeça baixa, num canto, com as mãos no rosto, e não ousava olhar para cima. Apenas dizia: "Deus, tem misericórdia de mim, que sou pecador".

Ana: - Enquanto o outro orava ofendendo o publicano, ele somente pedia perdão por ser pecador!

Michelle: - Jesus concluiu essa parábola dizendo que o cobrador de impostos estava certo, o outro, não. Por isso, não devemos andar com o nariz empinado, mas com humildade.

Ana: - Uma baita lição para a vida!

Junior: - Já fui muito humilhado em várias situações.

Michelle: - Eu sei disso e sinto muito! A lição aqui é sobre se humilhar e reconhecer que erra, pois assim o Senhor irá exaltar essa vida!

Ana revira os olhos: - Qual era a necessidade de o fariseu falar que jejuava e dava o dízimo?

Junior: - Nada a ver! Ele estava querendo dizer que era muito melhor do que o outro. Desnecessário!

Michelle: - Como se Deus não soubesse de tudo, não é?

Ana: - Pois é!

ORAÇÃO

Que todos os dias eu me lembre de que sou pecador e preciso do Senhor!

19 / 05

Lucas 15.8-10

Na semana seguinte, Ana chega chateada e conversa com a amiga na entrada da escola.

Ana: - Eu não acredito que perdi as moedas que minha avó me deu!

Michelle: - Onde foi a última vez que você as viu?

Ana: - Na escrivaninha do meu quarto. A minha mãe disse que não sabe onde elas estão! Preciso encontrá-las!

Michelle: - Amiga, às vezes a gente mexe nas coisas, mas não lembra onde as guardou. Acontece comigo sempre. Tire algumas coisas do lugar; talvez elas tenham caído debaixo de algum móvel.

Ana: - Minha mãe vai adorar a ideia e, com certeza, vai me mandar limpar o quarto todo!

Michelle: - Faz parte, Ana. Depois fica tudo cheirosinho e organizado! Sensação boa!

Ana: - Precisa ter música, senão não rola!

Michelle: - Concordo! Finjo que a vassoura é um microfone e que minhas bonecas são as fãs, e canto e danço no meu quarto, como se estivesse num show! Hahaha!

Ana: - Você é engraçada, Michelle!

Michelle: - Vai dizer que nunca fez isso?!

Ana: - No chuveiro, quase todos os dias! Minha mãe fica brava porque demoro demais no banho.

Michelle: - Ficar gastando água à toa não é bom, não é?

Ana: - Mas é que eu me empolgo! É superlegal!

Desafio: Que tal colocar uma música animada que fale sobre Jesus ou sobre alguém da Bíblia enquanto você lava a louça ou arruma o seu quarto?

ORAÇÃO

Senhor, que eu possa colaborar com a limpeza e a organização da casa!

No outro dia, Ana corre radiante em direção à amiga.

Michelle: - Que felicidade é esta logo cedo, Ana?

Ana: - En-con-trei! As moedas que a minha avó me deu estavam embaixo da cômoda. Provavelmente eu passei perto da escrivaninha com a minha mochila nas costas e estava de fones de ouvido quando as moedas caíram no chão, e eu não ouvi o barulho.

Michelle: - Faz sentido. Sabia que uma vez Jesus contou uma história parecida?

Ana: - Alguém perdeu dinheiro como eu?

Michelle: - Sim! Uma mulher tinha dez moedas e perdeu uma.

Ana: - E ela não sossegou até encontrá-la, acertei?

Michelle: - Exatamente! Ela vasculhou a casa até achar. E depois chamou os amigos e vizinhos para comemorar.

Ana: - Espera aí! Por causa de uma moedinha?

Michelle: - Não era qualquer moeda. Jesus encerra a parábola dizendo que, cada vez que uma alma perdida se reencontra com Deus, os anjos também comemoram.

Assim como aquela moeda não era qualquer moeda, tinha grande valor para a mulher, cada pessoa tem um valor inestimável para Deus. Há festa no céu quando uma pessoa decide voltar a caminhar com o Senhor.

Ana: - Entendi por que não era qualquer moeda. Seguir o caminho do Senhor é sempre o melhor a ser feito, não é, Michelle? Mas por que, mesmo assim, muitos deixam de caminhar com Deus?

Michelle: - Muitas pessoas se afastam de Deus por causa das tentações, das más influências, da desobediência. Elas decidem viver suas próprias vontades, não a vontade de Deus.

Você já perdeu alguma coisa importante?

ORAÇÃO

Peço ajuda ao Senhor para que eu permaneça firme nos seus caminhos!

Na hora do intervalo, Junior procura as meninas para lancharem juntos.

Junior: - Eu vi vocês duas tagarelando mais cedo. Do que estavam falando?

Michelle: - Estávamos falando das pessoas que se desviam dos caminhos do Senhor.

Junior: - Ah, entendi... É sanduíche de quê, Ana?

Ana: - Pão integral e patê de frango desfiado com milho. Não gosto de pão integral, mas minha mãe mandou comer.

Junior: - "Manda quem pode, obedece quem tem juízo!"

Michelle: - A frase clássica dos pais! Eu me lembrei de quando Jesus contou várias histórias aos discípulos e disse algo muito semelhante a essa frase, Junior. Jesus fala para os discípulos imaginarem que são donos de um negócio. Um empregado voltou depois de cultivar a terra ou de cuidar das ovelhas. Será que eles guardariam o casaco do empregado, arrumariam a mesa e o convidariam para se sentar e comer?

Ana: - Acho que não, não é?

Junior: - Talvez o contrário acontecesse.

Michelle: - Exatamente, Junior! O servo é quem faz as coisas pelo patrão! Nós obedecemos aos nossos pais porque eles são autoridades instituídas por Deus na nossa vida. A obediência é, antes de tudo, uma escolha feita por amor. Quando amamos, obedecemos.

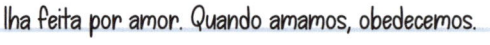

Ana: - Então, nós obedecemos aos nossos pais, a Deus e às outras autoridades por amor! Fica muito mais fácil desse jeito!

ORAÇÃO

Senhor, ajude-me a ser obediente e cumprir com os meus deveres!

Ana: - Como podemos servir no Reino de Deus?

Junior: - Usando os nossos dons e talentos e, para isso, muitas coisas podem ser feitas.

Michelle: - Com certeza! Há quem cante muito bem ou toque instrumentos, há quem auxilie na manutenção do templo, na limpeza, na preparação de um café para os participantes de um evento, há quem ajude a controlar as finanças, e por aí vai! A lista é grande!

Ana: - Certo! Mas qual é a diferença entre dons e talentos?

Junior: - Nós já nascemos com dons, que é quando conseguimos fazer alguma coisa sem ter feito um curso ou assistido a uma aula. Já os talentos são desenvolvidos quando nos dedicamos e treinamos.

Michelle: - Você tem vontade de servir no Reino de Deus, Ana?

Ana: - Tenho sim! Só estou pensando como...

Junior: - Peça para o Senhor lhe mostrar o que fazer! Você pode orar assim: "Como posso ser útil, Pai?".

Michelle: - Sempre haverá algo por fazer! São muitas tarefas e, infelizmente, poucos ajudantes. Claro que muitas coisas precisam ser feitas por adultos, mas existem atividades que nós podemos realizar.

Uma vez ajudei a embalar os doces para a programação das crianças, outra vez ajudei a arrumar a mesa do café para o encontro de mulheres, e também já ajudei a fazer os figurinos para a peça de Natal.

Ana: - Que legal!

Desafio: Pense em como você pode servir no Reino de Deus e converse com algum adulto a respeito, para que juntos possam colocar isso em prática.

ORAÇÃO

Senhor, mostre-me como posso ser útil em seu Reino!

Na saída da escola, a turma se encontra e conversa no caminho para casa.

Junior: - Você conseguiu pensar e fazer a oração sobre servir no Reino, Ana?

Ana faz o sinal de joinha para Junior: - Pensei em algumas coisas, mas a oração já foi feita, sim!

Michelle: - Logo você saberá o que fazer! Depois que Jesus contou a parábola sobre o dever dos servos, como eu disse para vocês, ele realizou um milagre.

Junior: - Sério? Qual milagre?

Michelle: - A cura dos dez leprosos.

Ana: - Não conheço... Conte-nos, por favor.

Michelle: - Enquanto caminhava em direção a Jerusalém, Jesus atravessou a fronteira de Samaria com a Galileia. Ao entrar na cidade, dez homens, todos leprosos, vieram ao encontro dele. Mantendo certa distância, eles falaram alto e imploraram: "Mestre, tem piedade de nós!".

Junior: - Com certeza estavam desesperados para ficar livres daquela doença!

Ana: - É verdade! O que Jesus fez?

Michelle: - Olhando para eles, disse: "Vão mostrar-se aos sacerdotes". Eles obedeceram e, enquanto estavam a caminho da sinagoga, a lepra desapareceu.

Junior: - Penso que eles olharam para o próprio corpo, depois uns para os outros, e viram a maravilha que o Senhor havia feito!

Ana: - Acho que eles devem ter pulado de alegria tamanha era a gratidão!

Michelle: - Sim! Mas quem adivinha quantos homens voltaram para agradecer pelo milagre de Jesus?

ORAÇÃO

Que o Senhor me cure durante a minha caminhada!

Ana – Acho que todos voltaram para agradecer a Jesus pelo milagre!

Michelle – Negativo! Apenas UM! Quando percebeu que havia sido curado, um deles retornou, glorificando a Deus em voz alta. Agradecido, ajoelhou-se aos pés de Jesus, pois não sabia como expressar sua gratidão. O homem era um samaritano.

Junior – Só um deles tomou essa atitude! Quanta ingratidão!

Michelle – O Mestre perguntou justamente isso. Ele questionou onde estavam os outros nove, pois somente aquele estrangeiro voltou para dar louvor a Deus. Então, ele disse ao homem: "Levante-se e vá; a sua fé o salvou". Sabe, galera, a bondade do Senhor pode alcançar a todos, mas nem todo mundo vai reconhecer e agradecer pelas coisas boas que ele faz.

Junior – Creio que devemos agradecer ao Senhor em todos os momentos, não somente quando ele opera milagres.

Michelle – Sim! Simplesmente ter a oportunidade de respirar já é algo maravilhoso que Deus nos dá e que, na verdade, não merecemos.

Ana – Sim! Somos pecadores, mas mesmo assim ele nos abençoa!

Junior – E cuida de nós mesmo quando não percebemos!

Michelle – Concordo! Mas, com essa história, aprendemos sobre a importância de agradecer ao Senhor! Muitos procuram a Deus pelo socorro que só ele pode dar, e, nas orações, os pedidos são inúmeros. Mas o agradecimento também deve ser uma atitude cotidiana.

ORAÇÃO

Que em todos os momentos eu me lembre de ser grato ao Senhor!

Certa tarde, as crianças brincam juntas perto da casa do Junior e da Ana, que está empolgada com vídeos que assistiu na internet.

Ana: – Quero mostrar algo superlegal para vocês depois. É a linguagem de sinais!

Junior: – Mas deve ser difícil de aprender! Como alguém pode saber uma linguagem por meio de gestos, expressões faciais e corporais?

Michelle: – Chama-se Libras – Língua Brasileira de Sinais. Eu sei fazer algumas letras do alfabeto e algumas palavras.

Ana: – É MUITO legal, Junior! Assim as pessoas que não falam nem ouvem podem se comunicar!! Não é demais?!

Junior: – Da hora!

Michelle: – Todo mundo já fez mímica, não é? Mas Libras é uma língua gestual de verdade! Por exemplo, para expressar o nome "Jesus", basta tocarmos a palma da mão esquerda com a ponta do dedo médio da mão direita, e depois fazer o mesmo com a outra mão.

Junior e Ana imitam a Michelle.

Junior: – É por causa dos pregos que prenderam Jesus na cruz, não é?

Michelle: – Sim. Não tem como esquecer.

Ana: – Em um dos vídeos, aprendi a expressar a palavra "amigo". Querem ver?

Junior: – Mostra!

Ana: – Estiquem os dedos da mão direita, todos bem retinhos, e então cruzem o braço em direção ao ombro esquerdo. Junior e Michelle imitam Ana.

Michelle: – Para lembrar que os amigos moram em nosso coração!

ORAÇÃO

Senhor, agradeço por poder aprender coisas novas!

Michelle: – Sabiam que Jesus curou um homem que não podia ouvir nem falar?

Ana: – É mesmo? Como foi?

Michelle: – Jesus havia saído de uma região chamada Tiro, onde realizou outro milagre e passou pelo distrito das Dez Cidades, que ficava ao sul do mar da Galileia. Algumas pessoas trouxeram um homem que era surdo e mudo e pediram para que Jesus impusesse as mãos sobre ele.

Junior: – Na mesma hora ele foi curado, não é?

Michelle: – Sim, mas antes o Mestre tocou nos ouvidos do homem e passou-lhe um pouco de saliva na língua dele.

Ana: – Só eu fiquei com nojo?

Michelle: – Na Antiguidade, mais especificamente no mundo judaico, o uso da saliva era bem conhecido na medicina popular.

Junior: – Entendi. Era parte da cultura, então.

Michelle: – Sim. Mas Jesus não apenas tocou o homem; ele orou, suspirou profundamente e ordenou: "Efatá!". Essa palavra vem do aramaico, o idioma comumente usado pelos judeus naquela época, e significa "Abra-se". Depois disso, o homem passou a ouvir e falar perfeitamente!

Junior: – Que belo milagre!

Ana: – Ele passou a conversar com todas as pessoas, então?!

Michelle: – Com certeza saiu falando pelos cotovelos que havia sido curado pelo Mestre!

Ana: – Quando estou muito empolgada, falo sem parar!

Junior: – A gente já percebeu.

Michelle: – Nossos professores falam a manhã inteira, haja fôlego!

Ana: – E saliva!

Junior: – É muito importante descansar as cordas vocais!

Michelle: – E se hidratar bem, tomando água! Sobre os ouvidos, nada de ouvir música alta usando fones!

ORAÇÃO

Que o meu falar e meu ouvir agradem ao Senhor!

Na entrada da escola, Ana conta aos amigos o que aconteceu na noite anterior.

Ana: – Bom dia para quem enfrentou uma barata gigante ontem!

Michelle: – Uiiii! Senti até arrepios! Não gosto de baratas!

Junior: – É só pisar nelas, gente. Não entendo como vocês fazem um escândalo por causa de um simples inseto.

Ana: – A barata de ontem era MUITO grande!

Michelle: – Era voadora?

Ana: – Pior que era!

Junior: – Bem, quando é voadora o negócio complica, não é?!

Ana: – Ahhhhh! Então você também tem medo!!

Junior: – Não é bem isso! Conte para nós o que você fez, Ana.

Ana: – Primeiro subi na cama, porque levei um susto. Depois gritei com a barata e percebi que ela correu. A princípio não vi para onde, porque elas correm rápido, mas depois vi que aquela nojenta estava perto da cortina.

Michelle: – Você gritou, e ela correu! A barata ficou com medo de você! Hahaha!

Ana: – Eu precisava fazer alguma coisa! Então, desci da cama cuidadosamente enquanto mantinha os olhos fixos nela. Peguei o chinelo devagarzinho e PÁ! Dei-lhe uma chinelada certeira!

Junior: – Você tem boa mira!

Ana: – Na hora do desespero, é preciso manter a calma e focar no objetivo! Era questão de honra matar aquela coisa!

Michelle: – Parabéns, amiga! Na próxima vez em que aparecer alguma lá em casa, eu ligo para você me socorrer!

ORAÇÃO

Senhor, faça de mim uma criança corajosa!

Ana: – Pode ligar! A super-Ana, matadora profissional de baratas, vai ajudar você! Hahaha!

Junior: – Você merece uma capa de super-heroína!

Michelle: – É verdade! Mas, falando sério, é ruim quando nos sentimos ameaçados. É preciso manter a calma e pensar nas estratégias. Acabei de me lembrar de um milagre de Jesus em que ele disse apenas uma frase, e o homem foi liberto.

Ana: – Conte mais.

Michelle: – O Mestre estava em Cafarnaum e era um sábado. Ele entrou na sinagoga e começou a ensinar. Todos ficaram admirados pois ele ensinava com muita autoridade.

Junior: – Ele era um excelente professor!

Ana: – O melhor de todos!

Michelle: – Com certeza! Justamente naquela hora, um homem possesso de um espírito imundo gritou: "O que queres conosco, Jesus de Nazaré? Vieste para nos destruir? Sei quem tu és: o Santo de Deus!".

Junior: – O homem gritou com Jesus?

Michelle: – Na verdade era o espírito mau que estava atormentando aquele homem.

Ana: – O que aconteceu depois?

Michelle: – O Mestre disse: "Cale-se e saia dele!". O espírito saiu gritando daquele homem, e todos ficaram chocados ao verem que ele havia obedecido a ordem do Senhor.

Junior: – Impressionante!

Michelle: – Depois disso, as notícias a respeito de Jesus se espalharam rapidamente pela Galileia.

SAIA!

Eu louvo ao Senhor por ter tanto poder!

Em uma tarde tranquila, as crianças brincavam juntas na rua.

Ana: - Gente! É muito ruim ficar com os olhos vendados e ter que achar vocês! Vou pegar você, dona Michelle! Vem aqui!

Junior: - Cuidado, Ana! Não corre assim!

Ana: - Hahaha! Peguei você, Junior! Ufa, cansei. Vamos brincar de outra coisa.

Michelle: - Quero ver quem é bom em adivinhar mímicas! Vou fazer a mímica de uma palavra - Michelle faz a mímica usando as mãos.

Ana: - Xícara!

Junior: - Já sei! Café!

Michelle: - Acertou! Uhuuu! Sua vez, Junior.

Junior se levanta e pensa na mímica.

Ana: - Pássaro!

Michelle: - Borboleta!

Ana: - Morcego!

Junior: - Não acreditoooo que acertou!

Michelle: - Ebaaa! Vai lá, Ana.

Ana: - Eu duvido que vocês acertem! - Ana se concentra e começa a fazer a mímica.

ORAÇÃO

Agradeço ao Senhor por permitir que eu me divirta com os meus amigos!

Junior: - Carro!

Michelle: - Caminhão!

Ana faz o sinal de "mais ou menos" com as mãos.

Junior: - Estrada?

Ana: - Acertou!!!

Junior: - Dá vontade de falar, mas não pode, não é? Eu me segurei quando chegou a minha vez.

Michelle: - Eu fico feliz de saber que Jesus pode nos ajudar a abrir os olhos e os ouvidos para entender a vontade de Deus.

Era um belo fim de tarde, daqueles em que o céu fica com tons de laranja enquanto o sol se põe. A turma estava se divertindo na frente da casa do senhor Antônio.

Ana: - Michelle, faz mais de duas horas que estou pedindo para você andar de bicicleta comigo!

Michelle: - Já falei que não quero, Ana! Tenho medo, gente.

Antônio: - Medo do quê, menina? De cair?

Michelle: - Sim! Medo de me machucar.

Junior: - Sobe na bicicleta, eu seguro você.

Michelle: - Mas eu não queeeeroooo!

Ana - Vamos, por favorzinho! Olha que tarde maravilhosa!

Michelle: - Maravilhosa para ficar aqui onde estou, sentada, apenas admirando.

Junior: - Confia em mim. Não vai acontecer nada.

Ana pega na mão da amiga e a ajuda a se levantar.

Michelle: - Não me deixe sozinha de jeito nenhum, Junior!

Junior: - Calma, não vou a lugar algum. Segure no guidão e coloque o pé no pedal.

Michelle se equilibra e Junior a sustenta, andando lentamente.

Ana: - Este momento merecia uma foto! Senhor Antônio, pode tirar uma foto para nós?

Antônio: - É *pra* já!

Michelle: - Se a gente ficar conversando, eu não vou sentir tanto medo.

Ana: - Como quiser, Michelle! Sobre o que você quer falar?

Michelle: - Sobre o que Jesus disse e que se parece muito com este momento.

Ana: - É sério que ele tinha uma bicicleta também?

ORAÇÃO

Senhor, agradeço pelos amigos que me ajudam em momentos de medo.

==Do que você tem medo? Como você pode superar esse medo?==

Michelle: – Não existia bicicleta na época de Jesus, Ana!

Ana: – Mas deveria ter existido! Ele andava muito a pé!

Junior: – O que ele disse exatamente?

Michelle: – Foi mais uma das parábolas de Jesus. Ele contou: "Suponham que um de vocês tenha um amigo e que recorra a ele à meia-noite dizendo: 'Amigo, empreste-me três pães' ". O que estava dentro de casa teria respondido: "Não me incomode. A porta já está fechada, e eu e meus filhos já estamos deitados. Não posso me levantar e dar a você o que me pede".

Ana: – À meia-noite já estou dormindo há um bom tempo!

Michelle: – É um horário em que muitos já estão descansando, porém era um amigo pedindo ajuda... E Jesus contou que, embora o amigo tenha dito que não se levantaria, de tanto o outro o aborrecer, ele daria o que estava sendo pedido.

Junior: – Tipo o que a Ana fez com a bicicleta, não é, Michelle?

Michelle: – E-xa-ta-men-te!

Ana: – Nossa amizade tem muito valor para você, mas eu insisti um pouquinho.

Junior: – Quer parar a bicicleta por um momento?

Michelle: – Vamos mais um pouco. Jesus havia ensinado a oração do Pai-Nosso e contou essa história para falar sobre pedidos insistentes.

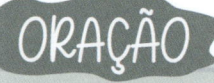
ORAÇÃO

Senhor, que eu possa insistir em coisas boas!

O semestre já está perto do final! Aproveite esta página para sonhar com as férias do meio do ano.

Converse com sua família e anote atividades que podem fazer juntos, como um delicioso piquenique em uma praça!

JUNHO

Lucas 11.5-8

Ana: - Então eu fiz certo em insistir com você, não é?

Michelle: - Jesus se referia aos pedidos feitos em oração.

Junior: - É para pedirmos até que aconteça?

Michelle: - Na verdade, é para alinharmos a nossa vontade com a vontade de Deus. Existem coisas que queremos muito, mas não estão nos planos de Deus.

Junior: - Talvez ele tenha algo muito melhor para nos dar.

Michelle: - Concordo. A Ana conseguiu o que queria, e o senhor Antônio já registrou o momento. Vamos parar agora, lembrando que, sem a ajuda do Junior, eu não teria conseguido.

Junior: - Você foi muito bem!

Antônio: - Estou orgulhoso de você, mocinha! Estavam conversando sobre o quê? Vocês pareciam concentrados.

Ana: - Sobre uma parábola que Jesus contou depois de ensinar o Pai-Nosso. Um homem precisou da ajuda de um amigo à meia-noite...

Antônio: - À meia-noite? Inusitado!

Michelle: - O senhor teria levantado para ajudá-lo, senhor Antônio?

Antônio: - Sempre acordei muito cedo para ir trabalhar, mas, quando se trata de amigos verdadeiros, eu daria um jeito. Pensando no horário, que é bastante incomum, devemos considerar os pedidos das pessoas, pois elas podem estar em apuros.

Junior: - Minha mãe diz que, se o telefone tocar de madrugada, é porque algo muito sério deve ter acontecido!

Ana: - É verdade! Não é normal!

Antônio: - E que bom que as pessoas podem contar conosco independentemente do horário. É um grande privilégio servir de apoio e conforto àqueles que nos consideram bons amigos!

ORAÇÃO

Senhor, ensine-me a exercitar a fé em minhas orações!

Certo dia, Antônio conversa com as crianças enquanto cuida do jardim.

Antônio: – Mexer com a terra é como uma terapia para mim!

Junior: – Posso varrer estas folhas, senhor Antônio?

Antônio: – Pode sim, garoto! Agradeço pela ajuda!

Ana: – Alguma planta do senhor já morreu e precisou ser arrancada, senhor Antônio?

Antônio: – Já, sim. Foi por causa de uns insetos.

Michelle: – Deve ter sido difícil para o senhor, não é?! Sabemos quanto gosta do seu jardim.

Antônio: – Sim, porém não havia mais o que fazer.

Junior: – Como podemos aprender mais sobre jardinagem?

Antônio: – As pessoas pensam que bastar regar as plantas frequentemente e deixá-las no sol, mas os cuidados vão além disso.

Junior: – Já ouvi histórias de pessoas que colocaram água demais, e as plantas acabaram morrendo.

Ana: – É verdade!

Antônio: – Na natureza, tudo precisa estar em equilíbrio. O meu jardim me faz bem. Já passei momentos de reflexão perto das plantinhas e senti que o Criador estava querendo me ensinar lições.

Michelle: – É muito bom sentir a presença de Deus por meio da natureza!

Ana: – A natureza é magnífica!

Junior: – Os animais, as plantas, as paisagens, as estrelas, os seres humanos... Deus pensou em cada detalhe com tanto amor e singularidade!

Michelle: – Com certeza! Por isso existem plantas e animais que são considerados raros, assim como nós, únicos e especiais para o Criador!

 **ORAÇÃO** Senhor, agradeço por nos ensinar e nos inspirar por meio da natureza!

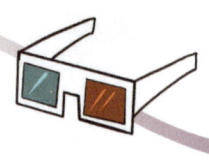  

Ana: - É maravilhoso pensar nisso!

Junior: - A gente pode até olhar no espelho e dizer: "Não gosto do meu nariz ou da minha boca", mas Deus certamente gosta e se alegra ao olhar para a criação!

Michelle: - É verdade! Ao contar as parábolas, Jesus falou sobre uma árvore que não dava frutos havia três anos, e por isso o dono da vinha estava pensando em cortá-la.

Ana: - Qual árvore era?

Michelle: - Uma figueira.

Ana: - Mas as árvores são seres da natureza. Se ele a cortar, ela morrerá!

Michelle: - Para ele, a árvore não servia para nada, pois não produzia figos.

Ana: - Não concordo!

Michelle: - O homem que cuidava da figueira disse ao dono da vinha: "Senhor, deixe-a por mais um ano, e eu cavarei ao redor dela e a adubarei".

Ana: - Ainda bem que alguém teve uma boa ideia!

Michelle: - E ele continuou: "Se der fruto no ano que vem, muito bem! Se não, corte-a".

Ana: - Espero que o dono da vinha tenha mudado de ideia!

Michelle: - Para aquele homem, além de ser inútil, a figueira estava ocupando um espaço de terra que poderia ter melhor uso. Jesus estava comparando as árvores com seus seguidores, ou seja, todos nós precisamos dar frutos. Deus nos dá um tempo para mudarmos de atitude quando as coisas parecem estar paralisadas durante um período.

Ana: - Quais frutos precisamos dar?

Michelle: - Nessa parábola, são os frutos do arrependimento.

ORAÇÃO

Ajude-me a dar os frutos que o Senhor deseja!

Ana: - Eu não entendi direito, amiga.

Michelle: - Os frutos do arrependimento não são apenas sentir remorso, tristeza ou culpa pelos erros cometidos, mas significam uma mudança radical na vida. Envolvem uma atitude de abandono do pecado e a prática da Palavra de Deus.

Ana: - Minha avó fala que às vezes é necessário cortar o mal pela raiz. Significa acabar com algo de uma vez por todas. Neste caso, os erros, não é?

Michelle: - Sim! Os erros que nos fazem pecar e ir contra a vontade de Deus! Quando o jardineiro sugeriu cuidar da árvore, ele estava tomando uma nova atitude em busca de um resultado diferente no futuro. Para que algo aconteça no futuro, precisamos começar hoje!

Junior: - E não dá para ter resultados diferentes fazendo as mesmas coisas!

Michelle: - Com certeza! O Senhor nos ama e quer nos perdoar e salvar, mas primeiro precisamos nos arrepender com a intenção de agir diferente nas próximas oportunidades.

Junior: - É importante pensar nisso!

Antônio: - Por isso há situações em que precisei arrancar a planta pela raiz, pois o problema já havia tomado conta dela por inteiro. Então, cuidei da terra e plantei uma nova muda.

Michelle: - Com a nossa vida deve ser semelhante. O que quer que esteja causando mal deve ser retirado e, ao ser cuidada corretamente, nossa vida poderá dar frutos. Sendo assim, agradaremos a Deus Pai!

Ana: - Arrependimento que gera movimento!

Antônio: - Gostei, Ana!

ORAÇÃO

Senhor, que eu sempre me arrependa dos erros que cometo!

Em uma manhã cinza e fria, Michelle avista Junior andando cabisbaixo e com o semblante triste.

Michelle: - Junior? Aconteceu alguma coisa?

Junior: - Sempre acontece. Acho que uma hora não vou suportar mais! Quem não tem pai ou não mantém um bom contato com ele sofre de algo chamado orfandade, e eu sofro disso. Queria muito que minha realidade fosse outra.

Michelle: - Um dia tudo será diferente, Junior! Eu sei que será!

Junior: - A gente sofre tanto lá em casa, que sinto vontade de desistir de orar pelo meu pai. Nada parece resolver. Cansei de acreditar que ele vai mudar.

Michelle: - Não fique assim! Como você se sente?

Junior: - Rejeitado, não amado e injustiçado!

Michelle: - Sinto muito! Oro por você e pela sua família todos os dias! Sei que Deus tem visto a enorme luta de vocês, e no tempo certo tudo há de melhorar!

Junior: - Quando consigo desabafar com você, eu me sinto um pouco melhor.

Michelle: - Vou contar uma história para você, então!

Junior: - É sobre o quê?

Michelle: - Sobre nunca desistir.

Junior: - Espero que seja uma boa história e que eu possa me sentir mais animado ao ouvi-la!

ORAÇÃO

Senhor, ajude-me a não desistir de orar pelas pessoas!

Michelle: - Jesus contou uma parábola aos discípulos. Ele disse: "Em certa cidade havia um juiz que não temia a Deus nem se importava com os homens".

Junior: - Juízes são pessoas que deveriam se importar com a sociedade, certo?

Michelle: - Sim! Mas esse da história de Jesus não se importava. Uma viúva que morava naquela cidade estava sempre pedindo a mesma coisa ao juiz. Ela implorava: "Faze-me justiça contra o meu adversário".

Junior: - Será que o juiz tentava fugir dela?

Michelle: - Com certeza sim, mas ela o procurava e insistia, ainda que por muito tempo ele se recusasse a fazer algo por ela. Finalmente, o juiz admitiu a si mesmo que não temia a Deus e que não se importava com as pessoas, então decidiu fazer justiça à viúva, para que ela não o aborrecesse mais.

Junior: - Ele queria se livrar da mulher, não é?

Michelle: - No fundo ele sabia que ela não iria parar de pedir ajuda. Jesus disse: "Acaso Deus não fará justiça aos seus escolhidos, que clamam a ele dia e noite? Continuará fazendo-os esperar?".

Junior: - Foi a insistência da viúva que o fez mudar de ideia, não foi?

Michelle: - Sim! Com essa história, podemos aprender que, mesmo que a espera seja longa, nunca devemos deixar de orar! Deus quer que sejamos pessoas perseverantes na oração, sem fraquejar.

Junior: - Mas existem dias em que não tenho forças e só quero chorar!

ORAÇÃO

Senhor, ensine-me a esperar
e a continuar orando!

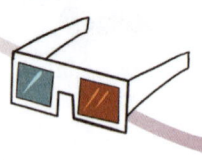

Michelle: - Eu sei! Também fico desanimada às vezes. Acho que todos passam por isso, mas, mesmo em dias de desesperança, devemos continuar orando. Temos que conversar com Deus como eu e você estamos fazendo agora, pois ele é o nosso melhor amigo! Diga como você se sente e peça para ele secar suas lágrimas.

Junior: - Mas não vai parecer que estou sempre reclamando?

Michelle: - Junior, Deus conhece a sua realidade melhor do que ninguém! Todas as vezes que precisar, você pode falar com ele, independentemente do horário e do assunto.

Junior: - Existem dias tão difíceis, que nem consigo orar.

Michelle: - Você não é o único a passar por isso, acredite em mim! Por isso é tão importante termos relacionamentos verdadeiros com os nossos amigos da igreja, nos cultos e nas celebrações. Assim as pessoas podem expor o que estão passando e sentindo, sem medo de julgamentos.

Junior: - Eu não conseguiria falar sobre os problemas lá de casa na frente das pessoas.

Michelle: - Mas não precisa, se não quiser. Você pode dizer que está passando por momentos complicados, sem entrar em detalhes. O que quero dizer é: não passe por essas coisas sozinho.

Junior: - Eu tenho vergonha de falar.

Michelle: - Insista em primeiro falar com o Senhor sobre esse bloqueio! Ele vai colocar a pessoa certa para auxiliar você. É a melhor saída!

ORAÇÃO

Que eu sempre me lembre de que o Senhor está pronto a me ouvir!

Em uma tarde, a turma brinca na rua depois de fazer os deveres de casa.

Ana: – Seu mestre mandou!

Michelle e Junior perguntam: – Fazer o quê?

Ana: – Pular numa perna só! É muito bom mandar e ver vocês obedecendo!

Junior: –Está se divertindo, não é?

Ana: – Seu mestre mandou!

Michelle e Junior perguntam: – Fazer o quê?

Ana: – Dar um abraço em si mesmo!

Michelle: – Hummmm! Bem apertado! Hahaha!

Junior: – Amor-próprio é importante!

Ana: – Hahaha! Seu mestre mandou.

Michelle e Junior perguntam: – Fazer o quê?

Ana: – Dançar sem música!

Junior: – Que mico, Ana! As pessoas vão ficar olhando!

Ana: – Obedeça ao mestre, mocinho.

Junior: – Eu não sei dançar, gente. Que vergonha! Quando chegar a minha vez de ser mestre, você vai ver, Ana!

Ana: – Adoro desafios! Vamos lá!

Junior: – Seu mestre mandou.

Michelle e Ana perguntam: – Fazer o quê?

Junior: – Girar e bater palma!

As duas obedecem.

Ana: – Já estou tontinha!

Junior: – Seu mestre mandou.

Michelle e Ana perguntam: – Fazer o quê?

Junior: – Fazer careta!

Michelle: – Hahaha! Que cara feia, amiga!

ORAÇÃO

Senhor, agradeço pelas brincadeiras de criança!

Desafio: Chame alguém para brincar de "Seu mestre mandou" com você.

Junior: – Você sabe mesmo fazer careta, hein, Ana?!

Todos dão risadas.

Ana: – É maravilhoso dar ordens! Hoje me senti um pouquinho como minha mãe se sente todos os dias. Ela sempre diz: "Ana, vá lavar a louça", "Vá arrumar o seu quarto", "Vá tomar banho", "Chega de celular por hoje".

Michelle: – Sabiam que um homem que mandava muito bem tinha uma fé tão grande que surpreendeu Jesus?

Ana: – Ele era professor?

Michelle: – Era centurião. Sabem o que isso significa?

Ana: – Uma pessoa que usava um cinto bem grande.

Junior: – Nada a ver, Ana. Não viaja!

Ana: – Fala você então, espertão!

Junior: – Era um homem com 100 anos de idade, por isso mandava muito!

Michelle: – Nada disso! Centurião era um chefe que trabalhava na organização militar romana comandando cem homens.

Junior: – Eu sabia que tinha algo a ver com o número cem!

Ana: – Cem homens é bastante gente! Devia ser muito desafiador.

Michelle: – Se as nossas professoras ficam malucas cuidando dos alunos de cada sala, imaginem mandar em cem pessoas! Mas existem pessoas que nasceram para serem líderes. Mesmo sendo um chefe, o centurião estava preocupado com um de seus servos.

 **ORAÇÃO** Agradeço pelos líderes que fazem parte da minha vida!

Ana: - E o que houve com esse servo do centurião?

Michele: - Estava em casa, paralítico, em terrível sofrimento.

Junior: - Poxa!

Ana: - Mesmo sendo um homem tão importante, o homem se preocupava com o servo. Ele foi pedir ajuda a algum médico?

Michelle: - Sim, para o melhor médico!

Junior: - Sério? A consulta deveria ser supercara!

Michelle: - Nada foi cobrado!

Ana: - Como assim? Quem ajuda um paciente sem receber nada por isso?

Michelle: - Jesus Cristo!

Junior: - Ahhh! E eu achando que era um médico mesmo! Hahaha! O capitão foi até Jesus e disse o quê?

Michelle: - Ele falou sobre a condição de seu servo e pediu ajuda. O Mestre respondeu: "Eu irei curá-lo". Depois que Jesus disse que iria curá-lo, o centurião respondeu: "Senhor, não mereço receber-te debaixo do meu teto. Mas dize uma palavra, e o meu servo será curado".

Ana: - Eu achava que era preciso estar perto da pessoa doente para que ela fosse curada.

Michelle: - Essa é a beleza desse milagre, na minha opinião!

Junior: - Jesus nem chegou a ver o servo?

Michelle: - Não foi preciso!

Ana: - Estou chocada!

Michelle: - O centurião tinha uma fé muito grande!

Junior: - É realmente impressionante! Nunca tinha ouvido algo assim!

ORAÇÃO

Senhor, que minha fé seja forte e grande como a do centurião!

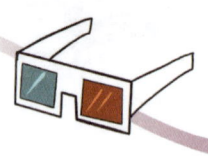  

Michelle: - Gosto muito dessa história, porque nos fala sobre a autoridade máxima que existe! O centurião sabia que, se o Mestre desse um comando, a doença desapareceria de seu servo. Ele mandava em seus soldados, que imediatamente cumpriam as ordens, então tinha fé que Jesus poderia curar seu servo mesmo sem o ver pessoalmente.

Junior: - Uma dúvida! Se estamos aqui no Brasil, e eu sei que uma pessoa está doente na Austrália, por exemplo, quando eu orar por ela com muita fé, Deus pode curá-la?

Ana: - Austrália é longe, hein?

Michelle: - Decorem esta frase que vou dizer agora: O poder do nosso Deus não tem limites! Não há barreiras geográficas que o impeçam de fazer o que estiver nos planos dele!

Ana: - Falou bonito demais, garota! Até me arrepiei!

Junior: - Assim como podemos pedir ajuda por outras pessoas, pode haver gente orando por nós, sem que saibamos, não é?

Michelle: - Claro! Este é o corpo de Cristo que está espalhado pelo mundo todo!

Ana: - Tipo a internet, que nos conecta com pessoas de perto e de longe!

Junior: - Eu nunca tinha pensado nisso.

Michele: - É um milagre lindo! Ao ouvir as palavras do centurião, Jesus disse que jamais havia encontrado em Israel alguém com tamanha fé.

Ana: - Uau!

Michelle: - E terminou dizendo: "Vá! Como você creu, assim acontecerá!". Na mesma hora o seu servo foi curado.

ORAÇÃO

Senhor, que minhas orações tenham efeito tanto para o meu país como para o restante do mundo!

Junior: - É impressionante ver como a oração tem poder!

Ana: - Sabiam que antes eu achava que a oração demorava para chegar até Deus? Eu pensei que elas percorriam um longo caminho até chegar no céu, porque o céu é bem longe. Depois percebi que Deus nunca está longe de nós. Sei que, se eu der um passo para frente, ele estará comigo. Se eu sair correndo, ele não me deixará.

Michelle: - É verdade, Ana. As nossas orações chegam até Deus rapidamente, independentemente de onde estivermos. Quando oramos, precisamos ter a fé de que ele ouviu a nossa oração.

Junior: - Sabe quando você envia uma mensagem para alguém e ela não chega, porque a pessoa está sem internet? Com Deus, nunca é assim. Nossa oração sempre chega nele.

Ana: - Essa história do centurião nos ensina muito. Ele tinha tanta certeza do poder de Jesus que pediu sem medo de receber um não como resposta.

Michelle: - Exato! A fé nos leva a confiar em Deus de maneiras inexplicáveis.

Junior: - Uma vez, a minha mãe disse que confiança é algo que construímos com o tempo. Ela falou que não dá para confiar em alguém de uma hora para outra, mas que a confiança é criada com o relacionamento.

Michelle: - Isso mesmo. Para confiar em Deus, precisamos nos relacionar com ele. Fazemos isso quando conversamos com ele, contamos sobre o nosso dia, lemos a Bíblia, cantamos músicas... Nada é melhor do que ter um relacionamento com o nosso Senhor!

ORAÇÃO Deus, me ajude a confiar no Senhor.

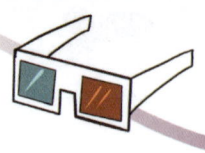  

Junior: – Quem trabalha em plantações se esforça bastante, certo?

Michelle: – E como! Não é fácil passar horas debaixo do sol forte trabalhando em plantações e ainda esperar o tempo de colheita.

Ana: – É verdade! Muitos dos nossos antepassados tiveram trabalhos assim.

Junior: – Minha mãe fala que devemos valorizar as gerações anteriores à nossa, pois passaram por momentos de grande dificuldade e sofrimento.

Ana: – Vocês conseguem imaginar como era viver sem energia elétrica ou não ter água saindo da torneira?

Michelle: – Não consigo. Estamos tão acostumados a viver com as facilidades que temos, não é?!

Junior: – Demais! Quando a luz acaba em casa, é ruim precisar acender velas ou tomar banho gelado.

Ana: – Eu não consigo tomar banho gelado!

Michelle: – Antigamente as pessoas tomavam banho e lavavam as roupas nos rios.

Ana: – Minha avó já me contou algumas histórias assim. Outro dia mostrei um pouco sobre Inteligência Artificial para ela e simplesmente foi incrível vê-la assistindo aos vídeos!

Michelle: – Podemos ouvir as notícias, abrir o portão, ligar ou desligar as luzes da casa apenas com um comando de voz! Surpreendente!

Junior: – Às vezes eu jogo com garotos que estão do outro lado do mundo! É muito legal!

Ana: – Vocês conversam?

Junior: – A gente tenta! Hahaha! Muitos não falam português, mas os comandos são iguais para todos.

Michelle: – A internet é mesmo fantástica!

Ana: – Da hora demais!

ORAÇÃO

Agradeço ao Senhor pelas facilidades que temos atualmente.

No mesmo dia, na saída da escola...

Michelle: - Fiquei pensando no que falamos na hora do intervalo sobre a internet.

Junior: - O mundo inteiro usa o tempo todo.

Michelle: - Sim e, justamente por essa razão, precisamos estar atentos.

Ana: - Muitas pessoas criam perfis mentirosos nas redes sociais.

Junior: - Minha mãe prefere saber quem são as pessoas que me seguem.

Michelle: - É importante mesmo. Não dá para confiar em tudo o que vemos ou lemos.

Ana: - Fake news também são um assunto complicado, não é?

Michelle: - Notícias falsas causam medo, indignação, rivalidade e até problemas emocionais na sociedade.

Ana: - O que os mentirosos ganham espalhando notícias falsas?

Junior: - Tem gente que só pensa em curtidas, visualizações e compartilhamentos, Ana.

Michelle: - Ou apenas em prejudicar os outros!

Ana: - Vocês acreditam que tem gente na minha família que parou de se falar por causa dessas coisas?

Junior: - Acredito. E o pior é que acontece mesmo.

Michelle: - Relacionamentos abalados por causa de mentiras... Deus não gosta disso!

Ana: - O que podemos fazer para impedir que isso continue?

Junior: - Precisamos falar mais sobre o assunto e mostrar os efeitos negativos que as fakes news trazem.

Michelle: - Podemos pedir autorização para a escola e espalhar cartazes com informações sobre isso. O que vocês acham?

ORAÇÃO

Deus, peço que me ajude a ter sabedoria ao usar a internet.

Michelle: – Ainda bem que nem tudo que lemos é *fake*! As histórias da Bíblia são verdadeiras. Eu me lembrei agora de um milagre incrível, querem ouvir sobre ele?

Junior e Ana respondem em uma só voz: – Sim!

Michelle: – Sei que logo precisam ir para casa, então não vou demorar. Havia um homem em Caná da Galileia, que era oficial do rei, e o filho dele estava doente em Cafarnaum.

Ana: – Caná da Galileia foi o lugar onde Jesus transformou água em vinho naquele casamento, não foi?

Michelle: – Sim! Quando o oficial do rei ouviu que o Mestre tinha chegado à Galileia, procurou-o e suplicou-lhe que fosse curar seu filho, que estava à beira da morte. Jesus então falou: "Se vocês não virem sinais e maravilhas, nunca crerão". O oficial respondeu: "Senhor, vem, antes que meu filho morra". Jesus respondeu: "Pode ir. O seu filho continuará vivo". O oficial confiou na palavra do Mestre e partiu.

Junior: – O que aconteceu depois?

Michelle: – O oficial estava a caminho quando seus servos vieram encontrá-lo dizendo que o menino estava vivo. No momento da conversa, ele perguntou a que horas o filho tinha melhorado, e eles responderam: "A febre o deixou ontem, à uma hora da tarde". O pai do menino se deu conta de que aquele horário foi justamente quando Jesus disse: "O seu filho continuará vivo", e assim todos creram no Senhor!

Junior: – Primeiro o oficial creu e depois viu o resultado!

ORAÇÃO

Senhor, ensina-me a crer mesmo sem ver os resultados!

Ana: - Que sensacional, galera! Esse pai caminhou longas horas porque acreditava no poder de Jesus e pôde experimentar a cura de seu filho!

Junior: - O oficial amava muito esse filho, não é? Queria ver o meu pai fazendo esse tipo de esforço por mim também.

Todos ficam em silêncio.

Michelle: - Seu pai nunca fez nada nas vezes em que você ficou doente?

Junior: - Não! É sempre a minha mãe que me leva ao médico. Ele parece não se importar.

Ana: - Sinto muito, amigo.

Junior: - Quem sabe um dia as coisas mudem. Sei lá.

Michelle: - Ainda vou ouvir você dizendo que a realidade da sua família mudou! Eu creio!

Junior: - Só Deus sabe!

Ana: - É preciso acreditar, como nesses milagres que a Michelle contou, para então ver os milagres com os próprios olhos.

Michelle: - Isso é fé! Crer naquilo que ainda não se vê! A fé daquele homem foi tremendamente edificada!

Ana: - Foi pela fé que ele se deslocou por uma longa distância, por amor ao filho.

Michelle: - Jesus poderia ter ido até onde o menino estava, mas queria colocar a fé do oficial em prova. Com isso, o Mestre não falou exclusivamente àquele pai, mas a todos os judeus que, ao longo da história de Israel, estavam sempre pedindo sinais e milagres, para que pudessem crer em Deus e em seus profetas.

Junior: - Os judeus queriam primeiro ver para depois crer?

Michelle: - Sim, mas não pela palavra ou pelo testemunho de Jesus.

Ana: - Lição de hoje: Crer para então ver!

ORAÇÃO

Peço que o Senhor edifique a minha fé!

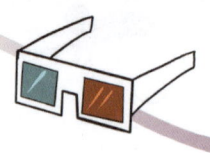  
Numa manhã ensolarada, as crianças conversam na entrada da escola.

Michelle: – Uahh! Que sono! Bom dia, gente! Que cara é esta, Junior?

Junior: – Estou preocupado, porque minha mãe está preocupada.

Ana: – Quanta preocupação! O que houve?

Junior: – Uma cliente antiga dela comprou algumas peças de tricô, mas não vai conseguir pagar. Precisamos do dinheiro para acertar as contas da casa. Já faz um tempo que a minha mãe está esperando, mas parece que a moça teve alguns problemas financeiros.

Ana: – O problema é que vocês serão prejudicados, e a sua mãe já fez o trabalho dela, não é?

Junior: – Eu tentei pensar em alguma solução, mas sem sucesso.

Michelle: – É realmente difícil! Ela não consegue pagar aos poucos por mês?

Junior: – Ela disse que não. O carro dela quebrou, então teve que pagar o mecânico e as peças.

Ana: – Sabemos que imprevistos acontecem, porém o certo era ter feito todo o pagamento para a sua mãe antes. É como quando vamos a uma loja, por exemplo. Saímos com uma ou mais sacolas, mas é preciso pagar na hora, seja em dinheiro ou cartão.

Michelle: – Bom, pelo menos ela conversou com a sua mãe, Junior. Muitas pessoas não falam nada e fingem que está tudo bem.

Ana: – É verdade!

Junior: – E ainda tem gente que se ofende quando é cobrada!

Ana: – Eu não sei se conseguiria trabalhar com vendas.

Junior: – Minha mãe gosta e precisa disso para sustentar a casa, mas vejo que para ela é superdifícil.

 **ORAÇÃO** — Abençoe as pessoas que estão com problemas financeiros, Senhor!

Ana: – Tive uma ideia! Junior, sua mãe tem mais peças prontas para vender?

Junior: – Ela sempre tem. Você pensou no quê?

Ana: – Tipo num bazar online. A gente tira fotos bem bonitas e coloca os valores das peças.

Michelle: – Dá para oferecer para os professores da escola também.

Junior: – Eu vou falar com a minha mãe sobre isso.

Ana: – Beleza! Pode contar com a gente!

Michelle: – Ficaremos felizes em ajudar! Isso me faz lembrar da história do homem que devia uma enorme quantidade de prata ao rei. Jesus contou essa parábola para mostrar que muitas vezes as pessoas são perdoadas, mas não perdoam o seu próximo. O Mestre disse que o Reino dos céus é como um rei que desejava acertar as contas com seus servos. Um deles não tinha condições de pagar, então o rei ordenou que ele, a esposa e os filhos e tudo o que ele possuía fossem vendidos para pagar a dívida.

Ana: – Vendidos? Tipo como escravos?

Michelle: – Exatamente. Quando ouviu aquilo, o servo prostrou-se diante dele e implorou: "Tem paciência comigo, e eu pagarei tudo". O senhor daquele servo teve compaixão dele, cancelou a dívida e o deixou ir.

Junior: – Minha mãe não consegue fazer algo parecido.

Ana: – Mas ele era um rei, não é? Tinha muitos servos.

Michelle: – Não existe rei pobre, galera!

Junior: – Isso é verdade!

ORAÇÃO

Senhor, que eu possa ter compaixão pelas pessoas próximas!

Ana: - E o servo ficou feliz, então?

Michelle: - Acredito que sim, porém não teve uma boa atitude depois. Assim que terminou de conversar com o rei, encontrou com um dos companheiros dele, que lhe devia dinheiro. Ele o agarrou e começou a sufocá-lo, dizendo: "Pague-me o que me deve!".

Ana: - Não acredito!

Junior arregala os olhos.

Michelle: - É verdade! Então o homem caiu de joelhos e implorou: "Tenha paciência comigo, e eu pagarei a você". Mas ele não aceitou. Antes, saiu e mandou lançá-lo na prisão, até que pagasse a dívida. Quando os outros servos, companheiros dele, viram o que havia acontecido, ficaram muito tristes e foram contar ao seu senhor tudo o que havia acontecido.

Junior: - Vai dar ruim!

Michelle: - E deu! O rei disse: "Servo mau, cancelei toda a sua dívida porque você me implorou. Você não devia ter tido misericórdia do seu conservo como eu tive de você?". O rei ficou furioso e o mandou para a prisão, até que pagasse tudo o que devia.

Ana: - As coisas poderiam ter sido completamente diferentes, não é?

Junior: - Sim, mas ele não fez com o companheiro o que o rei fez com ele.

Michelle: - Exatamente, Junior! Jesus ensinou que devemos perdoar os outros assim como Jesus nos perdoou.

Ana: - Como a gente consegue perdoar? É que às vezes sentimos raiva e demora para passar.

Junior: - Eu também queria saber!

ORAÇÃO

Senhor, ensine-me a perdoar como Jesus me perdoou.

Michelle: — Já vamos chegar nessa parte. Essa história é conhecida como a parábola do servo ingrato, em que o rei representa o Reino de Deus. Esse rei é gracioso e perdoador, mas também corrige e pune quem agiu sem perdão e compaixão. Não houve limites para o perdão do rei, mesmo com uma dívida incalculavelmente alta. Jesus contou essa parábola respondendo à pergunta de Pedro sobre quantas vezes se deve perdoar.

Ana: — Uma ou duas vezes já está bom, não é?

Michelle: — Jesus disse "70 x 7"!

Ana abre a calculadora no celular e faz a conta.

Ana: — Você quer dizer 490 vezes? É muita coisa! Eu teria que anotar num caderninho para não me perder!

Michelle: — Na verdade, não é ao pé da letra. Jesus queria dizer que não há limites para se perdoar. Vocês se lembram da oração do Pai-Nosso?

Junior: — "Perdoa as nossas dívidas, assim como perdoamos aos nossos devedores".

Michelle: — Exatamente! É um princípio divino, pois, quando falhamos e nos arrependemos, recebemos o perdão de Deus. Aqueles que não perdoam demonstram não fazer parte deste Reino de graça e perdão.

Ana: — Certo. Mas não sei o que fazer para perdoar.

Michelle: — Com a ajuda de Deus! Quando morreu na cruz, Jesus pagou o preço por todos os pecados, e é somente com a ajuda dele que você não sentirá rancor nem vontade de se vingar, dando oportunidade para o perdão acontecer. Precisamos tomar a decisão de perdoar e, ao pedir a ajuda do Senhor, nossos sentimentos serão diferentes!

Você tem dificuldade em pedir perdão? E em perdoar?

ORAÇÃO

Senhor, ajude-me a não guardar rancor de ninguém!

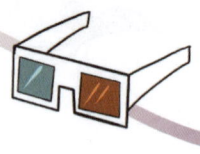

Junior: - É tipo pensar que somos tão pecadores quanto aqueles que nos fizeram algum mal?

Michelle: - Sim! E que não somos merecedores do sacrifício de Jesus na cruz. Se bondosamente recebemos o perdão dele, devemos fazer o mesmo e liberar perdão ao nosso próximo.

Ana: - Faz muito sentido!

Michelle: - É natural nos sentirmos zangados, tristes e magoados quando alguém nos faz mal, mas fingir que não sentiu nada é um engano! Por isso digo que sozinhos não conseguiremos... Precisamos muito da ajuda do Senhor, pois ele entende os nossos sentimentos.

Ana: - Somos dependentes dele a todo instante!

Michelle: - Não estou dizendo que a cliente da sua mãe está correta em não pagar, mas que precisamos sempre olhar a situação de outra forma.

Junior: - Concordo. Espero que essa situação logo se resolva!

Ana: - Vamos orar ao Senhor por isso, pedir que ele nos ajude com o bazar e com as outras vendas, assim sua mãe poderá pagar as contas da casa!

Michelle: - Vou anotar no meu caderninho de oração! E você, Junior, fale com sua mãe quando chegar em casa!

Junior: - Farei isso sim!

Michelle: - Ei! Sua mãe poderia dar aulas de tricô e cobrar um valor para quem quiser aprender!

Ana: - Uau! É mesmo!

Junior: - Será que daria certo? Vamos ver o que ela acha dessas ideias! Agradeço por se importarem com esse problema.

ORAÇÃO

Senhor, agradeço por entender os meus sentimentos!

Em um café da tarde na casa do senhor Antônio, Junior comenta sobre uma palavra que leu na Bíblia.

Junior: – Gente, vocês sabem o que significa "dracma"?

Ana: – Só sei o que é "Drácula" e não gosto nenhum pouco!

Michelle: – Era um tipo de moeda da Grécia Antiga.

Junior: – É que na história que li, Jesus fez aparecer uma dracma dentro da boca de um peixe, para poder pagar uma conta.

Antônio: – Jesus pagava contas?

Michelle: – Conheço essa história! Essa conta ele quis pagar, senhor Antônio.

Ana: – Qual história você não conhece, Michelle? Conta direito essa, Junior.

Junior: – Jesus e os discípulos chegaram a Cafarnaum, e os cobradores de impostos de duas dracmas se aproximaram de Pedro e perguntaram: "O mestre de vocês não paga o imposto do templo?".

Michelle: – Não bastava fazer tantos milagres e coisas boas às pessoas, ainda havia impostos!

Antônio: – Nem Jesus esteve livre disso! Não creio!

Ana: – Como assim, gente?

Antônio: – Pagamos muitos impostos, Ana. O imposto é o dinheiro que pagamos ao governo. Ele serve para pagar os gastos com saúde, segurança, educação...

Ana: – Nossa, não sabia! O que Pedro disse aos cobradores?

Junior: – Ele respondeu que sim! Quando ele entrou na casa, Jesus foi o primeiro a falar, perguntando-lhe: "O que você acha? De quem os reis da terra cobram tributos e impostos: de seus próprios filhos ou dos outros?".

Antônio: – Dos outros, claro!

ORAÇÃO

Senhor, que os impostos que todos nós pagamos sejam usados com sabedoria em nosso país!

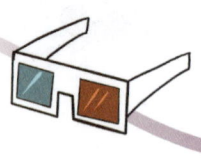

Junior: - Foi exatamente o que Pedro respondeu. "Então os filhos estão isentos", disse-lhe Jesus.

Michelle: - Jesus estava fazendo uma crítica ao sistema religioso daquela época.

Antônio: - Ah, entendi. O que aconteceu depois, Junior?

Junior: - Jesus mandou Pedro ir até o mar e jogar o anzol, pois não queria escandalizar os cobradores. E continuou: "Tire o primeiro peixe que você pegar, abra-lhe a boca, e você encontrará uma moeda de quatro dracmas. Pegue-a e entregue-a a eles, para pagar o meu imposto e o seu".

Michelle: - Eu amo as Escrituras Sagradas, e esse milagre é mais um rico em detalhes!

Ana: - Quero ouvir sua análise, Michelle!

Michelle: - Pensem comigo: Jesus poderia ter feito a moeda aparecer na casa onde ele estava, mas pediu que Pedro fosse até o mar! O milagre do Senhor não dispensou o esforço humano. Outro ponto: quem quer ver um milagre precisa pedir e buscar a Deus, mas às vezes é necessário sair do lugar em obediência ao Senhor, que vai dar as direções sobre o que e como fazer!

Ana: - Que demais!

Michelle: - Querem mais lições sobre a história?

Junior: - Claaaaro!

Michelle: - Jesus fez o que Pedro não podia fazer, mas o que estava ao alcance de Pedro, ele fez.

Ana: - Vocês conseguem imaginar Pedro pegando o peixe, abrindo a boca e olhando para a moeda?

Junior: - Tipo assim: o meu Senhor faz cada coisa!!

Todos deram risadas.

ORAÇÃO

Senhor, ajude-me a entender as lições por meio das suas histórias!

Michelle: - Outro ponto que chama a atenção é que, ainda que as coisas pareçam difíceis ou fora do nosso controle, Jesus tem as formas mais inesperadas para solucionar as coisas! Precisamos crer!

Ana: - Que história da hora! Sério! Eu amei!

Michelle: - Calma que tem mais! Dentro da boca do peixe, havia a solução para aquela situação, ou seja, devemos abrir a nossa boca para fazer o que é certo!

Ana: - Para louvar ao Senhor e falar dele para as pessoas, certo?!

Michelle: - Com certeza! O que havia dentro da boca do peixe era algo de valor, então, quanto mais falarmos de Jesus, mais tesouro existirá no mundo todo!

Junior: - Eu nunca tinha pensado nisso! Jesus é o tesouro mais valioso que podemos oferecer às pessoas!

Michelle: - Sim! E que grande privilégio nós temos por sermos mensageiros das boas-novas do Senhor!

Junior: - Estou impressionado com toda esta conversa!

Antônio: - É muito bom falar sobre Jesus e compartilhar momentos com vocês à mesa, turminha!

Michelle: - Que tenhamos sempre essa oportunidade, pois aqui aprendemos muito uns com os outros e sei que em breve haverá espaço para mais pessoas. Imaginem a casa do senhor Antônio cheia de crianças ouvindo as histórias de Jesus?!

Ana: - Ele faria muitas guloseimas gostosas para todos, tenho certeza!

Antônio: - Gostei da ideia! Vamos organizar um culto aqui?

Michelle: - Mas é claro!!

ORAÇÃO

Senhor, ajude-me a abrir a boca para anunciar as boas-novas do evangelho!

Ana: – Já começaram a aparecer aqui na minha cabeça ideias para o nosso culto!

Michelle: – Anote-as, amiga, para não correr o risco de se esquecer!

Ana: – É pra já!

Michelle: – O difícil vai ser escolher qual história contar, mas sei que o Senhor irá nos instruir. Vamos orar por um tempo a respeito desse culto.

Antônio: – É bonito ver como você se preocupa com as pessoas.

Michelle: – Jesus veio para salvar todas as vidas e deixou uma tarefa de casa para nós: "Falem de mim para os outros, para que eles também sejam salvos!".

Junior: – Tenho um pouco de vergonha de falar em público, então posso ajudar a preparar os lanches.

Antônio: – Tudo bem, mas no momento de comunhão você pode tentar se aproximar de alguém e fazer amizade, assim ficará mais fácil de falar sobre o Senhor!

Ana: – Que demais, gente!

Michelle: – Ainda sobre a parábola, Deus nos concede milagres não para nosso próprio benefício, mas para compartilharmos com os outros. A moeda que Pedro tirou de dentro da boca do peixe foi suficiente para pagar o imposto dele e o de Jesus!

Ana: – Que interessante! Por isso sempre há momentos de testemunhos na igreja?

Michelle: – Quando ouvimos os testemunhos dos outros, a nossa fé é fortalecida!

Antônio: – Podemos ter um momento de testemunhos nesse culto aqui em casa e, se me permitirem, posso contar alguns!

Junior: – Nós amaremos ouvi-los, senhor Antônio!

 ORAÇÃO
Senhor, permita-me viver os seus milagres e compartilhá-los com as outras pessoas!

No intervalo das aulas, as crianças lancham e conversam sobre uma situação diferente.

Michelle: - Esqueci de contar para vocês, mas eu fui a um casamento no fim de semana. Foi muito bonito, e a comida era maravilhosa!

Junior: - O que tinha de bom?

Michelle: - Risoto, carne, salgadinhos e algumas coisas chiques que não sei falar os nomes.

Junior: - *Top*, hein? Você se divertiu?

Michelle: - Bastante! E os docinhos? Um mais gostoso do que o outro! Mas havia um convidado que não comeu absolutamente nada!

Junior: - Como assim?

Michelle: - Tudo o que os garçons colocavam na mesa, ele não pegava.

Ana: - Quem vai a uma festa de casamento e não come?

Michelle: - Ele disse que estava de dieta. Eu não sei como ele resistiu a tantas coisas gostosas!

Ana: - Algumas pessoas são viciadas em dietas! Sei que, em alguns casos, as dietas fazem parte de tratamentos de saúde, como no caso de pessoas com diabetes, por exemplo.

Junior: - É verdade! Mas muita gente só pensa em emagrecer!

Michelle: - Quase ninguém diz que devemos nos aceitar como somos! É só olharmos as propagandas na televisão e na internet! Modelos supermagros e sorridentes!

Ana: - Comer é uma das coisas mais incríveis que existem!

Michelle: - Concordo! Vocês sabem que a Bíblia fala sobre o jejum, não é?

Junior: - Sim.

Ana: - Jejuar é deixar de comer e beber?

Michelle: - Na maioria das vezes, sim.

ORAÇÃO

Senhor, agradeço por todos os alimentos que criou!

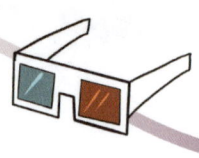  

Junior: - Mas existe diferença entre dieta e jejum, certo?

Michelle: - Sim! Em primeiro lugar, vamos nos lembrar de que é muito importante ir ao médico antes de começar qualquer restrição alimentar!

Ana: - É verdade!

Michelle: - Sobre a diferença, eu diria que está no objetivo de cada coisa. Existem dietas que visam a perda de peso, a melhora na qualidade de vida ou a estética, por exemplo. O jejum está relacionado à oração, quando a pessoa deixa de se alimentar para se conectar com Deus.

Ana: - As pessoas ficam o dia inteiro sem comer?

Michelle: - Elas geralmente escolhem pular alguma refeição do dia. Nós, que somos crianças e estamos em fase de desenvolvimento, primeiro devemos falar com os nossos pais, se tivermos o desejo de jejuar.

Junior: - Superimportante, mesmo!

Michelle: - O jejum serve para alimentar o nosso espírito, e Jesus jejuou várias vezes quando viveu aqui na terra. Com o jejum, dizemos que dependemos totalmente de Deus, mas ele não quer que nossa saúde seja prejudicada. Por isso, antes de qualquer coisa, precisamos de permissão, tanto dos nossos pais como dos médicos.

Ana: - E jejuamos para pedir algo para Deus?

Michelle: - Não é bem assim, Ana. O jejum serve para renovarmos as nossas forças e para estarmos ainda mais perto de Deus Pai.

ORAÇÃO

Senhor, que eu aprenda a jejuar segundo a sua vontade.

Junior: - O que não tem cabimento é mandar Deus fazer a nossa vontade só porque fizemos algo de bom.

Ana: - É verdade, Junior.

Michelle: - Ninguém deve chegar até o Senhor e dizer: "Eu quero! Me dê!", exigindo que Deus realize o desejo da pessoa.

Junior: - É verdade!

Michelle: - Mas, voltando ao assunto do casamento, aquele convidado sobre o qual falei me fez lembrar de uma parábola de Jesus.

Ana: - É sobre casamento e comidas?

Michelle: - Sim! O Mestre havia realizado alguns milagres, o que chamou a atenção dos fariseus e mestres da lei. Depois disso, ele viu um publicano, que era cobrador de taxas e impostos entre os romanos, chamado Levi. Jesus olhou para ele e disse: "Siga-me". Levi levantou-se, deixou tudo para trás e o seguiu. Então o publicano ofereceu um grande banquete a Jesus na casa dele.

Junior: - Alguém saiu falando, tenho certeza!

Michelle: - Claro! Os fariseus e mestres da lei questionaram os discípulos de Jesus sobre por que eles comiam e bebiam com publicanos e "pecadores"! Jesus deixou bem claro que veio para chamar os pecadores ao arrependimento, e eles retrucaram, dizendo: "Os discípulos de João jejuam e oram frequentemente, bem como os discípulos dos fariseus, mas os teus vivem comendo e bebendo".

Junior: - Eles chamaram os discípulos de gulosos!

Ana: - Estou chocada!

Michelle: - Jesus respondeu: "Podem vocês fazer os convidados do noivo jejuarem enquanto o noivo está com eles?".

Junior: - Não dá, não é?

ORAÇÃO

Senhor, faça o que quiser em minha vida!

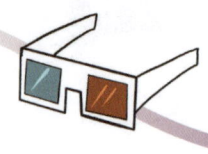

Michelle: - O Mestre se apresenta como o noivo nessa história, e a festa, como o momento de comer e beber junto aos discípulos. Festas de casamento são sempre cheias de alegria e celebração, não de tristeza!

Junior: - Mas a caminhada dos discípulos junto ao Senhor nem sempre foi alegre.

Ana: - Isso é verdade!

Michelle: - Concordo! No contexto geral, quem segue a Jesus terá uma vida alegre, mas não sem problemas. A alegria não ocorre porque a vida vai bem, mas sim por causa da presença do Senhor!

Junior: - Muitas pessoas acham que, quando aceitarem a Jesus Cristo como Senhor da sua vida, os problemas desaparecerão.

Michelle: - Isso não existe! Jesus termina a parábola dizendo que o noivo será tirado deles e, naqueles dias, eles jejuarão. Jesus se referia aos dias em que ele próprio seria tirado de nosso meio, ou seja, quando subiu novamente aos céus. Nós, que aguardamos sua volta, jejuamos.

Junior: - Os caras que chamaram os discípulos de gulosos jejuavam também?

Michelle: - Os fariseus jejuavam duas vezes por semana. Eles tinham uma mentalidade muito religiosa. Algumas pessoas pensam que, por jejuarem constantemente, Deus fica obrigado a dar a elas o que desejam. Deus não tem nenhuma obrigação ou dívida a pagar com quem jejua. Oração e jejum devem acontecer, em primeiro lugar, como objetivo de louvar e conhecer mais profundamente a Deus!

ORAÇÃO

Senhor, que eu sempre sinta alegria por ter a presença de Jesus em minha vida!

Ana: – É muito feio pensar que Deus deve algo a alguém, não é? Na verdade, é um absurdo! Como ele poderia ter uma dívida conosco se foi ele que nos deu tudo?

Junior: – Com certeza! Ele nos deu a vida, a salvação, o ar que respiramos, a comida que comemos, a água que bebemos. Tudo vem do Senhor.

Michelle: – Verdade, gente. Ele nos deu tudo o que temos. Por isso, temos que oferecer a ele tudo o que somos. Nunca seremos merecedores do amor de Deus por nós e da graça que ele nos concedeu, mas podemos dar a ele o que temos de melhor: o nosso coração.

Ana: – Que lindo isso!

Junior: – Que pena que os fariseus não perceberam que Deus já deu o melhor presente que poderia ter dado: Jesus.

Michelle: – Pois é. Eles não reconheceram que nada se compara à grandiosidade de ser chamado de filho de Deus. Nenhuma riqueza é melhor do que a nossa verdadeira identidade em Deus Pai. Por meio do maior ato de amor da história, o sacrifício de Jesus, Deus nos tornou seus filhos. Os fariseus foram ingratos e insensatos. Viver com Deus é infinitamente melhor do que qualquer outra coisa que eles pudessem pedir.

Ana: – Nossa, eu tenho aprendido tanto! Quero fortalecer o meu relacionamento com Deus a cada dia e jamais orar ou jejuar com intenções egoístas.

Michelle: – Isso é muito importante, Ana! Que maravilha ser filha de Deus Pai!

ORAÇÃO

Obrigado, Senhor amado, por seu amor incomparável!

JULHO

Em um café da tarde na casa do senhor Antônio, os amigos conversam enquanto o papagaio Lara fala algumas palavras.

Papagaio Lara: - Café! Café!

Antônio: - Já estou passando, Lara! Mas é para a turminha, não para você!

Papagaio Lara: - Biscoito! Biscoito!

Michelle: - Ele nunca experimentou café, senhor Antônio?

Antônio: - Uma vez deixei no copo e ele enfiou o bico dentro! Bicho atrevido!

Junior: - Deve ter gostado! Ele não para de falar "café"!

Papagaio Lara: - Café! Café!

Ana: - Errado ele não está! Café é uma delícia!

Michelle: - Vocês sabiam que existem lugares que oferecem café colonial?

Antônio: - Uau! É mesmo?

Michelle: - Sim! Alguns são em sítios, e as pessoas tomam café enquanto admiram a natureza e os animais. Cada pessoa paga um valor fixo para comer e beber à vontade.

Junior: - Eu sairia de lá torto de tanto comer!

Antônio: - Café da manhã na roça é uma das coisas mais gostosas que existe! Gosto da cidade, mas a paz do interior é muito boa!

Ana: - Como se diz quando alguém toma um café da manhã mais tarde, perto do horário do almoço? É uma palavra em inglês, se não me engano.

Junior: - Brunch?

Ana: - É isso mesmo! É uma junção de palavras, na verdade. *Breakfast*, que significa café da manhã, e *lunch*, que significa almoço.

Junior: - É tipo quando a gente acorda tarde e não sabe se toma café ou almoça.

Papagaio Lara: - Café! Café!

ORAÇÃO

Senhor, agradeço por todos os alimentos que nos nutrem.

Antônio: – Nesses lugares que você falou, Michelle, eles produzem os próprios alimentos?

Michelle: – A maior parte deles, sim. Queijos, geleias, leite, biscoitos...

Papagaio Lara: – Biscoito! Biscoito!

Ana: – Hummm! Tudo fresquinho!

Junior: – Deve dar muito trabalho cuidar de um sítio, não é?

Antônio: – É serviço que não acaba mais!

Michelle: – Fui a um café colonial com a minha família em um Dia das Mães, estava lo-ta-do! Os funcionários andavam de um lado para o outro repondo as coisas. Havia mesas enormes cheias de coisas gostosas!

Antônio: – Um verdadeiro banquete!

Junior: – Havia mais alguma coisa para fazer lá?

Michelle: – Sim! Passeio de trenzinho, colheita na horta, e também é possível alimentar os animais. Tudo pago à parte, claro.

Ana: – Que legal! Deve ser uma experiência incrível!

Junior: – É verdade!

Michelle: – Será que alguma vez eles prepararam tudo e não apareceu nem sequer um cliente?

Antônio: – Acho difícil. Esses lugares costumam ser movimentados.

Junior: – Claro que existem as datas comemorativas, quando há mais movimento, mas não consigo imaginar um banquete pronto e ninguém para comer e beber.

Michelle: – O sítio certamente teria prejuízos.

Antônio: – E como! Um pecado enorme jogar comida fora, por exemplo.

Ana: – Minha mãe não suporta desperdício! Sempre tenho que comer tudo!

Junior: – Mas ela está certa! Há muita gente passando fome no mundo!

Michelle: – Infelizmente, sim.

ORAÇÃO

Senhor, que eu seja sempre grato pelo alimento à mesa!

Michelle: – Devemos colocar no prato aquilo que conseguiremos comer, para não ter que jogar fora depois!

Antônio: – Eu sempre disse isso aos meus filhos.

Junior: – Lá em casa não podemos jogar comida no lixo de jeito nenhum!

Michelle: – Jesus, certa vez, contou uma história sobre a grande ceia, ou "o grande banquete". Um homem estava preparando o banquete e convidou muitas pessoas. No horário programado para começar, enviou o servo dele para informar às pessoas que tudo já estava pronto.

Ana: – Com certeza foi uma grande refeição, não é?!

Michelle: – Sim, mas as pessoas não apareceram. Elas começaram a dar desculpas, dizendo que precisavam fazer outras coisas.

Antônio: – Que decepção para o dono da ceia!

Ana: – O que ele fez depois disso?

Michelle: – Ele ficou irado e mandou o servo sair pelas ruas, convidando pessoas desconhecidas, pobres, aleijados, cegos e mancos. O servo obedeceu e, aos poucos, as cadeiras foram ocupadas. Mas ainda havia lugares na mesa.

Junior: – A mesa era enorme, pelo jeito!

Michelle: – Sim! O dono do lugar disse, então, que gostaria de ver a casa dele cheia. Sendo assim, nenhum dos que foram convidados provou do banquete.

Ana: – Que loucura não aparecer nenhum convidado!

Michelle: – Sabe o que o Mestre queria dizer? O banquete que o Pai prepara para todos nós é cheio de fartura, e nele ninguém passa fome ou sede, porém muitos o recusam.

ORAÇÃO

Que eu possa aproveitar o banquete do Senhor para a minha vida!

Ana: - Mas esse banquete que o Pai prepara para nós tem comida e bebida de verdade?

Michelle: - Não, é apenas uma parábola. Vamos pensar que a presença do Senhor nos alimenta, de forma que ficamos saciados. As pessoas convidadas deram desculpas, tratando o dono da casa com indiferença e desrespeito. O Reino de Deus não deve ser um passatempo, ao qual damos apenas o tempo que nos sobra. Pelo contrário, ele tem que ser prioridade na nossa vida.

Ana: - Quanto mais as pessoas se ocuparem com outras coisas, menos tempo e interesse pelas coisas de Deus elas terão.

Junior: - Disse tudo!

Michelle: - Há pessoas que não vão aos cultos, reuniões, encontros, pois estão com a agenda cheia. Dizem que não têm tempo para orar, mas reclamam quando as coisas começam a dar errado na vida delas!

Antônio: - É preciso buscar o Reino de Deus antes de qualquer coisa!

Ana: - Não adianta alguém dizer que ama e que serve ao Senhor apenas da boca pra fora!

Junior: - E muitas pessoas têm dons e talentos, porém não os disponibilizam para Deus!

Michelle: - Com certeza! O Reino de Deus é como o trabalho no sítio, em que há muitas atividades a serem feitas. Mas é necessário ter trabalhadores!

Junior: - O banquete do Senhor está pronto, a mesa está posta e precisamos aceitar o convite dele!

Ana: - Quem quer arruma um jeito. Quem não quer arruma uma desculpa!

Antônio: - É verdade, Ana!

Michelle: - Vamos aproveitar esse banquete maravilhoso!

 Que o Reino de Deus seja prioridade em minha vida!

Em um sábado, as crianças estão muito animadas com a "festa na roça" que o senhor Antônio vai dar na casa dele, junto dos vizinhos.

Ana: – Que lindo o seu vestido, Michelle!

Michelle: – *Ocê gostô*, amiga?

Junior: – Você está falando igual às pessoas do *interiorrrrrr*!

Antônio: – Olá, turminha! Estão preparados para a diversão? Hoje é dia de encher o bucho com bolo de milho, pipoca, batata doce assada, pé de moleque, pinhão, cocada, canjica, arroz-doce, maçã do amor, polenta, pamonha e muito mais! A vizinhança se preparou com antecedência este ano!

Michelle: – Estou vendo que a festa tem várias brincadeiras: pesca, jogo das argolas, rabo do burro, dança da laranja, correio elegante...

Junior: – Esta festa vai ser boa *dimais, sô*!

Ana: – Já comecei a fazer uns vídeos aqui no celular para postar nas redes sociais!

Junior: – Não me filma dançando, hein? Não sou muito talentoso na dança.

Ana: – Eu?? Imagina!

Junior: – Esta é uma das épocas do ano de que o senhor Antônio mais gosta, não é?

Michelle: – E como! Quando a esposa dele estava viva, ela fazia muitas coisas para a festa. Ele sempre fala disso!

Ana: – Que bom que ele se lembra com carinho e continua festejando com as outras pessoas!

Junior: – É verdade! E todo o dinheiro que ele arrecadar durante a festa será doado para ajudar um lar de idosos.

Michelle: – Maravilhoso! Então *bora cumê* e brincar bastante, *pessoar*!

Desafio: Pesquise mais sobre a cultura do seu estado. Quais são as comidas, as músicas e as brincadeiras tradicionais?

ORAÇÃO

Senhor, agradeço pela cultura do nosso país!

Junior: – A Michelle está na pescaria! Vamos ver se ela vai conseguir alguma coisa!

Ana e Junior vão até a barraca da pescaria.

Michelle: – Estou concentrada aqui, galera!

Junior: – Uhhhhhhh! Quase!

Ana: – Foi por pouco, mesmo!

Michelle: – Muita calma nesta hora!

Ana: – Aêêêê! Pescou um peixeeee! Uhuuu!

Junior: – Parabéns!

Michelle: – Finalmente! O prêmio é uma bola. Que legal! Vou pedir para o senhor Antônio guardar para mim e, quando formos embora, eu pego com ele.

Ana: – É melhor mesmo! Não vai dar para a gente brincar, comer e dançar se você ficar segurando a bola, não é?

Michelle: – Sim! Depois quero ver vocês pescando, hein?! Não é tão fácil como parece!

Junior: – Vou comprar fichas assim que der, pois a fila está grande!

Ana: – A festa vai ser um sucesso!

Michelle: – Se Deus quiser! Falando em Deus e em pesca, lembrei de uma história que Jesus contou sobre o Reino dos céus e os peixes. Ele disse que o Reino dos céus é como uma rede que é lançada ao mar e pega todos os tipos de peixes.

Junior: – Aqui a gente pesca com a vara, haja paciência!

Michelle: – É verdade! Continuando, quando a rede está cheia, os pescadores a puxam para a praia e colocam os peixes bons em um cesto, mas jogam fora os ruins. Assim o Mestre diz que também será no fim de tudo: as pessoas boas serão separadas das ruins, de acordo com o julgamento de Deus.

Ana: – Como assim?

ORAÇÃO

Desejo estar no grupo das pessoas boas, Deus!

Michelle: – Jesus voltará para nos buscar, e Deus julgará as pessoas conforme cada um viveu aqui na terra. Por isso é muito importante estarmos sempre conectados com Deus, evitando ao máximo pecar e falando de Jesus para as pessoas!

Ana: – Estou com receio de perguntar, mas lá vai: Para onde vão as pessoas que não entrarão no céu?

Junior aponta para o chão.

Ana: – Elas vão viver PARA SEMPRE lá? Que tortura!

Junior: – Deve ser um lugar horrível.

Michelle: – Será o preço por não terem acreditado em Deus nem se arrependido dos seus pecados.

Ana: – Mas todos somos filhos de Deus, não é?

Michelle: – Somos criaturas dele, antes de qualquer coisa. Quando o aceitamos como nosso Salvador, passamos a ser considerados filhos.

Junior: – Jesus veio justamente para nos dar a oportunidade de ter a vida eterna, não é?

Michelle: – Sim! O pecado começou lá no jardim do Éden e, se não fosse por Jesus, teríamos um trágico fim.

Junior: – Vamos falar mais sobre este assunto depois? Hoje vamos nos divertir, comer e beber. Alguém sabe se o senhor Antônio fez café?

Michelle: – É um assunto que causa medo em muitas pessoas, mas depois falaremos, sim, a respeito! Hoje é dia de festa, mas não vamos nos esquecer de que sempre há uma chance de falarmos do amor de Deus para alguém! E, sim, o senhor Antônio fez café!

Ana: – O café dele é maravilhoso!

ORAÇÃO

Que eu aproveite as chances de falar do Senhor!

No dia seguinte, as crianças se encontram perto da casa do senhor Antônio.

Antônio: – Olá, turminha! Como vocês estão?

Michelle: – Bem, graças a Deus e o senhor?

Antônio: – Com uma dor aqui e outra ali, minha filha, mas vamos indo.

Ana: – Falando em dor, minha mãe cortou a mão uma vez enquanto cozinhava. Precisou levar pontos. O médico disse que ela precisava estar atenta para não infeccionar, mas ela já está bem melhor.

Antônio: – Isso é verdade, Ana. A pessoa pode sentir muita dor ou mesmo febre.

Junior: – É hor-rí-vel estar com febre!

Michelle: – Quando a gente está doente, nada nos anima. Nosso corpo fica mole igual à gelatina!

Ana: – Até rimou! Hahaha!

Antônio: – Se uma pessoa tomar muito sol, ela pode ter febre também. Chama-se insolação.

Ana: – Sério? Por isso minha mãe fala para eu não brincar muito no sol.

Junior: – O que a mãe de vocês faz quando vocês estão com febre?

Michelle: – Ela dá algum remédio, fala para eu tomar um banho morno ou colocar uma toalhinha molhada na testa, para que a febre baixe. Coisas que a minha avó ensinou para ela.

Ana: – Uma vez tomei vacina e fiquei com febre depois.

Michelle: – As vacinas podem dar reações nas pessoas. Mesmo assim, elas são muito importantes para nossa saúde. Deus fez o nosso corpo de um jeito incrível!

ORAÇÃO

Agradeço ao Senhor por ter dado inteligência ao ser humano para criar os remédios que nos ajudam em momentos de dor.

Junior: - É normal sentir calor e frio do nada quando se está com febre?

Antônio: - Sim. Até mesmo arrepios, por causa da temperatura. As mãos e os pés podem ficar frios, já a cabeça e a barriga às vezes ficam quentes.

Junior: - É uma sensação esquisita!

Michelle: - Vocês sabiam que Jesus curou uma mulher que estava com febre?

Ana: - Ela precisou tomar remédio? Espero que não, o gosto é péssimo. Eca!

Michelle: - Que nada! Jesus foi para a casa de Simão e André, acompanhado de Tiago e João. A sogra de Simão estava de cama, com febre altíssima. Sabendo disso, o Mestre foi até onde ela estava, pegou-a pela mão e a fez levantar. A febre passou rapidinho, e ela foi preparar um jantar para eles.

Junior: - Ufa, ainda bem que passou rápido. Não tenho paciência para tomar remédio e ficar esperando fazer efeito!

Ana: - É muito chato ficar doente.

Antônio: - Nem me fale. Quanto mais velhos ficamos, mais problemas de saúde aparecem...

Junior: - E aconteceu mais alguma coisa depois, Michelle?

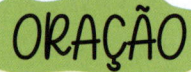

ORAÇÃO

Obrigado, Senhor Deus, por libertar a nossa alma e nos trazer paz.

Michelle: - Quando o sol se pôs, pessoas doentes foram levadas até Jesus.

Ana: - Sério? E depois o que aconteceu?

Michelle: - Temos vários exemplos na Bíblia em que Jesus curou pessoas doentes.

Junior: - Que demais!

Michelle: - As pessoas até formaram uma fila na porta da casa para serem ajudadas por ele!

Ana: - Elas tiveram que pegar senha? Sabem como é, sempre tem um espertinho querendo furar fila!

Todos riram.

Poucos dias depois, na escola...

Michelle: – Minha mãe sempre fala que os doces são uma tentação.

Ana: – Tentação é aquele grande desejo ou mesmo impulso por algo, não é?

Michelle: – Sim, amiga. Se temos alguma "fascinação", podemos ficar tão focados que não perceberemos os pontos negativos, principalmente na nossa vida com Deus.

Junior: – O mal pode se aproveitar desses momentos, certo?

Michelle: – Exatamente! A Palavra de Deus diz que nós somos o templo do Espírito Santo. Temos "portas", como por exemplo os olhos, a boca, o nariz e os ouvidos. Precisamos tomar cuidado com o que entra por essas portas.

Ana: – Se vacilarmos, podemos contaminar o nosso corpo com aquilo que não vem de Deus. É isso?

Michelle: – Infelizmente, sim. Por isso, precisamos estar atentos às portas do nosso corpo.

Antônio: – É um assunto muito sério.

Ana: – E essas pessoas que Jesus livrou dos espíritos maus?

Junior: – O que tem elas?

Ana: – Fiquei curiosa para saber como as coisas chegaram a esse ponto.

Michelle: – Ah, elas deixaram alguma porta aberta! Jesus fala em sua Palavra que é preciso orar e vigiar, ou seja, estar sempre em sintonia com Deus por meio das orações, e monitorar, proteger, fiscalizar as situações.

Antônio: – Como um dos meus amigos de infância, que trabalhou como guarda-noturno por muitos anos: Sempre atento!

Quais são as maneiras de vigiar, para tomar mais cuidado com as coisas que você fala, faz e consome?

ORAÇÃO

Peço ao Senhor que me ajude a deixar as portas fechadas para o mal não entrar.

Na saída da escola, Ana e Michelle entram numa lojinha para olhar os produtos.

Ana: - Que brinco lindo!

Michelle: - E este colar? Maravilhoso! Amo brincos e tiaras de pérolas!

Ana: - Acho muito bonitos também! Mas dizem que pérolas verdadeiras são muito caras!

Michelle: - Dependendo da cor, do tamanho e da origem, podem valer milhões de dólares!

Ana: - Milhões de dólares é muito dinheiro, não é?

Michelle: - É, sim! As pérolas são consideradas preciosas, porque são difíceis de obter.

Ana: - Elas são formadas dentro das ostras, não é?

Michelle: - Sim! Quando alguma coisa entra na ostra, podendo até ser um grão de areia, dizem que a ostra fica ferida e produz a pérola. Jesus contou uma parábola comparando o Reino de Deus às pérolas preciosas. Ele disse que o Reino dele é como um negociante que procura pérolas preciosas. Encontrando uma pérola de grande valor, vai, vende tudo o que tem e a compra.

Ana: - Mas não conseguimos comprar o Reino de Deus!

Michelle: - Eu sei! Jesus apenas usou uma ilustração sobre quão valioso é o Reino dele. São várias as riquezas que fazem parte desse Reino, como, por exemplo, a graça e a misericórdia de Deus, que são dadas a nós todos os dias!

Ana: - Não há coroas com pedras preciosas e roupas caras?

Michelle: - Essas são coisas que os reis aqui da terra buscam! E da mesma forma tantos outros habitantes deste mundo vivem em busca de bens materiais!

ORAÇÃO

Senhor, faz-me entender quão precioso é o seu Reino!

Ana: - É legal ter as coisas. Qual é o problema disso?

Michelle: - O problema é quando colocamos o nosso coração nas coisas e não em Deus. Muitas pessoas têm um desejo muito grande por bens materiais, são ambiciosas e sempre querem mais. É como se dentro delas não houvesse espaço para o Senhor, pois só se preocupam com as coisas materiais.

Ana: - Entendi.

Michelle: - Nada pode ocupar o lugar de Deus na nossa vida. Não importa se é um celular da hora, um videogame *top* ou um tênis de marca, tudo isso vai deixar de existir um dia. A pergunta é: "Conseguimos abrir mão dessas coisas para dar lugar ao que mais importa?".

Ana: - Mas o celular, hoje em dia, por exemplo, é algo necessário.

Michelle: - Eu sei que é, amiga, mas um objeto não pode ocupar o lugar de Deus na nossa vida!

Ana: - O problema, então, não é ter, mas é como lidamos com os nossos pertences?

Michelle: - Exatamente! Temos vários objetos pois precisamos deles no dia a dia, mas qual é a importância que damos a cada um?! Devemos nos lembrar todos os dias do enorme custo da salvação, que foi a morte de Jesus na cruz!

Ana: - E o que ele fez por nós é o que temos de mais valioso, não é?

Michelle: - Sem dúvida! Dentro do nosso coração, o lugar do nosso Pai deve ser o mais importante e especial!

ORAÇÃO

Que nada ocupe o seu lugar no meu coração, querido Deus!

Aquela manhã estava diferente, agitada e alegre. Dois ônibus estavam parados em frente à escola, pois era dia de excursão.

Ana: - Nem consegui dormir direito de tanta ansiedade para o dia de hoje!

Junior: - Ainda não acredito que ganhei o passeio de hoje de presente! Não vejo a hora de conhecer o teatro!

Ana: - Vai ser *top*!

Michelle: - Já falei que você vai se sentar comigo no ônibus, hein, Ana?!

Ana: - Mas é cla-ro!

Junior: - Não sei com quem vou me sentar.

Ana: - Na hora a gente vê alguém. Vamos tentar sentar próximos um do outro.

Junior: - A professora disse que precisamos prestar atenção na peça de teatro, pois teremos um trabalho para fazer depois.

Michelle: - Eu trouxe um caderninho e um lápis.

Ana: - Eu quero me divertir! Não quero ficar pensando em lição!

Junior: - Vamos nos divertir, mas vamos focar no que os atores vão dizer.

As crianças embarcam e conseguem se acomodar no ônibus.

No "fundão", alguns começam a cantar uma música: "Ô, motoristaaaaaaa, pode correeeeer, que a nossa turma não tem medo de morreeeeer!".

Junior começa a orar.

Ana fala baixinho: - O que você está fazendo, Junior?

Junior: - Orando!

Michelle: - Pensei que estivesse dormindo! Melhor a gente cantar outras músicas.

"Estaaaaaaava a velha em seu lugaaaaaar..."

Ana: - Essa não! Eu não me lembro toda a sequência!

ORAÇÃO

Senhor, obrigado pelas oportunidades de me divertir com os meus amigos!

Michelle canta outra: – "As flores já não crescem maaaaais, até o alecrim murchooou".

Ana e Junior: – "O sapo se mandou, o lambari morreu"

Ana: – Triste, não é?

Junior: – Muito! Mas a outra parte é melhor: "Agora vou pedir a Deus, com muito amor no coração, que o sol volte a brilhar, que a chuva molhe o chão, então as flores crescerão".

Michele: – Amém! Muito melhor essa música do que aquela que fala que a turma não tem medo de morrer, como a galera do fundão cantou.

Ana: – Deus é mais!

Durante o trajeto, muitas risadas, canções e lanches.

Junior: – Será que está chegando? Que demora!

Ana: – Você já perguntou isso três vezes!

Michelle: – Se a gente inventar uma brincadeira, o tempo vai passar mais rápido.

Ana: – Mímica! Vamos ver quem mais quer brincar!

A professora se junta aos alunos para verificar se está tudo bem, e a brincadeira começa. Depois de 15 minutos, Junior percebe algo.

Junior: – Chegamoooos!

Ana: – Ai, meu coração!

Michelle: – Galera, falem baixo, não dá para ouvir o que a professora está dizendo!

A professora fala para todos descerem com cuidado.

Junior: – Pelo lado de fora, o prédio é muito da hora... Imaginem por dentro!

Michelle: – Espero que a gente consiga se sentar num bom lugar para ver bem o palco!

ORAÇÃO

Agradeço pelo sol e pela chuva que, como diz a canção, fazem as flores crescerem!

Todos os alunos entram no teatro e ficam deslumbrados com a beleza do local. Eles se acomodam, mas a visão que Ana tem do palco não é das melhores.

Ana: – É sério que justo o Ted vai se sentar na minha frente? Ele é alto, e não vou conseguir ver direito.

Junior: – Quer que eu fale com ele, Ana?

Ana: – Boa sorte!

Junior cutuca Ted.

Ted: – O que você quer?

Junior: – Oi! Tudo bem? Seria possível você mudar de lugar? Porque assim minha amiga não vai conseguir assistir à peça.

Ted: – Problema dela! Este lugar é ótimo e não vou sair daqui!

Ana começa a chorar.

Junior: – Poxa, Ted, você é mais alto do que nós. Independentemente do lugar, você poderá assistir tudo sem nenhum problema.

Ted viu que Ana estava chorando, e decidiu se levantar: – OK! Não precisa chorar!

Ana: – Eba!! Vamos tentar mudar de fileira para ficarmos todos juntos! Rápido!

Felizmente a turma consegue os lugares, e Michelle explica algo sobre o teatro.

Michelle: – Estão vendo aqueles espaços lá em cima? Chamam-se "camarotes". São lugares mais confortáveis e, antigamente, pessoas ricas e poderosas se sentavam ali, por causa da vista privilegiada do palco. Muitas pessoas atualmente preferem pagar mais caro para aproveitar melhor os eventos.

Ana: – Lugar de honra, não é?

Michelle: – Sim! No caminho de volta, vou contar uma parábola de Jesus sobre algo parecido.

ORAÇÃO

Agradeço ao Senhor por poder contar com a ajuda dos meus amigos!

Ana: - Uhuuuuuu! Maravilhoso! Parabéns!

Michelle e Junior batem palmas.

Michelle: - Gente, eu amei! Figurinos, cenários, músicas, tudo incrível!

Junior: - Como os atores conseguem decorar tantas falas, não é?

Ana: - Impressionante! Todos saem em direção aos ônibus e começam a embarcar.

Michelle: - Querem ouvir a parábola?

Ana: - Claro!

Michelle: - Jesus estava na casa de um fariseu importante e reparou que os convidados escolhiam os lugares de honra à mesa.

ORAÇÃO

Senhor, agradeço por todas as artes e pelos artistas!

Ana: - Lugar de honra à mesa, como assim?

Michelle: - O lugar de honra é à direita do anfitrião, que é o dono da casa. Se você está oferecendo uma refeição especial para alguém importante, o homenageado deve ocupar esse lugar.

Junior: - Lá em casa a gente se senta em qualquer lugar.

Ana: - Mas a Michelle está falando de ocasiões especiais, não é?

Michelle: - Sim! O Mestre, então, decidiu contar a seguinte história: "Quando alguém o convidar para um banquete de casamento, não ocupe o lugar de honra, pois pode ser que tenha sido convidado alguém de maior honra do que você".

Junior: - Xi! Nessa situação, a pessoa teria que sair do lugar, não é?

Michelle: - Exatamente! Jesus disse que a pessoa seria humilhada, pois teria que ocupar o lugar menos importante.

Michelle: - E Jesus continuou: "Mas quando você for convidado, ocupe o lugar menos importante, de forma que, quando vier aquele que o convidou, diga: 'Amigo, passe para um lugar mais importante'. Então você será honrado na presença de todos os convidados".

Junior: - Aí eu vi vantagem!

Michelle: - Na conclusão da parábola, Jesus fala: "Pois todo o que se exalta será humilhado, e o que se humilha será exaltado". Jesus queria dizer que muitos ali tinham fome de honra e estavam com o coração cheio de arrogância. O Mestre criticou os fariseus que buscavam homenagens e tudo o que deixasse o ego deles mais satisfeito.

Junior: - Muitas pessoas nos dias de hoje buscam isso, não é?

Ana: - Com certeza! Na escola, na igreja, no local de trabalho.

Michelle: - É verdade!

Junior: - E foi superlegal a atitude do Ted ao ceder o lugar dele para a Ana!

Michelle: - Assim que der, a gente agradece direto para ele, pois foi surpreendente!

Ana: - Sim!

Michelle: - Sabe, gente, essa história nos ensina sobre não buscar por reconhecimentos e elogios. Devemos sempre dar o nosso melhor em todas as situações, para que Deus seja glorificado e as pessoas sejam abençoadas.

Ana: - Aqueles atores e todos da equipe mereceram aplausos!

Junior: - Claro! Mas isso é uma questão cultural.

Michelle: - É sinal de que a plateia gostou! E em concertos, por exemplo, se as pessoas baterem muitas palmas no final, é porque querem ouvir mais um pouco de música.

Ana: - Que legal, eu não sabia!

ORAÇÃO

Que eu sempre busque honrar ao Senhor!

Alguém já teve uma atitude surpreendente com você? O que você aprendeu com isso?

Certa tarde, a turma se encontra para mais um café na casa do senhor Antônio.

Ana: – O que aconteceu com a sua calça, Junior?

Junior: – Eu caí outro dia e abriu um buraco nela, perto do joelho. Minha mãe pegou retalhos de outras peças e arrumou para que eu pudesse usar mais um pouco.

Michelle: – A calça está boa, então é melhor continuar usando mesmo.

Antônio: – Se bem que a molecadinha hoje em dia usa roupas "rasgadas". Está na moda!

Ana: – É verdade! Mas eu não gosto! Acho que sentiria frio.

Michelle: – Um rasgo ou outro, até que é legal, mas algumas calças têm buracos muito grandes.

Antônio: – Parece mesmo que a pessoa caiu na rua e continuou andando, como se nada tivesse acontecido!

Michelle: – Sabiam que Jesus falou sobre isso em uma história?

Junior: – Sobre roupas?

Ana: – Acho que não conheço.

Michelle: – Ele disse: "Ninguém tira remendo de roupa nova e o costura em roupa velha; se o fizer, estragará a roupa nova, além do que o remendo da nova não se ajustará à velha".

Antônio: – Faz muito sentido.

Ana: – Fiquei confusa. Roupa nova, roupa velha. O que é o certo a se fazer, então?

Michelle: – Vamos pensar na época de Jesus. Não era fácil produzir roupas, por causa da falta de recursos naturais. Apenas a lã era mais acessível por causa da criação das ovelhas, e as pessoas tinham dificuldades financeiras também.

ORAÇÃO

Agradeço ao Senhor pelas roupas que tenho!

Junior: – É verdade! Era tudo diferente de como é hoje.

Michelle: - Então as roupas eram usadas por muito tempo, a ponto de ficarem velhas e rasgadas, precisando de remendos. Mas as pessoas sabiam que, ao remendar com pano novo, este encolheria após a lavagem. Jesus queria ensinar sobre os velhos costumes dos fariseus e dos escribas. Os fariseus eram judeus muito cuidadosos com regras e tradições. Os escribas eram especialistas da lei judaica e muito estudiosos.

Antônio: - Eram pessoas importantes, então.

Michelle: - Sim! O "pano novo" simboliza o evangelho do Reino que seria remendado na "roupa velha", ou o jeito antigo da sociedade viver, por conta das tradições e dos rituais do judaísmo. O Mestre estava inaugurando um novo jeito de pensar e, consequentemente, de agir.

Junior: - Ainda bem que você explica de forma clara, porque muitas coisas que Jesus disse são difíceis de entender, na minha opinião.

Michelle: - Eu sou curiosa e leio muito! Amo aprender com a Bíblia!

Ana: - Fale mais um pouco, Michelle.

Michelle: - Não podemos andar com Jesus e continuar na prática do pecado, ou dos velhos costumes, pois é impossível viver uma vida de santidade com as atitudes que tínhamos antes de conhecê-lo. Novo é novo, velho é velho.

Antônio: - Com a idade que eu tenho, posso lhes garantir que viver o novo ao lado do Senhor é a melhor coisa que podemos fazer!

 **ORAÇÃO** Senhor, ajude-me a deixar as coisas velhas para trás e a não voltar a vivê-las!

Ana: - O senhor já viveu muitas coisas, não é, senhor Antônio?

Antônio: - Minha vida daria um livro! Quando eu trabalhava no almoxarifado e ia aos encontros de final de ano da empresa, muitos funcionários fumavam. Péssimo!

Ana: - Cheiro de cigarro é hor-rí-vel!

Junior: - É pior do que cheiro de coisa estragada!

Michelle: - Falando em coisa estragada, depois da parábola do remendo nas roupas, Jesus falou sobre o vinho. Ele falou sobre recipientes para armazenar o vinho. Naqueles tempos, eles usavam vasilhas de couro. Então, o Mestre disse: "E ninguém põe vinho novo em vasilhas de couro velhas; se o fizer, o vinho novo rebentará as vasilhas, se derramará, e as vasilhas se estragarão".

Antônio: - Perder vinho novo naquela época era sinônimo de desperdício de tempo e de trabalho, pois o processo era muito artesanal.

Junior: - O certo eram vasilhas novas de couro, então?

Michelle: - Exatamente. Jesus qualifica o vinho novo como o melhor, porque muitos ainda preferem o vinho velho, que são as tradições, os costumes e a religiosidade. Hoje em dia muitos rejeitam as boas-novas do evangelho de Jesus, apegando-se às tradições e regras religiosas das gerações passadas.

Ana: - Falando em misturar coisas, minha mãe fica brava quando eu abro duas caixas de suco com sabores diferentes em casa. Eu gosto de maracujá e de uva.

Junior: - Você mistura e vira "uvarujá"? Hahaha.

Antônio: - Essas crianças!

ORAÇÃO

Senhor, ajude-me a não misturar coisas boas e ruins!

Na saída da escola, uma menina aponta para a Ana e, junto de outras garotas, elas começam a rir.

Ana: - Você viu aquilo, Michelle?

Michelle: - Vi, mas não entendi nada!

Ana: - Deve ser por causa da bolinha que tenho atrás da orelha. Parece uma espinha, mas não dói nem coça. Quando uso o cabelo preso, todos conseguem ver. Que coisa mais boba ficar rindo disso, não é?

Michelle: - Nada a ver! Você sente dor ou coceira nessa bolinha?

Ana: - Não sinto nada, acredita? Minha mãe fala que nasci assim. O médico disse que não há nada de errado, apenas puxei isso do meu pai. É possível fazer uma minicirurgia e retirar, mas não me incomoda.

Michelle: - Então deixa como está mesmo.

Ana: - Tomar anestesia, enfrentar um corte, levar pontos. Não, não!

Michelle: - Às vezes as cirurgias são importantes para a saúde, mas neste caso é algo mais estético, não é?

Ana: - O médico disse que, como uso óculos, poderia machucar, mas não sinto nada. Às vezes até me esqueço de que tenho isso.

Michelle: - Se você está de boa, então tudo bem. Há tantas pessoas com problemas reais e sérios, não é?

Ana: - Claro! Aquelas meninas podem rir quanto quiserem, eu não ligo!

Michelle: - Não é nada legal menosprezar alguém por ter algo "diferente" no corpo!

Ana: - Lógico! Devemos respeitar as pessoas, pois cada uma tem uma história de vida e muitas sofrem por doenças de nascença ou por situações que aconteceram ao longo dos anos.

Michelle: - Jesus curou um cego de nascença uma vez, sabia?

ORAÇÃO

Senhor, agradeço por ter feito todas as pessoas de maneira única!

Ana: – Você está falando daquela história da terra misturada com saliva?

Michelle: – Sim! Você conhece, então?!

Ana: – Já ouvi lá na igreja, mas memorizei apenas essa parte.

Michelle: – Então, Jesus havia saído do templo quando viu um cego de nascença. Os discípulos perguntaram ao Mestre se o homem ou os pais dele tinham pecado, pois havia nascido cego.

Ana: – Nada a ver, não é?

Michelle: – Jesus disse: "Nem ele nem seus pais pecaram, mas isto aconteceu para que a obra de Deus se manifestasse na vida dele". E explicou que aquele era o momento para manifestar as obras de Deus, que são como a luz do dia.

Ana: – É que durante o dia podemos enxergar melhor.

Michelle: – Sim! Jesus disse que, enquanto estivesse no mundo, ele seria a luz do mundo. Então cuspiu no chão, misturou terra com saliva e passou nos olhos do cego. Depois mandou o homem se lavar no tanque chamado Siloé, que significa Enviado. O homem foi, lavou-se e voltou vendo.

Ana: – Alguém viu tudo isso acontecer?

Michelle: – Os vizinhos dele e quem já o tinha visto mendigando sentado na rua. Alguns afirmavam que era ele, outros tinham dúvidas, mas o próprio insistia: "Sou eu mesmo". Depois perguntaram: "Como os seus olhos foram abertos?".

Ana: – Ele contou como foi?

Michelle: – Sim, e por fim todos perguntaram onde estava Jesus.

Ana: – Queriam a ajuda do Mestre também?!

Michelle: – Acho que sim.

ORAÇÃO

Senhor, agradeço por ter mudado a realidade de tantas pessoas!

Em um fim de semana, as crianças conversam no final de uma festa.

Ana: - Eu estou muito cansada, porém felizona!

Michelle: - A festa está mesmo muito boa! Festa nas férias é bom demais! A gente revê os amigos da escola e se diverte.

Junior: - E ainda come brigadeiros!

Michelle: - A única parte ruim é o fim! Chego em casa agitada e preciso ficar um tempão no escuro para pegar no sono. Sem enxergar nada, eu me lembro de um milagre de Jesus.

Ana: - Como assim?

Michelle: - Um dia, levaram um homem cego para Jesus curar e imploraram para que ele o tocasse. O Mestre o tomou pela mão e o levou para fora do povoado. Depois de colocar saliva nos olhos do homem e impor as mãos sobre eles, Jesus perguntou se o homem conseguia enxergar alguma coisa.

Junior: - E o que o homem respondeu?

Michelle: - Ele levantou os olhos e disse: "Vejo pessoas; elas parecem árvores andando".

Ana: - Achei engraçado, desculpa!

Junior: - "Árvores andando" só em desenho animado!

Michelle: - Foi o que ele disse. Mais uma vez, Jesus colocou as mãos sobre os olhos do homem. Então os olhos dele foram abertos, e a visão foi restaurada, pois agora ele via tudo claramente.

Desafio: Conte a um amigo da escola ou da vizinhança sobre um dos milagres de Jesus.

ORAÇÃO

Senhor, agradeço por ajudar tantas pessoas!

Ana: – Que maravilhoso!

Michelle: – Mas, vejam, a visão dele não estava totalmente nítida após Jesus cuspir e impor as mãos. O Mestre novamente colocou as mãos sobre os olhos dele.

Ana: – Jesus tinha poder para curá-lo de uma só vez, certo?

Michelle: – Ele tem poder para fazer isso, mas escolhe como e quando. Mesmo aqueles que já chegaram pertinho do Mestre talvez não enxerguem com clareza, por conta de mágoas que carregam, por exemplo.

Junior: – A mágoa deixa a gente tão *pra* baixo, não é?

Michelle: – Sim, amigos, e devemos entregá-la para Deus! Só ele pode nos ajudar tirando o peso da mágoa e, assim, clarear a nossa visão! Devemos refletir sobre como vemos Jesus. Quais são as nossas expectativas em relação a ele? Esperamos que ele seja um Deus que resolva os nossos problemas ou vamos cultivar um relacionamento com ele? Nós o seguiremos de perto, permitindo que ele mude nosso jeito de pensar e de agir? Seremos gratos e estaremos envolvidos pelo amor dele?

Junior: – Estou refletindo.

Michelle: – Ir a encontros semanais e se aproximar dele pensando apenas na solução dos problemas não é certo, concordam?

Ana: – Em gênero, número e grau. Já ouvi minha mãe usar essa frase para dizer que concorda 100% com a pessoa.

Junior: – A gente não consegue literalmente ver a Deus, não é?

Michelle: – Como as pessoas viram Jesus antigamente, não, mas há outras maneiras de enxergar.

Ana: – Conte para nós, amiga!

Reflita sobre as perguntas de Michelle: Quais são as nossas expectativas em relação a Deus? Esperamos que ele resolva os nossos problemas ou vamos cultivar um relacionamento com ele?

ORAÇÃO

Senhor, ensine-me a refletir sobre o seu agir na minha vida!

Michelle: - É possível ver a Deus na natureza, nas diferentes estações do ano, numa mulher gerando um bebê no ventre, nas histórias que lemos e ouvimos!

Junior: - Verdade, não é? Como o verão sabe que é a hora de esquentar o clima?

Ana: - Só Deus mesmo!

Michelle: - Como os pássaros sabem a hora de migrar para outro lugar, por causa das mudanças climáticas? Como os alimentos chegam até as nossas células, que são minúsculas, nos nutrindo e dando forças? Como Jesus curou tantas pessoas, expulsou espíritos maus, morreu, mas ressuscitou e teve tanta compaixão dos necessitados?

Junior: - É o poder dele! Mas, mesmo assim, muitos não acreditam nem querem saber de Jesus.

Ana: - Infelizmente, não é? O convite dele é para todas as pessoas, e com isso elas ganham uma passagem para o céu.

Junior: - Ele pagou um preço altíssimo na cruz e ainda vai nos permitir passar a eternidade com ele e com Deus Pai!

Ana: - A gente não merece, fala a verdade?!

Michelle: - Claro que não! É muita graça do Senhor sobre a nossa vida, pelos erros que cometemos!

Junior: - Não merecemos o ar que respiramos, mas ele bondosamente nos dá o ar todos os dias!

Ana: - Tem gente que acha que só deve agradecer a Deus quando algo extraordinário acontece!

Michelle: - É verdade! Mas sempre haverá algo para agradecer!

Junior olha para cima e diz: - "Obrigado pela pessoa que fez este bolo de milho!".

Desafio: Contemple a natureza e tente ver o amor e o poder de Deus por meio dela. Depois, tire fotos de tudo o que você observou e mostre para duas pessoas, explicando para elas o que chamou a sua atenção.

ORAÇÃO

Agradeço pelo poder e amor que só o Senhor tem!

Numa sexta-feira fria, Ana e Michelle tomam café da tarde juntas para aproveitarem o fim das férias.

Ana: - Amiga, a gente piscou, e as férias estão quase terminando! Buá! - finge estar chorando.

Michelle: - Mas foram dias legais! Eu me sinto renovada e pronta para começar o segundo semestre! Bem, mudando de assunto, você já deu parabéns para a sua avó hoje?

Ana: - Parabéns? Mas hoje não é o aniversário dela!

Michelle: - Hoje é Dia dos Avós, Ana.

Ana: - Sério?! Vou mandar uma mensagem dando parabéns e agradecendo por ela ser uma avó tão incrível! Ela é toda moderninha! Hahaha!

Michelle: - Que da hora! Meus avós são pessoas fantásticas! Eu os amo muito e curto demais quando estamos juntos. No meu aniversário, minha avó me entrega alguma quantia em dinheiro meio que escondido para ninguém ver!

Ana: - As nossas avós são engraçadas!

Michelle: - E mulheres de Deus! Aprendemos muito com elas!

Ana: - Depois que minha avó se converteu, ela passou a me ensinar algumas histórias da Bíblia e até sobre como orar.

Michelle: - Amo aprender com a minha avó também! Você já ouviu falar de Timóteo? Ele teve ensinamentos muito importantes vindos da avó, Loide, e da mãe dele, Eunice.

ORAÇÃO

Agradeço ao Senhor pelos meus avós:

_____

(escreva os nomes dos seus avós ou daqueles que você considera como avós).

Michelle: - Loide e Eunice eram mulheres de muita fé! Fé genuína e sem fingimentos!

Ana: - Timóteo aprendeu com a mãe e a avó! Exemplo duplo!

Michelle: - Com certeza! Além da conversão dele, a vida de Timóteo refletia os ensinamentos delas duas. Sua fé foi passada de geração em geração.

Ana: - Nossos avós criaram os nossos pais e, de certa forma, estão nos criando também. Os ensinamentos deles chegam até nós!

Michelle: - Sim! E eles viveram momentos de incertezas, pois as condições eram outras no passado. A fé precisava ser fortalecida! Quer mais bolinhos de chuva? Vouó fez e deixou num pote grande.

Ana: - No Dia dos Avós, sua vovozinha bondosamente fez deliciosos bolinhos de chuva para nós! Ela é um amor de pessoa! Como posso retribuir tanto carinho?

Michelle: - Com plantinhas! Minha avó AMA plantas e flores. Quer vê-la feliz? Dê um vasinho novo para ela!

Ana: - Minha mãe tem aquelas plantas chamadas suculentas, sabe quais são? Vou pedir ajuda para ela e, juntas, podemos fazer um vasinho de suculentas para sua avó.

Michelle: - Ela vai abraçar você e enchê-la de beijos! Você vai ver!

Ana: - Ahhhh, que fofa! Terminou o seu café, amiga? Pode deixar, eu lavo a louça.

Michelle: - Use luvas, a água está muito fria!

Ana: - Beleza! Depois você seca e guarda tudo. Pode ser?

Michelle: - Claro, até porque eu sei onde colocar cada coisa.

ORAÇÃO

Agradeço a Deus pelas misericórdias que se renovam a cada manhã.

Certo dia, na entrada da escola, Michelle conta algo sério para os amigos.

Junior: – Bom dia, meninas!

Ana: – Bom dia, amiga. Tudo bem?

Michelle: – Oi, gente. Mais ou menos... Quer dizer, não!

Junior: – Acho que nunca vi você assim tão aflita, Michelle! O que aconteceu?

Michelle: – A madrinha da minha mãe vai fazer uma cirurgia complicada hoje, e estamos todos preocupados!

Junior: – Poxa! Que chato! Vamos orar por ela e por toda a família!

Michelle: – Muito obrigada! Toda cirurgia, de certa forma, traz preocupações.

Ana: – Você sempre nos deu força e falou de Deus para nós. Hoje é nosso dia de dizer a você que há um Pai maravilhoso e poderoso que pode cuidar desta situação!

Junior: Sim! Você não está sozinha!

Michelle: – Vou precisar mesmo de ajuda, pessoal! Estou muito angustiada.

Ana: – Estamos aqui com você em todos os momentos e confiamos que a vontade do Senhor é perfeita!

Junior: – Com certeza!

Michelle começa a chorar: – É muito difícil ver alguém a quem amamos sofrer! Eu queria que tudo isso não fosse verdade!

Ana abraça a amiga.

Junior: – Deus há de ajudar todos vocês!

Vamos orar e crer que os milagres continuam acontecendo!

Michelle: – Não sei como irei me concentrar nas aulas hoje! Não paro de pensar nisso!

Ana: – Vou dizer uma palavra beeem pequena, mas com um significado enorme: "Fé"!

ORAÇÃO

Senhor, que eu seja um amigo que se importa com os problemas daqueles a quem amo!

No dia seguinte, na entrada da escola, Ana e Junior correm para falar com Michelle.

Ana: – Amigaaaa! Você tem notícias da madrinha da sua mãe?

Junior: – Orei muito por vocês!

Michelle, com os olhos marejados, responde: – Gente, a cirurgia foi um sucesso! Os médicos falaram que ela está ótima e já se recuperando!

Ana começa a pular de alegria! – Uhuuuu! Deus é bom demais!

Junior: – Graças a Deus!!!

Michelle: – Quero agradecer do fundo do meu coração pela preocupação de vocês e pelas orações!

Ana: – Não há o que agradecer! Você já nos ajudou muito! Fico imensamente feliz, porque as notícias são muito boas!

Junior: – É verdade! Quando falar com a madrinha da sua mãe, diga que estamos felizes e que oramos muito ao Senhor pela saúde dela!

Michelle: – Farei isso, sim! Que alívio, galera! O clima lá em casa estava tenso demais! A cirurgia demorou horas e horas! Ficamos orando o tempo todo e esperando por notícias.

Junior: – Difícil segurar a ansiedade, não é?

Michelle: – Muito! Eu tinha lição de casa para fazer, mas minha mente não estava tranquila!

Ana: – Bom, agora é hora de agradecer ao Senhor, festejar por tudo e cuidar dela para que se recupere 100%!

Michelle: – Chorei muito e, de joelhos, agradeci a Deus com muita alegria!

Junior: – Que da hora!

ORAÇÃO

Senhor, agradeço por cuidar de situações muito difíceis!

Ana praticamente não ficou online durante o dia, por isso, Michelle e Junior estavam preocupados. Depois de algum tempo, ela disse que gostaria de vê-los, então combinaram um horário em frente à casa do senhor Antônio para se verem.

Michelle: - Boa tarde, dona sumida. Aconteceu alguma coisa?

Ana: - Tenho uma surpresa! Hoje é Dia do Amigo e fiz presentinhos para cada um de vocês!

Michelle: - Ahhhhhh! Não acredito! Por isso você estava offline.

Ana: - Fiquei pensando, pensando, pensando... e lembrei que tinha massas de biscuit prontas em casa. Minha mãe aproveitou uma promoção uma vez e comprou.

Antônio: - Você fez os presentes para nós! Quanto carinho, Ana! Estou lisonjeado!

Junior: - Gente, peço que me desculpem. Não tenho presentes para vocês.

Michelle: - Eu também não. Mas vou pensar em algo bem especial.

Antônio: - Posso fazer um bolo de cenoura com cobertura de chocolate. Será um prazer prepará-lo para esta turminha que amo tanto! Vocês são como netos para mim!

As crianças abraçam o senhor Antônio.

Ana: - Vamos lá! Este é o pacote da Michelle; este é do Junior; este, do senhor Antônio. Até presente para o Ted eu fiz.

Junior: - Para o Ted? Mas por quê?

Ana: - Para surpreendê-lo. Quem sabe ele não muda um pouco de comportamento!

ORAÇÃO

Senhor, agradeço pela vida dos meus amigos!

Desafio: Faça uma surpresa para algum amigo ou amiga hoje!

Michelle: - Você fez um chaveiro que é uma xícara de café e um enfeite para lápis que é um cupcake!! Eu AMEI!

Ana: - Eu fiz um chaveiro de xícara de café para todos nós, assim podemos nos lembrar de todas as vezes que tomamos café juntos! Quero que saibam que eu amo estar junto de vocês! A nossa amizade é muito importante para mim!

Antônio: - Muito especial, querida! Agradeço pelo tempo que você se dedicou a isso!

Junior: - Ficaram lindos, Ana! Muito obrigada! Vou colocar no zíper do meu estojo!

Michelle: - Ter amigos verdadeiros é um grande tesouro! Jesus disse que não nos chama de servos, mas sim de amigos! Ele é nosso grande amigo também! Quem se lembra de quantos discípulos o Mestre tinha?

Junior: - Doze.

Michelle: - Resposta certa! Dos doze, três eram amigos mais próximos dele. Quem sabe o nome deles?

Ana: - Pedro, Tiago e João.

no barquiiiiinho, no mar da Galileeeeia!

- Ana canta um pedaço de uma canção.

Todos dão risada.

Michelle: - Ponto positivo, amiga. Com tudo isso, entendo que podemos ter vários amigos, mas existem alguns que estão mais perto de nós, em um relacionamento de companheirismo e parceria.

Antônio: - Concordo. Quando eu era novo, andava com muita gente, mas eram poucos os que eu considerava amigos verdadeiros, pois em momentos de diversão todos aparecem. Em situações de dificuldades, somente os verdadeiros permanecem!

ORAÇÃO

Senhor, que eu seja um bom amigo para as outras pessoas!

Agora o segundo semestre escolar vai começar! Você tem amigos que precisam conhecer Jesus? Faça uma lista dos nomes e de como você pode demonstrar o amor de Deus Pai por eles nos próximos meses!

AGOSTO

Em um domingo, a turma havia combinado de ir à igreja da Michelle. Ao sair, eles comentam sobre a história que havia sido contada.

Ana: - Enquanto eu ouvia a professora da igreja falar sobre a parábola dos talentos, eu pensava em talentos como cantar, dançar ou tocar algum instrumento.

Junior: - Sim, mas depois ela explicou que talento também era uma medida utilizada na época de Jesus para o peso do ouro e da prata. Era a maior quantidade de dinheiro que alguém podia ter, uma verdadeira fortuna!

Michelle: - Jesus não estava falando de dinheiro em sua parábola, mas dos nossos verdadeiros talentos, os dons e as habilidades. Essa história nos ensina uma lição preciosa sobre dar a Deus o que temos de melhor.

Ana: - Recapitulando: o homem rico precisava viajar. Ele chamou três servos para cuidar dos seus bens enquanto estivesse ausente.

Junior: - Ele deu quantias diferentes para os empregados de acordo com suas habilidades. A um, foram dados cinco talentos. A outro, ele deu dois e, ao terceiro, apenas um.

Michelle: - Os servos foram negociar. O que havia recebido cinco talentos ganhou outros cinco. O que havia recebido dois ganhou mais dois; e aquele que recebeu apenas um talento decidiu cavar um buraco no chão para esconder o único talento que o senhor lhe confiara.

Ana: - Quando o homem rico voltou de viagem, foi prestar contas com os servos e ficou feliz com aqueles que haviam dobrado a quantia, mas com o servo que tinha enterrado o talento, ele ficou muito bravo.

ORAÇÃO

Agradeço por aprender tanto com as histórias que o Senhor contou, Jesus!

Junior: - O homem chamou o servo de "mau e preguiçoso"!

Ana: - O empregado pensou que estava fazendo o certo, pois o fato de enterrar o dinheiro era considerado a forma mais segura contra o roubo.

Michelle: - Sim! Mas, aquele homem gostaria que todos tivessem feito negócios e, assim, aumentado os bens. O servo que recebeu um talento teve medo de se arriscar. A princípio, até parece que Jesus estava falando de educação financeira, não é?

Junior: - Foi o que pensei. Mas, depois, percebi que Jesus estava falando que não podemos guardar ou enterrar os dons e as habilidades que Deus nos concedeu, ou seja, os nossos talentos. O servo que enterrou seu talento não multiplicou nada e não agradou ao seu senhor. Da mesma forma, se guardarmos as nossas habilidades, não as multiplicaremos.

Ana: - Exatamente! Precisamos nos esforçar para melhorar a cada dia e usar os talentos que Deus nos deu para demonstrar o seu amor a todas as pessoas! Temos que fazer o nosso melhor sempre!

Michelle: - E isso não diz respeito apenas à nossa postura na igreja, mas na escola, na rua, na família... Em vez de esconder nossos talentos, Deus quer que os multipliquemos. A pessoa que esconde seus dons e habilidades é preguiçosa, assim como o servo. Precisamos agir como os servos inteligentes, que deram o seu melhor!

ORAÇÃO

Que eu sempre ofereça o meu melhor ao Senhor!

Michelle: - Não podemos guardar os nossos talentos só para nós ou usá-los para ganhar elogios das pessoas. Temos que usar os nossos dons e habilidades para glorificar a Deus. Por exemplo, se uma pessoa tem talento para cantar, ela pode usar esse talento para louvar ao Senhor e mostrar às pessoas o amor de Jesus por meio de canções.

Ana: - Tem uma moça na minha igreja que canta muito bem. Ela disse que sempre gostou de cantar, desde pequena. Depois de um tempo, decidiu fazer aulas de canto, para cantar ainda melhor e desenvolver esse talento tão lindo que Deus deu para ela. Essa moça disse que ama cantar para o Senhor e usar a voz para engrandecer o nome dele.

Junior: - Nossa, que legal! Que bom que ela fez aulas. É muito importante que a gente se esforce para ser cada dia melhor!

Michelle: - Com certeza! E tem muitos outros jeitos de aprimorar nossas habilidades. Se alguém é bom em ensinar, essa pessoa precisa estudar muito, se dedicar à leitura da Bíblia, às pesquisas e, acima de tudo, ao relacionamento com Deus.

Junior: - Você tem dom para ensinar, eu tenho certeza!

Ana: - É verdade, amiga! Você é muito inteligente, esforçada e ensina com amor. Quando você fala de Jesus, a gente consegue sentir o seu amor por ele.

Michelle: - Nossa, que maravilha saber disso! Eu quero muito me dedicar a servir a Deus da melhor forma a cada dia!

Quais são os seus talentos e habilidades?
Como você pode usá-los para servir a Deus?

ORAÇÃO

Senhor, me ajude a desenvolver os meus talentos para a sua glória.

Na entrada da escola, começa um burburinho entre os alunos por causa de algo que aconteceu com a diretora.

Ana: – Vocês ficaram sabendo que entrou um ladrão na casa da diretora durante a noite?

Michelle: – Não tinha câmera de segurança nem alarme, pelo visto.

Junior: – Minha mãe fala que todo cuidado é pouco.

Ana: – O marido dela é músico. Os caras sabem que instrumentos musicais são caros. Levaram uma guitarra, um violão e microfones.

Michelle: – Que vacilo não proteger a casa!

Junior: – Também acho, mas ainda bem que não aconteceu nada com eles.

Ana: – Graças a Deus! Ouvi dizer que a diretora e o marido estavam em um compromisso e, quando entraram em casa, estava tudo bagunçado.

Michelle: – Ainda abriram a geladeira e devoraram o pudim que estava lá! Acreditam?

Junior: – Ladrões corajosos! Ainda tiveram tempo de "assaltar a geladeira".

Ana: – Com certeza, eles já estavam observando a rotina da casa e aproveitaram a saída deles para colocar o plano em ação!

Michelle: – Imaginem se eles voltam para casa e, ao entrar, dão de cara com os ladrões?! Que medo! Nossa vida não tem preço. A gente sabe quanto o sacrifício de Jesus custou na cruz para corrermos risco de perder a nossa vida por bens materiais!

Junior: – É verdade! Por isso, precisamos tomar muito cuidado ao andar na rua e, se percebermos algo estranho, o melhor é entrar numa loja ou pedir ajuda para algum adulto!

ORAÇÃO

Proteja a minha família
de todo o mal, Senhor!

Ana: – Você falou igual a um pai agora, Junior! Mas disse a verdade: precisamos ter muito cuidado!

Michelle: – Concordo! Precisamos estar sempre atentos, mesmo! Uma vez Jesus contou uma parábola sobre ladrões. Ele estava conversando com os discípulos sobre várias coisas, boas e ruins, quando falou: "Mas entendam isto: se o dono da casa soubesse a que hora da noite o ladrão viria, ele ficaria de guarda e não deixaria que a sua casa fosse arrombada".

Junior: – O que o Mestre queria dizer?

Michelle: – Sabemos que ele morreu na cruz pelos nossos pecados, mas ressuscitou e um dia voltará, como está escrito na Bíblia; porém, ninguém sabe em qual dia ou horário isso acontecerá. Com essa parábola, ele nos convida a estarmos preparados para sua volta.

Junior: – Vamos morar com Deus para sempre! O nosso verdadeiro Pai!

Ana: – Mas vamos ficar fazendo o que lá?

Michelle: – Adorando ao Senhor! Ele disse que lá não haverá tristeza nem sofrimento!

Junior: – Imaginem que fantástico poder ver o nosso Pai face a face! Acho que o céu é inexplicavelmente lindo!

Ana: – E só vai entrar no céu quem tiver aceitado Jesus como Salvador, não é?

Michelle: – Sim, quem tiver aceitado e confessado Jesus como Senhor da sua vida, procurando manter, com a ajuda do Espírito Santo, uma vida de obediência e falando de Jesus Cristo para outras pessoas!

Junior: – Nós estaremos lá e o senhor Antônio também!

Desafio: Faça o convite para que alguém aceite Jesus como Senhor e Salvador de sua vida, para que juntos você possam um dia morar no céu com ele!

ORAÇÃO

Senhor, eu o aceito como o meu Salvador!

Naquele mesmo dia, no intervalo das aulas...

Ana: – Gente, fiquei pensando no que estávamos falando na entrada sobre a volta de Jesus.

Michelle: – É muito importante falarmos sobre isso. Mas, mudando um pouco de assunto rapidinho, vocês sabem que sou a monitora da sala, não é?

Junior: – Sim. Aconteceu alguma coisa?

Michelle: – A professora precisou sair da sala e eu precisei ficar atenta ao comportamento dos alunos. A professora me chamou no canto e disse no meu ouvido: "Se a classe fizer muito barulho, venha aqui na frente e diga que tenho uma surpresa para todos".

Junior: – E deu certo? Era uma surpresa de verdade?

Michelle: – Primeiro eu quase enlouqueci com o falatório deles! Como é difícil quando começam a conversar! Mas depois eles ficaram curiosos.

Ana: – Quem está curiosa sou eu!

Michelle: – A professora tinha uns presentinhos no armário e sabia que, ao sair da sala, a turma faria bagunça. Então, para mudar um pouco o foco do assunto "roubo na casa da diretora", que foi realmente tenso no horário entrada, ela pensou em propor uma gincana entre os meninos e as meninas da classe.

Ana: – Você contou a surpresa para eles?

Michelle: – Deixei "no ar" para ver como eles reagiriam!

Junior: – Cheia de suspense!

Ana: – Amo quando temos atividades diferentes na escola. Cansa ficar copiando a lição da lousa e fazendo exercícios...

Michelle: – É muito legal mesmo! Quando a professora voltou, ficou feliz por encontrar a sala obediente e cheia de expectativa pela surpresa!

 **ORAÇÃO** Senhor, que eu não tenha preguiça de ir à escola!

Junior: – Excelente estratégia dessa professora, hein?

Michelle: – Deu supercerto! A sala ficou na expectativa, pois não sabíamos a hora que ela voltaria.

Ana: – Da hora!

Michelle: – E não foi qualquer atividade, não... A gente tinha que olhar no livro e ir respondendo de acordo com a matéria das aulas.

Junior: – Quem ganhou, as meninas ou os meninos?

Michelle: – As meninas. Os meninos começaram a discutir, então a professora passou a vez para nós respondermos. Lembra que eu falei que ninguém sabia quando a professora voltaria para a sala?

Junior: – Sim. É difícil esperar, vocês não acham?

Ana: – Não tenho muita paciência, confesso. Esperar o bolo assar? Socorro!

Michelle: – A barriga fica roncando!

Junior: – Contar os dias para as férias?

Ana: – Aiiiii! Que demora, não é?

Michelle: – Pois é! Assim como a sala esperou o retorno da professora em obediência e grande expectativa, nós devemos esperar o retorno de Cristo dessa mesma forma. Jesus vai voltar e pode ser a qualquer momento! Quem ele encontrará pronto para ir com ele?

Ana: – É melhor eu deixar minha mala pronta, então!

Junior: – Você vai querer levar suas coisas para o céu, Ana? Isso não existe!

Ana: – Gente, mas, se eu ficar sem os meus óculos, não enxergo direito!

Michelle e Junior dão risadas.

Junior: – Fica de boa! Nada de se preocupar com isso!

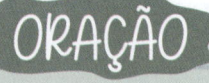

ORAÇÃO

Senhor, agradeço por estar preparando um lugar especial para nós no céu!

Michelle: – Jesus falou sobre isso em outra parábola quando disse que o servo de um senhor ficou encarregado de cuidar de tudo e, quando o senhor voltou, gostou de ver o que o empregado havia feito.

Ana: – Tipo você, amiga! A professora passou para você a difícil missão de ficar de olho na turma! E, como você é *top*, deu tudo certo! Imagina se você faz bagunça com os outros alunos?

Junior: – A professora ficaria brava e decepcionada!

Michelle: – Todos seríamos punidos! Ela confiou em mim, e eu obedeci!

Ana: – Você fez o certo! Mas essa parada de Jesus voltar, ele não contou como vai ser?

Michelle: – Nãoooo! Ninguém sabe!

Ana: – Fiquei preocupada agora.

Michelle: – Não fique! Concentre-se nas coisas certas que o Senhor deseja que a gente faça, e fale dele para o maior número de pessoas que puder!

Junior: – Jesus quer que sejamos servos fiéis, certo?

Michelle: – Com certeza! Ele disse que continuaria do nosso lado por meio do Espírito Santo; então, mesmo com dificuldades, temos o auxílio dele!

Ana: – Ainda bem, porque há dias em que acontecem muitos problemas ao mesmo tempo!

Junior: – Eu repito a seguinte frase na minha mente: "Respira e não pira".

Michelle: – É bem por aí mesmo!

ORAÇÃO

Senhor, ajude-me a fazer as coisas conforme a sua vontade!

Certo dia, na saída da escola, Ana está com o semblante raivoso.

Michelle: - Amiga! O que houve?

Ana: - Eu queria ter o poder de nascer de novo!

Junior: - Como assim, Ana?

Ana: - Não aguento mais as piadinhas sobre a cor da minha pele e o meu cabelo. Se eu tivesse o cabelo liso, não seria assim! Dói muito ouvir esses comentários frequentemente! Gente branca não passa por isso! No momento em que escuto, sinto vontade de ofender de volta!

Junior: - É porque você está se sentindo "machucada". Sinto muito que você tenha passado por isso, Ana. Não conheço a sua dor, mas saiba que estou aqui para apoiar e ajudar você sempre!

Michelle: - Eu entendo que queira "dar o troco", mas não é o certo, Ana!

Ana: - E é certo eu ser ofendida?

Michelle: - Também não! Como o Junior disse, nós não sabemos pelo que você passa, mas estamos ao seu lado sempre. Você é muito importante para nós e principalmente para Deus, o seu Criador. Vou falar para vocês sobre dois mandamentos que Jesus comenta no livro de Marcos.

Junior: - Quais são?

Michelle: - O primeiro é amar a Deus de todo o coração, de toda a alma, de todo o entendimento e de todas as forças. E o segundo é amar o próximo como a si mesmo.

 **ORAÇÃO** Senhor, que eu cumpra os seus mandamentos!

Ana: - Amar o próximo? Não me peçam isso!

Junior: - Eu não tenho dúvidas de que amo a Deus, mas sinceramente é muito difícil dizer que amo algumas pessoas.

Michelle: - Vocês prestaram atenção no versículo? "Amar o próximo como a si mesmo"! Precisamos nos amar, olhar no espelho e gostar do que estamos vendo, pois foi o Criador que nos fez!

Ana: - Mas por que sou motivo de piadas para os outros?

Michelle: - Talvez eles não se amem, então pensam que podem sair falando qualquer coisa sobre a aparência dos demais! O problema está neles, não em você! Muitas crianças estão enfrentando problemas que não sabem resolver e não encontram a ajuda ideal para solucioná-los. Infelizmente, encontram na ofensa e agressão meios de amenizar um pouco o que sentem.

Junior: - Mas tudo isso está muito errado!

Ana: - Eu não mereço ser xingada por ser quem sou!

Michelle: - Concordo com você, Ana! O que devemos colocar em prática de acordo com a Bíblia é amar o nosso Deus com tudo o que há em nós, entendendo que ele nos fez maravilhosos do jeito que somos e que cada um tem a sua beleza! Você deve se olhar no espelho e amar o que vê! Deus sonhou com você e, para ele, você é parte maravilhosa da Criação!

Ana: - Sinto vontade de chorar de raiva!

Michelle: - Chore! Depois limpe as lágrimas e veja no espelho a menina incrível e linda que você é!

ORAÇÃO

Senhor, ajude-me a olhar no espelho e me amar!

Em um domingo, Michelle e Junior se encontram por acaso no mercado.

Michelle: - Junior? Você por aqui! Que coincidência! Tudo bem?

Junior: - Oi, Michelle. Tudo indo.

Michelle: - Indo para onde?

Junior: - Sei lá.

Michelle: - Xi! Que resposta esquisita! Viemos comprar algumas coisas para o almoço do Dia dos Pais. O que você veio fazer no mercado?

Junior: - Acabou o leite lá em casa, então eu vim comprar. É Dia dos Pais hoje, não é? - e olha para baixo com o olhar triste.

Michelle: - Sim! Você vai passar o dia com o seu pai?

Junior: - Com certeza, não! Meu pai nunca tem tempo para mim. Tantas pessoas estarão junto dos pais hoje, comemorando, se divertindo, brincando. Mas lá em casa isso nunca acontece.

Michelle: - Fico triste, de verdade. O seu pai pode dar mancadas e não ser próximo de você, mas jamais se esqueça de que somos filhos de Deus! Ele é o melhor Pai que existe! Queria que as coisas fossem diferentes na sua família! Você já tentou conversar ou fazer que ele se aproxime de você?

Junior: - Sim, porém nada adiantou. A tristeza foi invadindo o meu coração, então desisti de tentar.

Michelle: - Não desista! Peça ajuda a Deus e tente novamente! Você pode se surpreender!

ORAÇÃO

Agradeço ao Senhor por me chamar de filho e por ser um Pai maravilhoso!

Michelle: - Que situação difícil!

Junior: - Minha mãe sofre muito. Ele também não é um bom marido. Ela fala que ele é um homem bom.. O problema é a doença que ele tem, que o afasta das pessoas.

Michelle: - Entendo. Existe algum tio ou avô de quem você seja mais próximo?

Junior: - Não. Para ser sincero, recebo mais carinho do senhor Antônio.

Michelle: - Ele é uma pessoa fantástica mesmo! Está sempre cuidando de nós de alguma forma.

Junior: - Sim!

Michelle: - Diga isso a ele quando tiver a oportunidade! Ele vai ficar muito contente!

Junior: - Farei isso, sim. O senhor Antônio diz que os filhos dele são cheios de compromissos e às vezes fica difícil de se encontrarem.

Michelle: - E, por ser viúvo, ele se sente muito sozinho.

Junior: - Por isso, sempre que ele pode, chama a gente para um café.

Michelle: - Eu gosto demais!

Junior: - O que posso fazer para me sentir menos triste hoje?

Michelle: - Você pode contar para Deus o que sente em oração ou escrever o que está pensando.

Junior: - Se não rolar outra briga hoje, talvez eu consiga me concentrar um pouco.

Michelle: - Junior, nenhum sofrimento dura para sempre. Lembre-se sempre disso!

Junior: - Lá em casa parece que dura, sim.

Michelle: - Você é um bom menino e continuarei orando pela sua família.

ORAÇÃO

Que eu nunca me esqueça que posso falar com o Senhor em todos os momentos!

Um dia, na saída da escola, a turma vê uma enorme fila de pessoas em frente a uma empresa.

Junior: - O que será que está acontecendo? Eles estão com pastas e papéis nas mãos.

Ana: - Acho que vão procurar emprego nesta empresa nova.

Michelle: - Espero que essas pessoas sejam contratadas! Que Deus as abençoe!

Ana: - Amém! Assim como todas as famílias!

Junior: - Amém! Que o Senhor as ajude!

Michelle: - Um dia, a gente também precisará sair para procurar emprego.

Ana: - Deve ser legal trabalhar e depois receber o próprio salário.

Michelle: - Vocês conhecem a parábola dos trabalhadores da vinha?

Junior: - Vá contando que talvez eu me lembre.

Michelle: - Jesus contou que o Reino dos céus é como um proprietário que saiu cedinho à procura de trabalhadores para contratar. Ele tinha uma vinha e combinou de pagar-lhes um denário pelo dia de trabalhou e os mandou para a vinha dele.

Ana: - O que é denário?

Michelle: - Era uma pequena moeda de prata de grande circulação no Império Romano.

Junior: - Eles deveriam trabalhar o dia todo para ganhar UMA moeda?

Michelle: - Eu li na internet que, com um denário, seria possível comprar cerca de 8 quilos de pão. Aquele proprietário foi, na verdade, muito generoso, porque os outros trabalhadores costumavam receber muito menos do que um denário por dia e tinham que aceitar mesmo assim, pois, se não aceitassem, provavelmente não teriam o que comer.

ORAÇÃO

Senhor, que eu seja abençoado na profissão que escolher no futuro!

Ana: - Ele encontrou homens para trabalhar na vinha?

Michelle: - Sim. Ele também chamou alguns que estavam numa praça e disse que pagaria o que fosse justo. Ele saiu outras vezes durante aquele dia e encontrou homens que estavam desocupados e lhes perguntou o motivo de estarem sem fazer nada o dia todo. Eles responderam que estavam ali porque ninguém os havia contratado. Logo, o homem lhes ofereceu os serviços na vinha.

Junior: - Ele precisava contratar muitos trabalhadores, então?! Seriam muitas as moedas para pagar as diárias deles!

Michelle: - Sim! Havia muito trabalho a ser feito! Ao entardecer, o dono da vinha disse ao administrador dele: "Chame os trabalhadores e pague-lhes o salário, começando com os últimos contratados e terminando nos primeiros". Os homens foram chegando e cada um recebeu um denário. Quando os trabalhadores que haviam sido contratados primeiro chegaram, reclamaram por terem recebido apenas uma moeda.

Junior: - Mas esse era o combinado, não era?

Michelle: - Exatamente! Eles disseram que, por terem sido os primeiros a começar os serviços, deveriam receber mais do que os outros que chegaram na vinha mais tarde.

Ana: - Só um minuto! Em nenhum momento o proprietário disse que eles ganhariam por tempo de serviço! Todos haviam concordado em trabalhar por um denário!

Michelle: - Sim, amiga! Foi isso mesmo que você disse!

Junior: - Eles acharam que o patrão havia sido injusto.

ORAÇÃO

Senhor, peço que dê provisão à minha família! Amém.

Michelle: - O proprietário disse que havia combinado isso com todos os trabalhadores e que tinha o direito de fazer o que quisesse com o dinheiro dele.

Ana: - Errado não está, não é?!

Michelle: - Jesus termina a parábola dizendo: "Assim, os últimos serão os primeiros, e os primeiros serão os últimos".

Ana: - Ahhhh, por isso ouço minha avó dizendo essa frase com frequência! O que podemos aprender com essa história, Michelle?

Michelle: - Aprendemos que Deus dá com abundância, ou seja, numa quantidade maior do que a necessária, pois sempre dá o amor total dele para nós, sem distinção.

Ana: - O que é distinção?

Junior: - Diferenciação ou discriminação.

Michelle: - Exatamente! Então, ninguém foi tratado de forma injusta, porém rolou uma inveja pelo tempo de trabalho de vários trabalhadores em relação aos outros.

Ana: - Pior que é... eu não tinha me atentado para isso.

Michelle: - Precisamos comparar o dono da vinha com Deus. As pessoas acharam que o dono da vinha foi injusto, quando, na verdade, ele havia sido extremamente generoso. Da mesma forma, Deus nunca é injusto; ele é bom, amoroso e nos dá muito mais do que merecemos, tamanha graça que nos foi concedida!

Junior: - É que, naturalmente, pensaríamos que faz mais sentido o trabalhador receber mais denários porque começou a trabalhar mais cedo pela manhã, não é? Mas o combinado foi uma moeda por dia.

Michelle: - É verdade! Vamos falar mais um pouco sobre inveja?

Você já sentiu inveja de alguém? Como pode cuidar para que não sinta isso de novo?

ORAÇÃO

Senhor, agradeço por ser um Deus bondoso e justo!

Ana: – Só sei que é algo ruim, mas não consigo explicar direito o que é.

Junior: – Inveja é quando as pessoas querem o que as outras têm?

Michelle: – Sim, e isso gera angústia e até raiva!

Ana: – Eu disse que é algo ruim!

Michelle: – Os trabalhadores tiveram inveja daqueles que haviam trabalhado menos, por isso foram reclamar com o patrão. Muitas vezes, veremos algumas pessoas recebendo reconhecimento, prêmios, presentes e bênçãos. Nessas horas, teremos a escolha de sentir inveja ou de nos alegrar com a bênção dos outros.

Junior: – Será que eu sinto inveja dos meninos que têm pais maneiros?

Michelle: – Como você se sente quando os vê?

Junior: – Eu queria viver algo igual e, no meu coração, sinto tristeza.

Ana: – E agora, Michelle? É inveja ou não?

Michelle: – Um dos sinais da inveja é querer muito ter a mesma coisa que os outros.

Junior: – Deus me livre! Fico muito triste por causa da minha realidade, pois me sinto órfão de pai vivo, mas, quando vejo os meninos, fico muito feliz porque eles têm pais que gostam de brincar e passear com eles!

Ana: – Então não é inveja!

Michelle: – Pessoas invejosas são competitivas e sempre criticam as outras! Se em algum momento percebermos esse sentimento, que pode causar consequências muito negativas, devemos pedir perdão a Deus imediatamente, para que ele limpe o nosso coração!

ORAÇÃO

Senhor, ajude-me a não sentir inveja das pessoas!

Ana: - De que tipo de consequências negativas você está falando, amiga?

Michelle: - Vou dar um exemplo. Vamos pensar em dois homens que gostam muito de carros. Um deles tem um carro simples e o outro um carrão *top de linha*. O homem do carro simples vê o outro feliz e realizado com o carrão, e resolve fazer algo muito ruim. Com uma chave, ele risca o carrão do outro durante a noite porque é invejoso e quer prejudicá-lo.

Junior: - Que coisa mais feia!

Michelle: - O homem prejudicado descobre de alguma forma, e acontece uma briga terrível! O invejoso deve ter pensado: "Se eu não posso ter, ele também não pode!"

Ana: - Só que isso é uma ilusão enorme, não é? As pessoas podem sim ter as coisas!

Michelle: - Não há nada de errado em ter as coisas, mas percebam que o homem não soube identificar o sentimento de inveja e deixou que ele crescesse, acabando por tomar uma atitude muito errada.

Ana: - A treta deve ter sido gigante!

Michelle: - Ninguém deve mexer nas coisas dos outros, essa é a grande verdade!

Junior: - Mas a inveja falou mais alto!

Michelle: - Isso é muito mais comum do que pensamos! Acontece com as crianças, os jovens, os adultos e até com os mais velhos.

Ana: - Precisamos da ajuda do Senhor, pois podemos ter esse sentimento sem perceber.

Junior: - É verdade! Necessitamos da ajuda dele em tantos momentos, não é?

Michelle: - Tudo isso só mostra como somos dependentes de Deus! Sozinhos podemos acabar nos decepcionando muito!

ORAÇÃO

Que eu sempre me lembre de como preciso do Senhor!

Em certa tarde, a turma conversa com o senhor Antônio sobre uma enorme confusão que aconteceu na rua de trás.

Michelle: - Gente, estou chocada até agora!

Antônio: - Brigar por causa de uma vaga de estacionamento? Que grande bobagem!

Ana: - Falaram que o rapaz do carro branco partiu para briga com outro cara. Até a polícia foi chamada!

Junior: - Minha mãe fala que hoje em dia as pessoas arrumam confusão por qualquer coisa.

Ana: - Mas precisava ter machucado o outro? Era só ter procurado outro lugar para estacionar!

Michelle: - Sabiam que houve uma treta certa vez onde Jesus estava? O Mestre havia ido para o monte das Oliveiras junto dos discípulos. Ele pediu para os discípulos orarem para que não caíssem em tentação e se afastou para orar também. Jesus sabia que iria morrer e estava muito angustiado.

Ana: - Deixe-me adivinhar... Ele queria paz e silêncio para orar, mas ficaram fazendo barulho, certo? Então, rolou a treta?!

Michelle: - Na verdade, a treta aconteceu depois. Depois que ele se levantou da oração, voltou para os discípulos e percebeu que tinham caído no sono.

Antônio: - Que amigos eram esses, hein?

Michelle: - Jesus mandou todo mundo se levantar e orar! Ele tinha acabado de falar, quando apareceu uma multidão liderada por Judas.

Junior: - Xiiii, já entendi tudo.

Ana: - Esse foi o traidor que entregou Jesus por trinta moedas de prata em vez de protegê-lo. Já li sobre ele na Bíblia.

ORAÇÃO

Senhor, ajude-me a sempre orar para não cair em tentações!

Michelle: – Ele mesmo, Ana. Judas se aproximou de Jesus para dar-lhe um beijo no rosto, situação que o Mestre já havia dito aos discípulos que aconteceria. O beijo era uma forma de mostrar aos soldados que aquele era Jesus. Assim, Judas, que era um dos doze discípulos, contribuiu para a prisão do Mestre.

Antônio: – É chocante saber que isso aconteceu dessa maneira!

Ana: – Ok, mas e a treta?

Michelle: – Quando os discípulos perceberam o que estava acontecendo, perguntaram: "Senhor, atacaremos com espadas?". Um deles deu um golpe no servo do principal sacerdote, cortando a orelha direita do homem.

Junior: – Aiiiiii! Que dor!

Ana fecha os olhos sentindo agonia.

Antônio: – Houve uma grande briga, então?

Michelle: – Jesus colocou ordem na confusão rapidinho! Mandou que eles parassem com aquilo e tocou a orelha do servo, curando assim o ferimento.

Ana: – Vejam que interessante: Jesus sabia que algo extremamente terrível aconteceria com a vida dele, mas, ainda assim, fez o bem em meio ao caos.

Junior: – Isso é realmente muito interessante. Ele estava superangustiado, porém fez a briga parar e ainda curou o machucado daquele homem.

Michelle: – É verdade! Jesus foi muito bondoso!

Antônio: – Quando as pessoas estão com raiva, elas fazem e falam coisas sem pensar!

Michelle: – Apesar de ser humano como nós, Jesus também era o Filho de Deus. Ele sabia de seu propósito e queria cumprir a vontade de seu Pai.

ORAÇÃO Que o Senhor me ajude a ficar calmo e não brigar com os outros.

Junior: - Não foi somente Judas que pisou na bola com Jesus, não é? Pedro também decepcionou o Mestre.

Antônio: - O que ele fez?

Michelle: - Primeiro Jesus disse que estava sendo tratado como se fosse um bandido, fazendo ataques com espadas e paus, sendo que ele havia estado no templo diversas vezes e ninguém o agrediu antes. Mas as palavras entraram por um ouvido e saíram pelo outro, pois Jesus foi preso mesmo assim.

Junior: - Preso de forma equivocada, não é?

Ana: - E injusta!

Michelle: - Sim, mas isso precisava acontecer para que o plano de Deus se cumprisse, e Jesus sabia que o processo seria doloroso. Então ele foi levado para a casa do principal sacerdote. Pedro seguiu o grupo, mas a uma distância segura. Fizeram uma fogueira no meio do pátio para se aquecer, e uma das empregadas que estava sentada olhou fixamente para Pedro, dizendo que ele estava com Jesus. Mas Pedro negou, garantindo que não conhecia Jesus.

Ana boquiaberta: - Que mentiroso!

Michelle: - Outras duas pessoas disseram algo semelhante, mas Pedro negou novamente. Foram ao todo três negações, confirmando o que o Mestre havia dito anteriormente: "Antes que o galo cante hoje, você me negará três vezes".

Ana: - Pedro estava com medo de que algo acontecesse com ele por causa de Jesus, mesmo sabendo que o Mestre não tinha feito nada de errado.

ORAÇÃO

Que eu possa viver os planos do Senhor em minha vida! E que eu não negue ao Senhor com minhas atitudes e palavras.

Na semana seguinte, Ana pergunta aos amigos algo sobre as mães.

Ana: - Por que as mães amam dizer "não" para nós?

Junior: - As mães são todas iguais!

Ana: - Eu queria andar de bicicleta! E ela disse: "Estou ocupada e não quero você sozinha na rua".

Junior: - Mas os vizinhos são praticamente os mesmos há muito tempo, e todo mundo se conhece.

Ana: - Eu disse justamente isso! Mas não adiantou!

Michelle: - Você já tinha feito as tarefas da escola?

Ana: - Sim! Mostrei minha lição feita para ela ver!

Junior: - E a louça?

Ana: - Também já estava tudo limpo e organizado! Eu pedi um milhão de vezes! Quase chorei!

Junior: - Minha mãe às vezes não me deixa sair tão facilmente também!

Michelle: - No final, ela deixou ou não?

Ana: - Acho que ela pensou que eu não desistiria, então falou que era para eu ir, mas somente por 30 minutos.

Junior: - Você a venceu pelo cansaço!

Ana: - Eu queria muuuuuuito!

Michelle: - Ainda bem que você não saiu sem a permissão dela!

Ana: - Eu não poderia fazer isso! Conheço a mãe que tenho!

Junior: - É preciso obedecer aos nossos pais e àqueles que são responsáveis por nós!

Michelle: - Sim, eles sabem o que é melhor para nós e são autoridade na nossa vida!

Ana: - É verdade!

Michelle: - Há uma mulher na Bíblia que foi bastante insistente também e conseguiu o que queria!

Junior: - Acho que não conheço essa história... ainda!

ORAÇÃO

Senhor, ensine-me a ser obediente e respeitar os adultos!

Michelle: - Jesus estava na região de Tiro e Sidom quando uma mulher cananeia, natural daquele lugar, se aproximou dele, gritando: "Senhor, Filho de Davi, tem misericórdia de mim!". Sua filha estava sofrendo muito por causa de um espírito mau.

Ana: - Se ela gritou, é porque estava mesmo precisando de ajuda!

Junior: - O que me chamou a atenção é que a filha estava com problemas, mas a mãe pediu misericórdia para si mesma!

Michelle: - O sofrimento era dela também, e com isso podemos ver o poder da intercessão!

Ana: - Há um grupo de intercessão lá na igreja, no qual eles oram uns pelos outros durante a semana.

Michelle: - Sim, Jesus disse para fazermos isso! Continuando a história, Jesus não falou imediatamente com a mulher, e os discípulos disseram para ele mandá-la ir embora, pois estava gritando atrás deles. Mas a mulher insistiu porque sentia que a dor da filha era praticamente dela!

Junior: - Imagino! O que aconteceu depois?

Michelle: - Jesus respondeu: "Mulher, grande é a sua fé! Seja conforme você deseja". E naquele mesmo instante a filha dela foi curada.

Ana: - Uau! O Mestre curou a menina à distância! Que demais!

Junior: - Graças à persistência da mãe dela!

Michelle: - Persistência somada à fé e à misericórdia de Jesus! Não depende apenas do nosso empenho. Sem a misericórdia do Senhor não tem como acontecer!

Ana: - É verdade! Achei essa história muito interessante!

ORAÇÃO

Senhor, que eu seja persistente em oração somada à muita fé!

Michelle: – Sim! Por amor à filha e pela fé no Senhor, a mulher persistiu até conseguir o que queria e precisava! A mãe intercedeu pela filha, e Jesus fez um milagre. Não é demais?!

Junior: – É sim!

Ana: – Os pais querem ver os filhos bem, e tenho certeza de que aquela mulher estava muito aflita!

Michelle: – Creio que, quando Jesus ficou em silêncio, ela pensou que não conseguiria, mas ainda insistiu! Uau!

Ana: – Que fé gigante a dela!

Michelle: – Muito! Mas vamos agora pensar em outra coisa. Há pessoas que insistem em certos pedidos que não são realmente bons.

Junior: – Como assim?

Michelle: – Vou criar uma situação para ficar mais fácil de entender. Vamos supor que alguém quer muito ir à uma festa numa sexta-feira à noite, mas os pais não querem deixar, pois será muito tarde e num local perigoso. A pessoa insiste em pedir permissão aos pais, ou mesmo sai escondido de casa, o que é supererrado. Durante a festa, rola uma briga, e essa pessoa acaba sendo machucada sem querer, por causa da confusão. E, pior, alguns caras se aproveitam da distração das pessoas e ainda roubam suas bolsas ou celulares.

Junior: – Xi, que situação!

Michelle: – Não era melhor ter obedecido aos pais?

Junior: – Sem dúvidas! E, ao voltar para casa, essa pessoa ainda escutaria: "Eu disse para você não ir"!

Michelle: – Sim. Os pais ficariam bravos ou tristes, e com razão, não é? Precisamos insistir nas coisas boas e em viver de acordo com a vontade de Deus!

ORAÇÃO

Senhor, ensine-me a insistir nas coisas boas!

Certo dia, na entrada da escola, Ana chega com o semblante cansado.

Junior: – Você não dormiu bem à noite, Ana?

Ana: – Eu dormi feito uma pedra! Estava muito cansada! Fiquei ajudando a minha mãe a fazer faxina. Tiramos os móveis do lugar e jogamos muuuuuuitas coisas fora. Tanta coisa sem utilidade!

Junior: – Tipo o quê?

Ana: – Um monte de papel que não serve para nada! Durante a limpeza fiquei um pouco desesperada por causa da bagunça, mas coloquei músicas para tocar e, quando percebemos, estávamos terminando.

Michelle: – A sensação de casa limpa e organizada é tão boa! Vocês sabiam que nós temos que organizar o nosso coração e a nossa mente frequentemente? Precisamos fazer faxina e jogar fora as coisas que não servem mais.

Junior: – Como assim?

Michelle: – O Espírito Santo habita em nós, certo? Então, precisamos organizar a casa para ele morar aqui. Para isso, precisamos estar com o coração alinhado ao de Deus e sempre pensar em quais aspectos precisamos melhorar, como podemos aprofundar o nosso relacionamento com Deus, deixar de fazer as coisas que o desagradam, essas coisas.

Ana: – Nunca tinha pensado por esse lado, mas imagino que o Espírito Santo não goste de morar em uma casa bagunçada e suja, não é?

Michelle: – Com certeza, não! Precisamos ser intencionais no nosso relacionamento com Deus, isso significa que devemos nos esforçar sempre para fazer o que é certo e viver corretamente.

ORAÇÃO

Senhor, purifique o meu coração e a minha mente!

Em um café da tarde na casa do senhor Antônio, as crianças falam sobre as famílias e seus problemas.

Junior: - Senhor Antônio, foi difícil criar os seus filhos?

Antônio: - Eu diria que foi desafiador! É como as fases dos jogos que vocês amam... Como se chama mesmo? "Vídeo" alguma coisa?

Ana: - Videogame!

Antônio: - É isso mesmo! No começo, as fases são fáceis, embora haja desafios, mas depois o nível vai aumentando, e as coisas se complicam.

Michelle: - Em qual momento o senhor e sua esposa tiveram mais problemas?

Antônio: - Na adolescência. Quando as crianças eram pequenas, usavam as roupas que colocávamos, estavam onde estávamos e, de certa forma, tínhamos algum controle sobre a vida delas. Depois, queriam ser independentes, andar com seus grupinhos e tomar as próprias decisões.

Ana: - Posso imaginar! O que exatamente fazia o senhor ficar irritado?

Antônio: - Quando eu ou a mãe deles dava alguma ordem e a resposta era não.... Cresci sendo ensinado a obedecer e respeitar os meus pais, então, quando eles se recusavam a fazer algo, era muito difícil para mim.

Michelle: - Minha mãe fala que, enquanto estivermos debaixo do mesmo teto, precisamos fazer a nossa parte para colaborar.

Junior: - Sim, a minha fala que existe o momento de estudar, de brincar, de descansar e de ajudar. Não importa se é menino ou menina, todos podem varrer a casa, lavar a louça e tirar as roupas do varal, por exemplo.

Antônio: - Com certeza!

ORAÇÃO

Senhor, que eu seja obediente e respeitoso com os adultos!

Michelle: – Concordo, senhor Antônio! Os adultos têm muitas tarefas a realizar: trabalhar, pagar as contas, estudar, limpar e organizar a casa, ir ao médico regularmente, ir ao supermercado e cuidar dos filhos! E vários cuidam de pessoas da família que podem estar doentes, por exemplo.

Antônio: – Sim! Mas a vida é feita de altos e baixos. Todos passam por momentos de maior correria e depois de calmaria. Devemos aproveitar o tempo!

Ana: – É bom ser aposentado?

Antônio: – Ana, a gente passa a vida inteira trabalhando e fazendo uma infinidade de coisas. Quando chega o tempo de descanso, parece que não sabemos muito bem o que fazer.

Michelle: – Muitas pessoas aposentadas gostam de reformar a casa, de viajar, cuidar dos netos, aprender coisas novas e estar envolvidas em várias atividades!

Antônio: – A aposentadoria é um momento sonhado por muitos, mas não quer dizer que ficaremos sentados vendo o tempo passar!

Junior: – O senhor está sempre varrendo a calçada, fazendo um café ou respondendo àquelas revistinhas.

Antônio: – Eu gosto de fazer palavras cruzadas e caça-palavras! Quando está sol, gosto de me sentar lá fora em meu banco e ficar pensando nas palavras. As revistinhas me fazem bem!

Michelle: – Continue assim!

Ana: – A gente às vezes reclama de ser criança, por causa da escola e das obrigações, mas acho que a vida dos adultos é beeeeem complicada! Fico cansada só de pensar na quantidade de coisas que eles fazem!

ORAÇÃO

Senhor, agradeço por tudo o que minha família faz por mim!

Antônio: – Não há necessidade de apressar as coisas, não é? Um dos meus filhos queria muito crescer, para ter o próprio carro, a própria família e fazer as vontades dele. Hoje em dia ele fala que poderia ter aproveitado melhor a infância, pois a vida adulta é cheia de dificuldades. Não estou dizendo que é para vocês terem medo de crescer e se tornar adultos, mas, quando somos crianças, nós temos, às vezes, uma mentalidade errada de como o futuro pode ser.

Michelle: – Minha avó sempre me fala para curtir o tempo livre, porque esses momentos não voltarão mais.

Junior: – Seremos crianças apenas uma vez! Então, que seja incrível!

Michelle: – Enquanto falávamos sobre os filhos que dizem "não" aos pais, eu me lembrei de uma parábola que Jesus contou sobre dois filhos.

Ana: – Eles eram desobedientes?

Michelle: – Na verdade, um respondeu "não", mas o outro disse "sim". O pai havia ordenado ao primeiro filho que fosse trabalhar na vinha, mas ele respondeu: "Não quero!". Depois de um tempo, mudou de ideia e foi.

Junior: – Ufa!

Michelle: – O pai chegou ao outro filho e disse a mesma coisa. Este respondeu: "Sim, senhor!", mas não foi.

Ana: – Que mentiroso!

Michelle: – Qual dos dois fez a vontade do pai?

Antônio: – O primeiro filho, que disse "não", mas depois resolveu ir.

Desafio: Convide os seus amigos ou irmãos para fazerem algo divertido, como jogar bola, um jogo de tabuleiro ou outra brincadeira da qual vocês gostem. Mas tem um detalhe: é proibido usar celular!

ORAÇÃO

Senhor, que eu aproveite bem o tempo livre e goste de ser criança!

Michelle: - Resposta certa, senhor Antônio! Jesus usou essa parábola para expor a falsidade e a dureza de coração dos fariseus e líderes religiosos, em contraste com aqueles que reconhecem sua necessidade de um Salvador, se arrependem e se humilham diante de Deus.

Ana: - Achei que o segundo filho tivesse feito a vontade do pai, pois respondeu "sim".

Michelle: - A resposta foi positiva, mas a atitude não. Foi uma falsa promessa de que ele cumpriria a vontade do pai!

Junior: - Os fariseus eram religiosos por fora, mas não abriam o coração para Deus, não é?

Michelle: - Exatamente, Junior! Aqueles que vieram a Jesus, não importava sua posição, foram os que, plenamente conscientes da culpa deles e da necessidade de um Salvador, entregaram a vida ao Senhor. Eles são como o primeiro filho, que se arrepende e vai trabalhar.

Antônio: - Como pai, eu ficava feliz quando um dos meninos dizia "não", mas depois mudava de ideia. A teimosia é um grande problema nos relacionamentos.

Ana: - Há muitas coisas que são chatas de fazer, mas precisam ser feitas!

Michelle: - É verdade! Do mesmo modo, o Senhor demonstra o que quer de nós, que é uma mudança interior que levará à obediência. Não devemos ser como o segundo filho, que deu a palavra dele, porém não cumpriu o compromisso. É preciso cuidado para não sermos desleais e, por isso, nos tornarmos como os fariseus.

ORAÇÃO

Senhor, ensine-me a fazer a sua vontade e a cumprir os compromissos do Reino de Deus!

Michelle: - Vamos pensar em uma coisa: Quem são as pessoas que nunca se arrependerão?

Ana: - Os pecadores?

Michelle: - Todos somos pecadores, amiga.

Junior: - Há uma chance para eles também!

Michelle: - Mas eles querem? Não! Eles pensam que não há a necessidade de arrependimento. Na cabeça deles, eles estão certos.

Antônio: - É um engano enorme pensar assim!

Ana: - Erramos o tempo todo, não é?

Michelle: - Sim, e Deus sabe disso! Por isso devemos reconhecer que somos pecadores e precisamos de Jesus! Podemos fazer isso agora mesmo e passar a viver com o compromisso de cumprir a vontade do Pai, não a nossa nem de qualquer outra pessoa.

Junior: - O único que nunca errou nem há de errar é o Senhor! Jesus viveu como homem no mundo, mas não tinha pecado. Muitas pessoas o colocaram em situações nas quais ele poderia ter feito algo errado, mas ele permaneceu firme no propósito com o Pai, mostrando para nós que é possível não pecar.

Ana: - É possível não pecar, então?

Michelle: - Existem situações que podem ser evitadas, mas precisamos da ajuda do Senhor. A natureza humana está ligada ao pecado.

Ana: - Seria bom não pecar nunca mais, não é?

Antônio: - É verdade! O pecado desagrada a Deus e pode nos trazer consequências ruins.

Michelle: - Infelizmente, sim. A oração e a leitura da Bíblia devem ser constantes para estarmos fortalecidos nos propósitos de Deus! Fazer a vontade dele deve ser nossa maior prioridade e alegria!

ORAÇÃO

Senhor, que eu me arrependa dos pecados que cometi!

Michelle: - É nesses momentos que ser parte da família de Deus faz a diferença! É muito bom estar cercada por pessoas que compartilham da mesma fé e que se importam conosco de todo o coração.

Junior: - É importante ter companheiros de caminhada, não é?

Michelle: - Claro! Os amigos podem nos ajudar a permanecer nos caminhos do Senhor e a fazer o que é correto!

Ana: - É verdade!

Junior: - Tudo isso ajuda a fortalecer a nossa fé. Estou certo?

Ana: - Há momentos em que precisaremos buscar alguém, para que, juntos, possamos nos ajudar, e assim o poder do Senhor poderá se manifestar.

Michelle: - É verdade! Ninguém consegue passar pelas difíceis estações da vida completamente sozinho!

Junior: - Sinto vontade de me isolar quando as coisas ficam duras demais lá em casa.

Ana: - Costumo dizer que preciso de um tempo para respirar! Se eu me desesperar, não conseguirei ver luz alguma no fim do túnel.

Michelle: - Faz sentido! E, depois de colocar algumas ideias no lugar, a gente busca a Deus, orando, jejuando e, se for necessário, chama aqueles que são nossos parceiros. Aquelas pessoas com quem a gente sabe que pode contar!

Junior: - Sei que posso contar com vocês! Juntos, somos mais fortes.

Desafio: Convide um amigo para orar com você. Compartilhe os seus motivos de oração e ouça os motivos de seu amigo. Depois, orem juntos.

 Senhor, fortaleça os meus relacionamentos com as outras pessoas.

Em uma tarde ensolarada, a turma passa um tempo se divertindo.

Ana: - Gente, está muito legal ficar aqui com vocês. Estou me divertindo demais! Vamos brincar do que agora?

Michelle: - Daquele jogo em que escolhemos a categoria e escrevemos palavras que começam com a mesma letra. O nome dele é *Stop*.

Ana: - Então vou pegar folhas e lápis para nós.

Ana entra em casa e rapidamente volta.

Junior: - Vamos às colunas: nome, cor, animal, verbo, objeto, comida/bebida e profissão.

Michelle: - Beleza!

Ana: - Vamos jogar direito, hein?!

Os três giram uma das mãos falando "Uestop".

Junior: - A, B, C. Letra C! Valendo!

A turma começa rapidamente a escrever, quem termina primeiro fala "*Stop*", e todos os outros devem parar.

Michelle: - *Stop*! Vamos conferir! O nome que eu coloquei é "Carlos".

Junior: - "Catarina".

Ana: - "Cilene".

Junior: - Dez pontos para cada um. Cor? "Cinza".

Ana: - Aiii, é verdade! Eu pulei, pois não lembrei de nenhuma.

Michelle: - Coloquei "Caramelo".

Junior: - Caramelo é doce, Michelle!

Michelle: - É cor, sim! Procura na internet!

Junior: - Ok. Dez pontos para cada.

ORAÇÃO

Agradeço pelas amizades que o Senhor me deu!

Você já intercedeu por alguém? Interceder é orar pelas necessidades de outras pessoas. Converse com sua família sobre os pedidos de cada um. Lembre-se dos amigos que estejam desempregados e doentes também!

Junior: - Verbo? "Comer".

Ana: - Ah, Junior! Coloquei "Comer", também. Cinco pontos para cada, então. Acho que estamos com fome.

Michelle: - Dez pontinhos para mim! Coloquei o verbo "Crescer".

Junior: - Objeto? "Caixa".

Ana: - "Camiseta".

Michelle: - "Caneca". Dez pontos para cada.

Junior: - Comida ou bebida? Coloquei "Chá".

Ana: - "Canjica".

Michelle: - "Café"! Hummm. Dez pontos para cada.

Junior: - Profissão? "Costureira".

Ana: - "Carpinteiro".

Michelle: - "Carteiro". Dez pontos para cada.

Os amigos seguiram a brincadeira com várias letras, colocando a memória em teste e dando boas risadas.

Junior: - Não precisa nem dizer quem ganhou, não é, Michelle?!

Michelle: - Eu leio muito, gente, e estou sempre aprendendo palavras novas!

Ana: - Parabéns, amiga, você parece um dicionário ambulante!

Junior: - Mandou muito bem, Michelle.

Ana: - Gente, vou indo nessa. Tenho algumas coisas para fazer.

A turma se despede. Mais tarde, Michelle está jantando quando percebe que Ana está chamando no celular dela.

Michelle atende à chamada: - Se você está ligando, sei que algo aconteceu! Já estou preocupada! Fala, amiga, o que houve?

ORAÇÃO

Senhor, que eu possa ajudar os meus amigos quando estiverem com problemas!

Ana: - Não sei o que fazer! Preciso escrever a redação que a professora pediu, mas não consigo! Acho que a gente brincou demais, e minha mente está cansada! Preciso entregar amanhã.

Michelle: - Não acredito que você deixou para a última hora, mocinha! Eu não posso escrever por você, não é certo. E se você levantar um pouco mais cedo amanhã? Depois de ter dormido à noite, seu cérebro estará descansado, e as ideias começarão a surgir.

Ana: - Sair da cama mais cedo? A gente já levanta quando ainda está escuro!

Michelle: - Se não está conseguindo escrever agora, não adianta forçar a mente. Você vai ficar mais cansada ainda!

Ana: - É, eu já tentei, mas não está rolando.

Michelle: - Vai dar certo, você vai ver!

Ana: - Tudo bem, amiga. Valeu pela ideia. Boa noite e até amanhã!

Michelle: - Boa noite! Um beijo!

Ana: - Outro para você!

Ana decide ir deitar mais cedo para fazer o que Michelle sugeriu na manhã seguinte. O despertador toca e Ana pensa em desligar, para dormir mais 5 minutinhos, mas se lembra da tarefa. Ela se levanta, troca de roupa, lava o rosto e escova os dentes. Pega o caderno e o lápis, e a imaginação começa a fluir sem muitas dificuldades. Ela fica contente e agradecida pela grande amiga que tem. Chegando ao portão da escola, Ana abraça a amiga Michelle e lhe entrega um chocolate.

Michelle: - O meu favorito! Muito obrigada!

Ana: - Você merece! Não precisa agradecer!

ORAÇÃO

Senhor, ajude-me a fazer as tarefas da escola!

Junior: - Bom dia! Eu também quero chocolate!

Ana: - Comprei só para a Michelle, em agradecimento ao que ela fez por mim!

Junior: - Que legal! O que ela fez?

Ana: - A gente brincou muito ontem e deixei para fazer uma redação à noite, mas fiquei com a mente bloqueada. Liguei para ela perguntando o que fazer, e ela disse que era melhor não insistir, pois eu estava muito cansada. Então ela sugeriu que eu me levantasse mais cedo hoje para escrever. Dormi bem à noite e, depois de acordar, consegui colocar as ideias no papel.

Michelle: - Que bom que deu certo, fico feliz e orgulhosa! Mas tome cuidado com os prazos! Se estiver confundindo as datas, tente usar uma agenda, coloque *post-its* em alguns lugares ou então use aplicativos de lembretes no celular.

Ana: - Tenho um sério problema com datas, galera.

Junior: - Então escute sua amiga e comece a usar algumas dessas ideias que ela deu!

Ana: - Pode deixar!

Michelle: - Vocês sabiam que Jesus disse que devemos descansar, não é? É muito importante dar descanso para o nosso corpo e a nossa mente. Isso serve para todos os casos, para quando estamos frustrados, ansiosos, sobrecarregados. Em Jesus, podemos encontrar abrigo e paz. Ele dá forças ao cansado e renova o nosso vigor.

Ana: - Agora eu aprendi!

O que você gosta de fazer para relaxar e descansar?

ORAÇÃO

Senhor, ensine-me a descansar!

Junior: - Eu nunca tinha pensado sobre a importância de descansar. Na verdade, parece até errado ficar sem fazer nada.

Michelle: - Se não tivermos um momento de paz e descanso, a nossa mente, o nosso corpo e o nosso coração não vão dar conta! Também não poderemos oferecer o nosso melhor a Deus se estivermos sobrecarregados com os estudos, com as tarefas de casa, com outras atividades. Ele pode renovar as nossas forças quando estivermos cansados demais!

Junior: - Minha mãe deve pedir a Jesus que lhe dê descanso todos os dias. Não sei como ela aguenta o jeito do meu pai.

Ana: - É como a Michelle disse, Deus renova as nossas forças!

Michelle: - Pensem quando estamos prestes a sair de férias... A gente não vê a hora de ter uns dias de descanso, certo?

Junior: - Sim!

Michelle: - Pois é! É mandamento do Senhor é que todos encontrem tempo para descansar. Até meu computador, quando está lento ou travando, eu desligo e deixo "descansando" um pouco. Depois ligo novamente e ele funciona melhor!

Ana: - Boa! Há adultos que não conseguem ficar sem fazer nada, não é?

Junior: - Muitos! O mundo está cheio de pessoas fanáticas por trabalho, por estudos, por jogos, por fazer, fazer e fazer!

Michelle: - Infelizmente! Por isso existem o dia e a noite! E Deus des-can-sou quando terminou de fazer o mundo. Vocês se lembram?

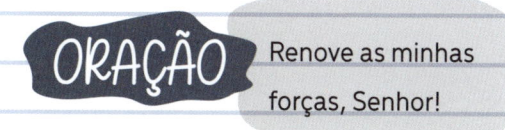 **ORAÇÃO** Renove as minhas forças, Senhor!

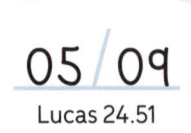

Numa tarde tranquila na calçada em frente à casa do senhor Antônio, a turma brinca de encontrar desenhos nas nuvens.

Ana: - Estou vendo um cachorro ali!

Junior: - É verdade! Parece aquele poodle, não é? Ali vejo uma moto!

Antônio: - Onde, Junior?

Junior: - Ali, senhor Antônio! - e aponta para a nuvem.

Antônio: - Vocês têm uma imaginação e tanto!

Ana: - O céu está cheio de nuvens hoje! Poderíamos ficar aqui um tempão vendo novos formatos e descobrindo novos desenhos!

Junior: - Olhem os raios do sol por trás daquela nuvem grandona! Que lindo!

Ana: - Maravilhoso!

Michelle: - Amo ficar olhando o céu!

Antônio: - Gosto muito também! Fico refletindo sobre a vida...

Michelle: - Eu aproveito para conversar com Deus.

Junior: - É bom mesmo! Acho fantástico quando o céu fica laranja no momento em que o sol está se pondo.

Ana: - Fico admirando, sem palavras! É uma das coisas que mais gosto de fazer!

Antônio: - Parece um quadro sendo modificado a cada instante!

Michelle: - Imagino Deus todo inspirado com o pincel na mão, passando as tintas no céu e feliz em ver as pessoas admirando sua obra! Que artista sensacional ele é!

Ana: - Ele é o Criador!

Antônio: - Só Deus mesmo para fazer a natureza tão bela!

Junior: - Gente! Olhem ali! Estão vendo uma xícara de café naquela nuvem?

Antônio: - É verdade! Vou ter que passar um café agora!

ORAÇÃO

Senhor, agradeço pelo céu, pelas nuvens que carregam a chuva, pelos pássaros que voam e por podermos admirar toda a sua criação!

Michelle: – Vocês sabiam que Jesus se despediu dos discípulos através das nuvens depois que ressuscitou? Ele os abençoou e os deixou, elevando-se ao céu!

Ana: – Eu certamente ficaria com saudades dele!

Michelle: – Eu também! Com certeza foi uma imagem espetacular e única para os onze discípulos!

Ana: – Jesus cumpriu tudo o que precisava fazer aqui na terra, não é?

Junior: – Sim! Para a surpresa de muitos que não acreditaram nele!

Michelle: – É verdade! Ele foi para junto de Deus Pai, mas não nos deixou sozinhos! Temos o Espírito Santo junto de nós!

Junior: – Em alguns momentos, queria poder abraçá-lo!

Michelle: – Eu falo com ele como se estivesse ao meu lado... Na verdade, sei que está, mas não conseguimos ver.

Ana: – Depois que aceitei a Jesus e passei a frequentar a igreja, sinto essa presença diferente onde quer que eu esteja!

Michelle: – Glória a Deus, amiga! É muito bom sentir que alguém cuida e está perto de nós!

Junior: – Que café cheiroso, senhor Antônio!

Antônio: – Bastou olhar para aquela nuvem que a vontade de tomar café veio na mesma hora!

Ana: – Beber café com amigos e falar de Deus é simplesmente demais!

ORAÇÃO

Senhor, agradeço por nos ter enviado Jesus, que cumpriu tudo o que precisava em amor a nós!

As crianças estão fazendo um piquenique com o senhor Antônio e o papagaio Lara na praça.

Ana: - Eu acho tão injusto quando o feriado cai no sábado. De que adianta ser feriado se não vamos ter um dia a menos de aula?

Antônio: - Ahhh, Ana. Não é bem assim. Hoje é um dia muito importante para o nosso país, é o dia em que celebramos a Independência do Brasil.

Ana: - Eu sei, senhor Antônio. Passamos a semana inteira estudando a história do Brasil.

Junior: - Verdade. Fizemos o projeto da semana da pátria na escola. Tivemos várias aulas, atividades, dinâmicas e até apresentamos um trabalho.

Michelle: - Foi muito legal estudar mais sobre o nosso país. Eu amo ser brasileira. Mas vocês sabiam que nós temos outra pátria?

Junior: - Que história é essa?

Michelle: - Nós, filhos de Deus, pertencemos a outra pátria: a pátria celestial. A Bíblia diz que nós somos estrangeiros neste mundo, porque não somos daqui.

Ana: - Tipo alienígena?

Michelle: - Nãaao, Ana! Nós não somos daqui porque somos cidadãos do céu. Estamos nesta terra para cumprir o nosso chamado e viver para Deus, mas, quando Jesus retornar de uma vez por todas, vamos voltar para o nosso lar celestial. Então, somos brasileiros, mas, antes de tudo, somos cidadãos do céu!

Ana: - Agora eu entendi. Nós somos gringos aqui na terra, porque a nossa pátria é o céu.

Todos dão risadas.

Antônio: - Você é uma figura!

ORAÇÃO

Senhor, peço que abençoe o meu país!

A turma conversa sobre o "sumiço" da Michelle após o piquenique na praça.

Ana: – Olha só quem apareceu! A gente ficou esperando você ontem.

Michelle: – Peço desculpas! Eu me esqueci de que uma encomenda chegaria lá em casa e não pude sair.

Junior: – As pessoas falam que vão entregar em determinado horário, e ficamos em alerta toda vez que uma moto ou um carro passam.

Michelle: – É verdade! Nem música consegui ouvir para não me distrair! E chegou no fim do dia. A moça disse que teve uns imprevistos.

Junior: – Fora o trânsito, não é? Complica ainda mais quem trabalha com entregas.

Ana: – E quando chove?

Michelle: – Quando chove, a cidade vira um caos! Minha mãe já levou horas para voltar para casa do trabalho em dias chuvosos!

Junior: – É importante mesmo ficar de olho na previsão do tempo, mas às vezes a dá errado, não é?

Ana: – Sim! Sei que o nome é "previsão" do tempo, mas a gente confia demais.

Michelle: – Por isso os adultos sempre falam: "Leve o guarda-chuva e uma blusa, nunca se sabe se o tempo vai virar".

Junior: – Desse jeito!

Ana: – Lá em casa é uma correria se a roupa está no varal e começa a chover!

Michelle: – Nem me fale!

Junior: - Depois que a encomenda foi entregue, você ficou mais tranquila, não é?

Michelle: - Com certeza! Já pensou se decido entrar no banho e o pacote chega para eu pegar?

Ana: - Você não sairia correndo do banheiro com o cabelo cheio de shampoo e se enrolaria na toalha?!

Michelle: - De jeito nenhum! Hahaha!

Junior: - Nós ficamos com saudades! Não é a mesma coisa brincar sem você, Michelle!

ORAÇÃO

Senhor, que eu não durma no ponto e perceba os seus sinais!

Michelle: - Eu sei que vocês me amam!

Ana: - Mas é convencida demais! Da próxima vez avise a gente, mocinha!

Michelle: - Beleza! Lembrei uma parábola que fala sobre estar atento.

Junior: - Para as encomendas?

Michelle: - Não! Para a volta de Jesus! O Mestre disse que é como um homem que sai de viagem. Ele deixa a casa, encarrega de tarefas cada um dos seus servos e ordena ao porteiro que vigie pois ninguém sabe ao certo o horário que o dono da casa vai voltar. Pode ser à tarde, à meia-noite ou bem cedo de manhã.

Junior: - Tipo você esperando a encomenda, não é?

Michelle: - Sim!

Ana: - Você não ficou cansada de esperar?

Michelle: - Um pouco, mas minha mãe precisava que eu fizesse isso. Jesus encerra a história dizendo: "Se ele vier de repente, que não os encontre dormindo!".

Michelle: - Vocês conseguem imaginar? Jesus voltando para nos buscar e as pessoas "dormindo"?

Ana: - Eu quero ficar com os olhos bem abertos!

Michelle: - Pois é! O dono da casa deixou tarefas a serem feitas pelos servos, e ao porteiro, a responsabilidade de vigiar. Ser flagrado dormindo em um momento no qual a pessoa deveria estar cumprindo obrigações é uma falha vergonhosa no cumprimento do dever. Tudo isso não quer dizer que devemos ficar acordados à noite, mas Jesus nos ensina a não deixar a nossa vida "ao acaso". Não podemos viver de qualquer maneira. Os filhos de Deus devem viver na expectativa da vinda de Jesus. Por isso, é importante obedecer a Deus, buscar um relacionamento profundo com ele e falar do amor de Jesus para as outras pessoas.

Ana: - Então "dormir" pode significar outras coisas?

Michelle: - Sim! Como "vacilar", por exemplo. Não podemos viver em desobediência, longe da vontade de Deus.

Junior: - Também pode significar "perder oportunidades"? Por exemplo, perder oportunidades de falar de Jesus para os outros.

Michelle: - Pode ser também, Junior! É estar preparado, vivendo em obediência e comunhão com Deus e cumprindo o mandamento de anunciar as boas-novas!

Ana: - Ufa! É porque gosto muito de dormir!

Michelle: - Eu sei que gosta! Jesus não estava falando disso... Pode dormir tranquilamente!

Desafio: Ore por uma pessoa que ainda não conhece Jesus esta semana. Depois do período de oração, chame essa pessoa para conversar e fale sobre o amor de Deus.

ORAÇÃO

Senhor, ajude-me a não perder oportunidades!

Michelle: – Pão é muito gostoso!

Ana: – Ninguém orou, não é?

Junior: – Agradeci rapidinho porque minha barriga estava fazendo barulho!

Ana: – Ah, bom!

Antônio: – Vou contar uma história para vocês. Certa vez, quando eu ainda era menino, e isso faz só alguns aninhos...

Ana: – Pouco tempo atrás, senhor Antônio! Hahaha!

Antônio: – Exatamente, Ana! Eu estava de férias na casa dos meus tios, e um dos meus primos era muito sapeca. Um vizinho muito antigo tinha um mercadinho onde eles assavam pães. O cheiro invadia todas as casas!

Michelle: – Eu não poderia morar lá!

Antônio: – Era tentador, de fato. O que aconteceu foi que comecei a notar que esse primo entrava escondido no mercado, nos horários mais tranquilos, e "pegava" alguns pães, porque achava divertido. Um dia, ele saiu de lá correndo, porque pensou ter sido visto por alguém, e trombou comigo no caminho de volta para casa. Naquele momento, ele soube que eu sabia. Éramos mais do que primos, nós nos dávamos superbem, então não houve nada sério. Mas ele colocou uns trocados no meu bolso e fez o sinal de "silêncio", assim como quando colocamos o dedo na boca, e fez "shhh".

Junior: – Ele "comprou" o seu segredo?

Antônio: – Nós, adultos, falamos que isso é propina, suborno ou corrupção.

Ana: – Já ouvi essa última palavra várias vezes!

ORAÇÃO

Senhor, que eu nunca queira pegar nada de ninguém por diversão!

Michelle: - estou chocada, senhor Antônio! Além de roubar, ele deu dinheiro ao senhor para não contar para ninguém! O que aconteceu depois?

Antônio: - Pois é. Primeiro eu contei à minha mãe, porque sabia que poderia confiar nela, e depois conversei com o meu primo sobre esses dois erros que a Michelle comentou. Devolvi o dinheiro dele e expliquei que tudo aquilo era muito errado.

Ana: - Espero que ele tenha mudado de atitude!

Antônio: - Não foi da noite para o dia, como se diz por aí... Mas, ao longo do crescimento dele, ele se deu conta de que aquilo não era nada divertido.

Michelle: - Nenhum funcionário do mercadinho descobriu na época?

Antônio: - Aquele menino era rápido demais! Quando ficou adulto, decidiu contar ao pessoal do mercado e, como reparação do erro, ajudou na reforma que eles estavam fazendo.

Ana: - Muito bem! Acho que a consciência dele ficou pesada, não é?

Michelle: - Chato demais se aproveitar da ausência de algumas pessoas e fazer algo assim por pura brincadeira!

Junior: - Minha mãe fala que crianças não devem fazer nada escondido.

Antônio: - Fujam dessas coisas!

Michelle: - É verdade! Mas, senhor Antônio, há muitos adultos que fazem coisas semelhantes, não é?

Antônio: - E como! Elas se acostumam com o erro e passam a vê-lo como algo "normal".

Michelle: - Eu me lembrei de algo que li na Bíblia.

ORAÇÃO

Senhor, ajude-me a não fazer nada escondido dos adultos!

Ana: - O que você leu, Michelle?

Michelle: - Vocês se lembram de quando Jesus foi crucificado e depois sepultado, não é? Os chefes dos sacerdotes e os líderes religiosos se juntaram e elaboraram um plano.

Junior: - Você está muito misteriosa! Conte logo! Qual era o plano?

Michelle: - Eles deram uma enorme quantia em dinheiro para os soldados dizerem o às pessoas que os discípulos foram ao túmulo de Jesus à noite e furtaram o corpo, enquanto os soldados dormiam.

Ana: - Men-ti-ra?!

Michelle: - É sério, gente! Eles não queriam que o povo soubesse que o Mestre havia ressuscitado, como ele mesmo havia dito que aconteceria.

Antônio: - E os discípulos "levaram a culpa" ainda por cima!

Ana: - Dar dinheiro a alguém para mentir é muito errado, não é?

Junior: - Ainda mais se tratando de Jesus Cristo!

Michelle: - É verdade! Foram os guardas que contaram aos chefes dos sacerdotes tudo o que havia acontecido.

Junior: - Os soldados devem ter ficado satisfeitos com aquele monte de dinheiro!

Ana: - Sem dúvida!

Michelle: - Uma tia minha é professora de inglês e dava aulas para aquelas pessoas que trabalham em aviões. Como chama mesmo? Aeromoço?

Antônio: - O nome mudou agora. O correto é "comissário de voo".

Michelle: - Isso! Ela recebeu uma proposta para fazer algumas provas no lugar dos alunos e, com isso, ganharia uma boa grana. Mas ela recusou.

 Que eu fuja das coisas que não agradam ao Senhor!

Ana: - Recusou? Mas por quê?

Junior: - Você já viu algum professor fazendo provas no lugar dos alunos, Ana?

Ana: - Não, não é?! Mas ela ganharia um dinheiro extra!

Michelle: - Mas seria errado! A organização poderia descobrir que não foram os alunos reais que responderam, e o problema seria grande para eles e para a minha tia! Ações erradas têm consequências, e nós precisamos ser sempre justos e honestos.

Antônio: - A sua tia fez o certo, Michelle.

Junior: - Quando devemos aceitar algum "pagamento" de forma correta e honesta, então?

Antônio: - Vou dar um exemplo. Ainda menino, eu oferecia um serviço de entregas na feira para as pessoas. Eu tinha um carrinho, levava as compras até as casas delas, e elas me pagavam por isso.

Michelle: - Que legal, senhor Antônio!

Antônio: - Eu ajudava, mesmo que com pouco, nas contas da casa. Veja, Junior, era algo combinado de forma clara e verdadeira. Deu certo por um tempo, e sou grato por isso até hoje!

Ana: - Há pessoas que fazem bolos, doces e tortas e aceitam encomendas para alguns eventos. É algo bem bacana, também!

Junior: - Seria bom ganhar um dinheiro extra para ajudar lá em casa.

Antônio: - As crianças não devem trabalhar, lembrem-se disso! Vocês precisam estudar e brincar!

ORAÇÃO Que eu sempre me lembre que o Senhor vê todas as coisas!

Em um dia muito esperado pela turma, uma ONG visitou a escola para falar sobre um programa de intercâmbio para adolescentes e jovens, o que deixou as crianças muito animadas.

Ana: – Quero viajar para outro país para estudar algum idioma quando eu crescer!

Junior: – Eu não conseguiria ficar longe da minha mãe, gente! Achei o programa muito legal, mas não sei se é para mim.

Ana: – Imagine viver outra realidade, experimentar comidas diferentes, conhecer pessoas novas! Não é demais?

Michelle: – É, mas o que faríamos quando a saudade do Brasil batesse?

Junior: – Se você estiver falando da comida, teria que procurar um restaurante brasileiro. Se fossem saudades da família, você poderia fazer uma chamada de vídeo. Se fossem saudades do clima, bem, aí não sei qual solução dar!

Ana: – Há lugares que são muuuuuito frios!

Michelle: – É verdade! Mas, antes de qualquer coisa, precisaríamos fazer muitas pesquisas na internet!

Junior: – Ainda bem que temos acesso a tantos conteúdos e informações importantes, não é? O Ted vive dizendo que os pais dele o enviarão para o Canadá para estudar.

Ana: – Lá neva muito! Brrrrr!

Michelle: – Vocês já viram pessoas que falam vários idiomas?

Junior: – Haja memória!

Ana: – Deve ser muito difícil!

Michelle: – Dizem que o primeiro idioma estrangeiro que a pessoa aprende é realmente muito desafiador, mas aprender outros depois é um pouco mais tranquilo.

ORAÇÃO

Senhor, agradeço pelos idiomas falados no mundo e por termos a oportunidade de aprendê-los!

Junior: - Talvez seja porque o estudante já entende melhor a estrutura das frases, não é?

Ana: - Acho que sim. Vocês já viram estrangeiros falando outros idiomas?

Michelle: - Uma vez, um grupo de missionários da África foi lá na minha igreja. Eu não estava entendendo nada que eles falavam, mas eu sorria e acenava para eles!

Junior: - Hahaha! Havia alguém ajudando na comunicação?

Michelle: - Sim! Havia uma tradutora!

Ana: - Que profissão da hora! Ouvir a pessoa falando em uma língua e, rapidamente, traduzir para o próprio idioma! Uau!

Michelle: - Vocês sabem que houve um episódio na Bíblia em que as pessoas foram capacitadas a falarem em outras línguas?

Ana: - Sem estudar?

Michelle: - Sem livros ou dicionários! Aconteceu depois de um tempo que Jesus voltou aos céus. Todos estavam reunidos num só lugar, e esse dia é conhecido como dia de Pentecoste. Do céu veio um som, como de um vento muito forte, e encheu toda a casa na qual eles estavam assentados. O Espírito Santo se espalhou sobre as pessoas, como um fogo que brotava, e elas começaram a falar em outras línguas, conforme o Espírito as instruiu.

Ana: - Chocante!

Junior: - E os demais? Ouviram o barulho também?

Michelle: - Havia em Jerusalém judeus tementes a Deus, vindos de todas as nações do mundo. Eles ouviram o som e se juntaram àquela multidão, que ficou perplexa, pois cada um os ouvia falar em sua própria língua!

Ana: - Que evento fantástico!

ORAÇÃO

Senhor, agradeço por ter derramado o seu Santo Espírito!

Michelle: – Eles puderam ouvir pessoas de diversos lugares do mundo declarando as maravilhas de Deus em seus próprios idiomas!

Junior: – Houve alguém que achou tudo aquilo muito estranho?

Michelle: – Claro! Alguns zoavam aquelas pessoas, dizendo que elas haviam bebido muito vinho e estavam bêbadas.

Ana arregala os olhos.

Junior: – Imagino! O que houve depois?

Michelle: – Pedro se levantou com os onze discípulos e, em voz alta, explicou à multidão que Deus havia derramado o Espírito Santo sobre os povos. E completou o discurso, dizendo: "Os seus filhos e as suas filhas profetizarão, os jovens terão visões, os idosos terão sonhos".

Foi um momento muito importante para os cristãos e marcou o começo de um novo tempo. A presença física de Jesus já não era mais realidade, mas o Espírito Santo de Deus passou a habitar poderosamente dentro das pessoas.

Junior: – O que é profetizar?

Michelle: – Significa falar sobre algo que está para acontecer por influência do Espírito Santo.

Ana: – E ter visões é literalmente ver coisas sobrenaturais?

Michelle: – É quando algumas pessoas conseguem ver além do que os olhos humanos conseguem enxergar, no mundo espiritual.

Junior: – Que assunto profundo, não é?!

Michelle: – Já ouvi histórias de pessoas que tiveram sonhos com significados importantes, e era uma confirmação ou um alerta. Vocês já ouviram também?

ORAÇÃO

Senhor, que eu possa profetizar, ter visões e sonhos segundo a sua vontade!

Ana: – Já ouvi falar, sim, mas nunca sonhei com algo realmente marcante. Meus sonhos parecem uma mistura das coisas que aconteceram na escola, com as situações da minha família e com as nossas conversas.

Junior: – Eu já sonhei que estava num lugar grande onde muitas pessoas me ouviam falar sobre Jesus e sobre a minha história. Eu era adulto no sonho, e um rapaz que era meu amigo me dava um abraço muito apertado. Parecia que era o próprio Deus me abraçando naquele momento. Acordei com aquela sensação!

Michelle: – Que sonho bonito, Junior!

Ana: – Muito legal, mesmo! Todos os sonhos têm significados?

Michelle: – Dizem que não! Há muitos mitos e verdades sobre o assunto, mas basicamente todos os seres humanos sonham, podendo ser naquele sono profundo ou mais leve. Vocês já tiveram pesadelos?

Junior: – Várias vezes!

Ana: – Se fico muito ansiosa ou se vejo algum filme com imagens fortes, acabo tendo sim. É muito ruim!

Michelle: – Acho que todo mundo já passou por isso.

Junior: – E, na Bíblia, as pessoas tiveram sonhos importantes, não é?!

Michelle: – Sim! José interpretou os sonhos do Faraó; Mardoqueu, que era primo de Ester, teve um sonho que era uma profecia; e, no livro de Daniel, há inúmeros exemplos de sonhos! Vale a pena ler sobre essas histórias! E, caso sonhem algo que pareça ser importante, orem e falem com alguém da igreja para ajudá-los!

ORAÇÃO

Senhor, ajude-me a não ter pesadelos!

Desafio: Encontre uma história sobre sonhos na Bíblia e leia como aconteceu e o que Deus desejava comunicar.

Certo dia, na saída da escola, o papagaio Lara fala algo que irrita Ted.

Papagaio Lara: – Perdedor! Perdedor!

Ted: – Fique quieto, papagaio desocupado!

Papagaio Lara: – Perdedor! Perdedor!

Ana: – Shhhhhh!

Junior: – Não liga, Ted.

Michelle: – Vai embora, Lara! Vai!

Junior: – Você jogou bem durante a partida, Ted.

Ted: – Mas não ganhamos!

Ana: – Está tudo bem. Foi um jogo difícil.

Junior: – Perder faz parte da vida.

Ted: – Eu não suporto perder! Treinamos tanto... Depois que trocaram o nosso treinador, o time ficou diferente. Mas o time adversário joga muito também, não é?

Junior: – Eles batem um bolão!

Michelle: – Parabéns para eles e bola *pra* frente agora, Ted, literalmente.

Ana: – Um dos atacantes machucou o pé e desestabilizou o restante dos jogadores.

Ted: – É verdade. A partida parou um tempão!

Michelle: – E a torcida adversária começou a vaiar, dizendo que ele era um banana!

Junior: – Ficou mais difícil ainda de se concentrar no jogo, não é, Ted?

Ted: – Nem me fale! Estávamos cansados e irritados! A gente só queria que acabasse logo!

Ana: – Admiro muito vocês! Não consigo correr daquele jeito!

Michelle: – Ouvi dizer que alguns já vão entrar nas escolinhas de futebol.

Ted: – Sim, há muitos que são talentosos.

Michelle: – Já ouviram a história que Jesus contou sobre o rei que vai à guerra?

ORAÇÃO

Senhor, ajude-me quando eu perder em um jogo ou outra situação da vida!

Ana: - Eu não conheço!

Michelle: - O Mestre estava contando parábolas quando ilustrou a seguinte situação: um rei vai guerrear contra outro rei, porém o exército dele tem 10 mil homens e o exército adversário possui 20 mil.

Ted: - Uau! A diferença é muito grande! Esse rei irá perder!

Ana: - O outro exército tem o dobro de homens! Não tem como vencer!

Michelle: - Pois é! Jesus disse que, se ele reconhecesse que não seria capaz de guerrear, seria melhor enviar um representante para pedir um acordo de paz.

Ted: - Concordo! Seria muito arriscado lutar contra o dobro de homens.

Junior: - O que podemos aprender com essa história?

Michelle: - Devemos avaliar corretamente as nossas forças e possibilidades antes de iniciar alguma tarefa.

Junior: - Precisamos parar e pensar primeiro. Certo?

Michelle: - Exatamente! O Mestre estava se referindo aos nossos inimigos, que são nossos adversários no mundo espiritual. O objetivo deles é sempre nos ver errar.

ORAÇÃO

Senhor, ensine-me a pensar antes de agir!

Ted: - Igual a quando errei a passagem da bola?

Michelle: - De certa forma, sim, pois você acabou não tendo êxito e ficou desanimado.

Ana: - Está certo dizer também que o correto é se preparar com antecedência para certas batalhas?

Michelle: - Com certeza! Se aquele rei insistisse em lutar, além de muito provavelmente perder, vários homens do exército dele morreriam! Seria correr um risco muito grande!

Junior: - Se um perde, todos perdem!

Certo dia, Ana conta para os amigos uma situação difícil que viveu enquanto estava na praia.

Ana: – Vocês já viram aqueles chicletes que vêm com tatuagens?

Michelle: – Já! É só escolher a parte do corpo em que quer colocar, e usar um paninho úmido para que o desenho passe para a pele.

Junior: – Alguns desenhos são legais, outros eu não teria coragem de colocar nem de brincadeira.

Ana: – No fim de semana, fui à praia e ouvi algumas meninas cochichando que eu não poderia colocar os adesivos na minha pele porque é escura. Aquilo estragou o meu dia. Eu estava em um lugar lindo, aproveitando o sol e o mar, mas aquele comentário me chateou muito!

Michelle: – Nada a ver! Você pode sim!

Junior: – O corpo é seu, e você pode colocar se quiser! Elas viajaram falando isso!

Ana: – Fiquei muito chateada!

Michelle: – Sinto muito, amiga, mas não dê importância para isso! Nesses momentos difíceis, lembre-se de que foi criada por Deus, e tudo o que ele faz é bom. O Senhor fez os seus cabelos, a sua pele, o seu rostinho e todo o seu corpo.

Ana: – É muito difícil não dar ouvidos a tudo isso, mas vou tentar me lembrar dessa importante verdade. Estou até com vontade de voltar à praia e aproveitar melhor. Não vejo a hora de sentir o sol na minha pele!

Junior: – Mas não se esqueça do protetor solar, mocinha!

ORAÇÃO

Senhor, que eu me ame e me aceite do jeito que sou!

Michelle: – Isso é verdade! Todos devem tomar cuidado quando se expõem ao sol. É muito importante usar filtro solar, óculos escuros e chapéu ou boné.

Junior: – Não é nada legal ficar queimado do sol. Arde muito!

Ana: – Não gosto de passar filtro solar, mas minha mãe insiste.

Michelle: – É supersério se não se proteger! Podemos ter problemas na pele no futuro!

Junior: – Dizem que o certo é usar filtro solar todos os dias, não é?

Ana: – Sim! Seja para fazer uma caminhada ou para brincar no quintal de casa.

Michelle: – É isso, galera! Mas, sabe, Ana, Deus ama a todos sem ter preferências.

Ana: – As imagens de Jesus que a gente vê por aí são sempre de um homem branco com os olhos claros. Eu fico em dúvida sobre a aparência dele quando foi homem aqui na terra.

Junior: – Onde ele nasceu, Ana, você se lembra?

Ana: – Em Jerusalém.

Junior: – Exato! Lá em Israel, um país do Oriente Médio. Isso nos leva a pensar que Jesus tinha as características das pessoas daquela região. Provavelmente a pele dele não era branquinha como vemos por aí.

Michelle: – Em Atos, há um versículo que diz que Deus não trata as pessoas com parcialidade.

ORAÇÃO

Senhor, agradeço por amar a todos sem preferências!

Ana: – O que é "parcialidade"?

Michelle: – É quando alguém prefere uma pessoa ou grupo mais do que outros, por isso, trata de forma desigual.

Junior: – O mundo está cheio de pessoas muito diferentes umas das outras, não é?

Michelle: – Sim, e isso é muito legal!

Ana: – Existe uma modelo brasileira que é negra e se casou com um ator branco de olhos claros. Juntos, eles tiveram um filho, que nasceu com a pele e os cabelos iguais aos da mãe e os olhos claros igual ao pai.

Michelle: – Ele deve ser lindo!

Junior: – Que "misturinha" mais bonita!

Ana: – Sim! A família deles é muito bonita!

Michelle: – Viu só, amiga? Há beleza em todas as pessoas!

Junior: – Todos temos qualidades e defeitos. Essas garotas não são perfeitas. A melhor coisa que você pode fazer é ignorar os comentários e pedir que Senhor ajude você a não ficar com raiva ou chateada.

Ana: – Se eu as ofendesse de volta, elas não iriam gostar!

Junior: – Mas é exatamente isso que você não pode fazer!

Ana: – Mas é tão difícil, gente!

Junior: – Eu sei que é! Já ouvi piadas a respeito dos comportamentos do meu pai. O que eu posso fazer? Ele não vai deixar de ser meu pai. Só posso orar a Deus pela vida dele e da minha família!

Michelle: – Realmente, galera, sem a ajuda de Deus Pai, não conseguiríamos vencer as nossas lutas!

ORAÇÃO

Senhor, ajude-me a não responder às provocações que recebo!

Michelle: – Quando entendemos que Deus nos ama de forma igual e se alegra com a maneira como somos, pois fomos feitos pelo próprio Criador, passamos a gostar do que vemos no espelho.

Ana: – Mas isso leva tempo. Já ouvi de algumas pessoas que eu deveria alisar o cabelo, pois é muito volumoso.

Junior: – Por que as pessoas não cuidam da própria vida, hein?!

Michelle: – Eu fico cansada com gente preconceituosa!

Ana revira os olhos.

Michelle: – Sabem, galera, somos parte da mesma família, que é a família de Deus e, mesmo com tantas diferenças, temos "tudo" em comum.

Ana: – Como assim?

Michelle: – Fisicamente podemos ter diferenças, mas somos todos filhos de Deus. Temos o mesmo Pai e vivemos com os mesmos propósitos segundo a vontade dele!

Ana: – Isso é verdade! Quando o coral da minha igreja se apresenta, podemos ver que uns são baixos, outros altos, as peles e cabelos são tão variados.

Junior: – Cantar, para mim, só quando estou tomando banho!

Ana: – Você faz o shampoo de microfone, não é?!

Junior: – Faço, sim, haha. E, no coral, mesmo sendo tão diferentes, todos estão lá num mesmo intuito, que é louvar e engrandecer o nome do Senhor!

Michelle: – É lindo, não é?! Um timbre de voz mais belo do que o outro!

Ana: – Acho maravilhoso também!

Michelle: – É isso, gente! Todos os que creem em Jesus se mantêm unidos e têm muitas coisas em comum!

ORAÇÃO

Senhor, que eu permaneça sempre junto à família de Deus!

Numa manhã, na entrada da escola, Junior conta uma novidade às amigas.

Junior: – Bom diaaaaaa! Tenho novidades!

Ana: – Pelo jeito é notícia boa!

Michelle: – Nada melhor do que começar o dia com ótimas notícias! Conte-nos!

Junior: – O trabalho da minha mãe foi visto por uma empresária, que entrou em contato e decidiu fazer uma grande encomenda para uma feira de inverno que vai acontecer na cidade dela!

Ana: – Uhuuuu! Parabéns!

Michelle: – Eu fico muito feliz por vocês, de verdade!

Junior: – Ela vai produzir várias roupas e acessórios. Vocês sabem, essas coisas nunca saem de moda!

Michelle: – É verdade! Eu amo toucas e cachecóis!

Ana: – Os dias dela serão mais puxados ainda, não é?

Junior: – Com certeza! E minha mãe é superperfeccionista com as peças! Ela gosta de entregar um trabalho impecável!

Michelle: – Sua mãe é uma verdadeira artista! A forma como ela trabalha na máquina e as combinações de cores são fantásticas!

Junior: – Tenho que concordar! Depois que isso aconteceu, tomei uma decisão. Quero dar um testemunho na igreja sobre isso, mesmo tendo um pouco de vergonha.

Michelle: – Que demais! Tenho certeza de que as pessoas se sentirão fortalecidas com o seu testemunho! Você está cumprindo o que está escrito em Atos 4.20: "Pois não podemos deixar de falar do que vimos e ouvimos".

Junior: – Você acredita que eu li esse versículo ontem?!

Michelle: – Acredito! Deus é maravilhoso!

ORAÇÃO

Senhor, agradeço pela sua fidelidade em nossa vida!

Desafio: Converse com um amigo ou familiar e dê o testemunho sobre o que Deus tem feito na sua vida.

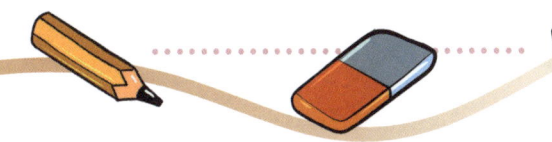

Enquanto Ana caminhava em direção à escola numa manhã, o papagaio Lara cantou uma música.

Lara: – "Você só quer brinquedos, mas um dia vai crescer. Vai pagar muitos boletos e tempo livre não vai ter. Diz que ser criança é chato, mas não consegue perceber que, quando for adulto, muitas coisas terá que fazer!".

Ana: – Shhh! Quieto!

Chegando à porta da escola, ela se depara com os amigos...

Michelle: – Que cara é essa, amiga?

Ana: – Encontrei aquele papagaio na rua. Estava cantando uma música que me deixou pensativa e *pra* baixo. A música falava de brinquedos e boletos. Parece que ser adulto é algo complicado.

Michelle: – Brinquedos, ok. Boletos?! Como assim?

Junior: – Contas para pagar!

Ana: – Falam que gente grande vive sem tempo e paga muitos boletos. Já falei que ser criança é chato, mas acabei de me arrepender!

Michelle: – Por que você disse que é chato?

Ana: – Ah, a gente tem que dar satisfação de tudo para os nossos pais, não temos o nosso próprio dinheiro e não podemos tomar as próprias decisões, sabe.

Michelle: – Mas vai chegar o momento de viver tudo isso! Não há motivo para querer acelerar o tempo!

Ana: – Depois dessa música, eu gostaria de congelar o tempo! Não é à toa que as professoras estão mal-humoradas pela manhã.

Junior: – Para com isso, Ana! Você às vezes fica emburrada também! Principalmente quando não toma o café da manhã!

Ana: – Vou ter que concordar! Mas é sério... fiquei preocupada com esse negócio de "boletos".

Junior: – Não fique!

ORAÇÃO

Senhor, que eu saiba viver cada fase da minha vida!

Michelle: - Você vai ser uma grande mulher e vai realizar coisas maravilhosas! Não precisa ter medo de crescer!

Ana: - Michelle! Veja as nossas mães! Elas têm olheiras e vivem cansadas! O serviço de casa não acaba nunca! Estou em pânico!

Junior: - Muita calma nesta hora! Você pode fazer muitas coisas para economizar tempo. Temos muitas tecnologias que facilitam a vida, as tarefas de casa, a organização da rotina. Você pode ter uma lava-louças, uma máquina de café, aquela caixinha que você manda e ela obedece, sabe? "Acender as luzes, ligar o ar-condicionado, abrir a porta..."

Ana: - Um luxo de vida!

Michelle: - Fora que, quando crescermos, a galera já vai ter inventado mais coisas!

Ana: - É verdade! Mas eu foquei na máquina de café! Hummm! É só apertar um botão para aquele cheiro ma-ra-vi-lho-so invadir a casa!

Junior: - Viu?! Os adultos ralam muito para conseguir as coisas, mas podem ter uma vida boa, sim. Esquece essa música!

Michelle: - Não podemos nos esquecer de que, para conquistar uma vida confortável, precisamos nos dedicar aos estudos, assim teremos uma boa profissão no futuro.

Ana: - Ah, não! Estudar? Não quero mais ser criança.

Junior: - Decide o que você quer, Ana!

Ana: - Eu quero é ser feliiiiz! Aproveitar a vida!

Mas esse papagaio acabou com o meu dia!

Junior revira os olhos e balança a cabeça.

ORAÇÃO

Senhor, ajude-me a construir um bom futuro!

Michelle: – Você vai deixar um papagaio com uma música boba deixar você assim?

Ana: – Pelo jeito, ser criança é ruim e ser adulto também!

Junior: – Quanto drama!

Michelle: – Preste atenção numa coisa: a vida só é boa para quem tem Jesus! Você tem, não tem? Então chega de "mimimi" e confie nele! Há um versículo que diz: "Tu me fizeste conhecer os caminhos da vida e me encherás de alegria na tua presença".

Junior: – Lembrei de uma música boa: "A alegria está no coração de quem já conhece a Jesus, a verdadeira paz só tem aquele que já conhece a Jesus. O sentimento mais precioso que vem do nosso Senhor é o amor que só tem quem já conhece a Jesus".

Michelle: – "Aleluia, amém." Continue cantando, Ana, eu sei que você sabe!

Ana: – "Posso pisar numa tropa e saltar as muralhas, aleluia, aleluia. Posso pisar numa tropa e saltar as muralhas, aleluia, aleluia. Ele é a rocha da minha salvação, com ele não há mais condenação. Posso pisar numa tropa e saltar as muralhas, aleluia".

Todos cantam juntos: – "Aleluia, aleluia, aleluia, aleluia".

Michelle: – Que música *top*! Hahaha!

Junior: – Eu gosto muito!

Ana: – Quem será que ensinou aquela música feia para o papagaio Lara?!

Michelle: – Vai saber!

Ana: – Para o papagaio, é fácil cantar: ele ganha ração, frutas e verduras de todos os moradores da rua! Mas fiquei mais animada depois que cantamos a música!

Junior: – Ufa! Ainda bem!

ORAÇÃO

Senhor, que eu me alegre cantando louvores para ti!

Naquele mesmo dia, no intervalo das aulas, os amigos lancham e conversam.

Michelle: - Minha professora entrou na sala com o semblante triste; parecia que tinha chorado. Acho que ela estava cansada e chateada com alguma coisa.

Ana: - Vocês têm alguns trocados na carteira? Poderíamos comprar um chocolate na cantina, escrever um bilhetinho e entregar para a professora. Quem sabe não deixamos o dia dela menos difícil...

Michelle: - Vamos fazer isso sim! Não sabemos as dificuldades que as pessoas estão passando, não é?

Os amigos juntam os trocados e Junior vai até a cantina comprar o chocolate.

Michelle: - O que acham de escrevermos um versículo no bilhete? Pensei em: "Neste mundo vocês terão aflições, contudo, tenham ânimo! Eu venci o mundo", disse Jesus em João 16.33!

Ana: - E embaixo escrevemos: "Que seu dia seja abençoado! Você é especial para nós! Estamos orando por sua vida!".

Junior: - Da hora, meninas!

Michelle: - Quando voltarmos para as salas, eu escrevo o bilhete. Depois dou um jeito de encontrá-la para entregar.

Junior: - Que essa mensagem chegue ao coração dela!

Michelle: - Amém! Vamos começar a orar por ela desde já!

Ana: - Você vai colocar o nosso nome no final do bilhete?

Michelle: - Vou, sim! Quem sabe ela acaba sentindo vontade de conversar com um de nós...

Junior: - Excelente oportunidade de falar de Jesus para ela!

ORAÇÃO

Senhor, ajude-me a ser sensível com os problemas das outras pessoas!

Na saída, a turma conversa sobre a professora de Michelle.

Michelle: - Eu encontrei a professora no corredor e entreguei o nosso recadinho e o chocolate para ela. Ela ficou muito agradecida e disse que é muito bom saber que tem gente orando por ela!

Junior: - Que legal! Será que ela já conhece Jesus?

Michelle: - Eu tive a oportunidade de conversar um pouquinho com ela, e ela disse que ia à igreja quando era criança, mas não tinha pensado em voltar até agora. Ela falou que foi muito bom se lembrar do amor de Deus e que quer visitar uma igreja qualquer dia. Eu a convidei para ir à minha igreja no próximo domingo, e ela disse que vai tentar. Fiquei muito feliz!

Ana: - Que bênção! Vamos continuar orando.

Junior: - Com certeza! Espero que ela seja consolada pelo amor de Deus!

Michelle: - Que bom que fizemos aquele bilhetinho. Foi a oportunidade perfeita para falar do amor de Deus, e temos que aproveitar todas as oportunidades!

Ana: - Sim! Temos que falar de Jesus sempre que pudermos, pois todos precisam dele!

No domingo seguinte, Michelle encontra a professora na igreja. Depois do culto, ela liga para Ana e conta a novidade.

Michelle: - Amiga, nem te conto. A professora estava no culto hoje!

Ana: - Que máximo! Deus é bom demais!

Michelle: - Amém! Ela estava muito emocionada e parecia alegre. Estou tão feliz!

ORAÇÃO

Deus, me ajude a falar do seu amor em todas as oportunidades.

OUTUBRO

Em uma tarde fria, as crianças tomam café da tarde na casa do senhor Antônio, enquanto o papagaio Lara está tagarelando muito.

Papagaio Lara: – "Senhor Antônio tinha um sítio, ia-ia-ô."

Ana: – Tinha, senhor Antônio?

Antônio: – Nos meus sonhos, sim! Uma vez brinquei com o papagaio sobre essa música, e ele nunca mais parou de repetir.

Papagaio Lara: – "E nesse sítio tinha uma vaquinha."

Michelle: – Ele está muito animado hoje!

Papagaio Lara: – Café!

Antônio: – Duas coisas que esse papagaio ama: tagarelar e café. Não que ele tome café, mas só de sentir o cheiro ele faz aquela dancinha feliz.

Ana: – Dança, Lara! Dança!

O papagaio Lara faz uma dança e todos dão risadas.

Papagaio Lara: – "Era mu-mu-mu pra cá...".

Junior: – Hoje vai ser difícil conversar!

Antônio: – Há dias em que ele está mais agitado. É assim desde que foi resgatado pelo Ibama e veio morar comigo.

Michelle: – Aqui é a casa dele, nós é que somos as visitas.

Papagaio Lara: – "Senhor Antônio tinha um sítio, ia-ia-ô."

Ana: – Qual bicho vem agora?

Antônio sussurra no ouvido da Ana: – "Pato". Ele sabe a letra inteirinha.

Papagaio Lara: – "E nesse sítio tinha um pato, ia-ia-ô".

Michelle: – Papagaios são muito inteligentes! É preciso tomar cuidado com o que se fala, pois ele ouve e repete.

Antônio: – Nem me diga!

Michelle: – Sabiam que houve um apóstolo de Jesus que foi chamado de "tagarela"?

Ana: – Eu não sabia! Conte para nós quem foi e por quê!

ORAÇÃO

Agradeço por todos os animais que o Senhor criou!

Michelle: - O tagarela é o apóstolo Paulo, que foi chamado assim quando pregava as boas-novas a respeito de Jesus e da ressurreição.

Ana: - Eu não me importaria em ser chamada de tagarela por falar muito de Jesus!

Junior: - Nem eu!

Michelle: - Paulo estava firme no objetivo de levar a mensagem de salvação aos povos e observou que em Atenas havia objetos de culto e, curiosamente, encontrou um altar escrito: "AO DEUS DESCONHECIDO".

Junior: - Quem constrói um altar a um Deus que não conhece?

Ana: - Estranho, não é?

Michelle: - Pois é! E "estranhas" eram algumas ideias que Paulo anunciava, segundo a opinião das outras pessoas. Elas tinham o desejo de saber o que todo aquele discurso significava.

Antônio: - Como ouvi outro dia, para muitas pessoas, Jesus era "fora da curva" para a época dele!

Ana: - Com certeza! Ele era diferente!

Michelle: - Paulo, então, elevou a voz e disse que o verdadeiro Deus, aquele que fez o mundo e tudo o que nele há, não habita em santuários feitos por mãos humanas. Deus não está em nenhuma escultura de ouro, prata ou pedra, mas sim perto de cada um de nós.

Junior: - Talvez fosse complicado para o povo entender, pois eles estavam acostumados com altares e objetos de culto.

Michelle: - Sim! Mas, ao ouvirem as palavras de Paulo, muitos creram!

Ana: - Devemos ser como Paulo, então? "Tagarelas" no assunto certo?!

Michelle: - Exatamente, amiga, levando sempre a melhor mensagem que existe aos corações que, desesperadamente, precisam dela!

 **ORAÇÃO** Senhor, que eu nunca me canse de anunciar a mensagem de Jesus!

Antônio: – Glória a Deus por isso!

Junior: – O apóstolo Paulo sabia que o Espírito Santo de Deus estava com ele, certo?

Michelle: – Certíssimo! Inclusive, certa noite, o Senhor falou a Paulo em visão: "Não tenha medo, continue falando e não fique calado, pois estou com você e ninguém vai lhe fazer mal ou feri-lo, porque tenho muita gente nesta cidade". Sendo assim, Paulo ficou um ano e meio ensinando a Palavra de Deus aos gentios.

Ana: – Gentios são as pessoas gentis?

Michelle: – Não, Ana. Gentios eram todos os povos que não eram judeus.

Junior: – Ele confiou nas palavras do Senhor por causa da visão que teve, então?!

Michelle: – Com certeza! Se Deus disse, ele cumpriria com aquelas promessas! Ele continuaria usando a vida de Paulo para que fosse um canal de bênção àquelas vidas!

Antônio: – Ele era um homem muito corajoso!

Michelle: – Isso não quer dizer que a vida daqueles que seguem a Jesus Cristo é 100% tranquila e sem problemas. O próprio Jesus disse que teríamos aflições aqui na terra. Mas não podemos deixar de crer que o Senhor sabe de todas as coisas e o Espírito Santo não sai de perto de nós nem mesmo por um instante!

Junior: – Nas redes sociais está cheio de gente que parece ter uma vida perfeita!

Antônio: – Isso é uma ilusão! Vídeos e fotos não querem dizer nada! Muitos estão perdidos, sem saber para onde ir e o que fazer.

Michelle: – Mas é como diz o trecho daquela música: "Te louvarei, não importam as circunstâncias!".

 **ORAÇÃO** Senhor, ensine-me a crer nas suas promessas para a minha vida!

Certo dia, na saída da escola, a turma se encontra e conversa no caminho de volta para casa.

Ana: - Há uma galera falando que o comportamento do Ted está insuportável!

Michelle: - Os boatos chegaram lá na sala também! O que será que está acontecendo?

Junior: - Ouvi dizer que ele está andando com um grupo de garotos que falam muitos palavrões e tratam as pessoas muito mal.

Ana: - Não acredito! Quero distância desse tipo de grupinho!

Michelle: - É bom ficarmos longe mesmo!

Ana: - Se eu fizesse isso, ficaria de castigo, com certeza.

Michelle: - E, além de ficar de castigo, estaria pecando contra Deus, não é?

Junior: - Ah, é mesmo! É pecado, e Deus vê todas as coisas!

Ana: - Vê mesmo! Vamos nos preocupar em agradar-lhe e falar somente coisas boas! Da nossa boca só podem sair palavras de bênção. E no nosso corpo só podem entrar coisas que agradam a Deus.

Michelle: - Tipo brócolis, alface, cenoura, mandioquinha! Hummm!

Ana: - Prefiro brócolis na pizza com queijo, a cenoura no bolo de cobertura de chocolate, a mandioquinha num caldo com carne! Mas eu estava falando das coisas que ouvimos, não de comida! Haha!

Michelle: - É verdade, amiga! Será que podemos fazer algo pelo Ted? Além de orar, claro.

Ana: - Nós estamos sempre juntos na casa do senhor Antônio tomando café... Poderíamos convidá-lo um dia.

Junior: - Eu não sei se ele iria, mas podemos tentar.

ORAÇÃO

Que eu queira fazer somente as coisas que agradam ao Senhor!

Ana: - Voltando no assunto dos pecados, quais são algumas das coisas que Deus considera totalmente erradas?

Michelle: - Podemos começar falando sobre a preguiça.

Junior: - Xiiii! Eu tenho um pouco, hein?!

Michelle: - A Bíblia se refere à pessoa que não quer fazer as coisas, principalmente trabalhar.

ORAÇÃO

Ajude-me a entender sobre as coisas que o Senhor não aprova!

Ana: - É que levantar cedo nas manhãs de inverno é um tormento!

Junior: - Nem me fale!

Michelle: - A preguiça não pode nos dominar, nos impedindo de fazer as coisas. Outro pecado sobre o qual podemos falar é a ira. Deus nos convida a refletir sobre as nossas emoções, que foram dadas por ele mesmo.

Junior: - Estar irritado também é algo que todas as pessoas em algum momento vão experimentar, não é?

Michelle: - Sim, mas Deus diz: "Quando vocês ficarem irados, não pequem", ou seja, às vezes é inevitável ficarmos indignados, mas não podemos pecar.

Ana: - Tipo deixar esse sentimento crescer dentro de nós?

Michelle: - Exatamente! Tem a avareza, que é quando a pessoa é mesquinha, "pão-dura" e "mão de vaca". A avareza é contrária à generosidade, compaixão, solidariedade e caridade. Deus ama as pessoas que doam com alegria!

Junior: - Mas e se eu não tiver dinheiro para ajudar alguém?

Michelle: - Você pode pensar em algum outro tipo de ajuda, como se dispor a ajudar em alguma tarefa, doar alguma coisa que você não usa mais, ou orar pela vida de alguém!

Ana: - Sei que há muitos outros pecados. O que fazer quando erramos?

Michelle: - A resposta está em Atos 3.19!

Ana pesquisa o versículo no celular. – Aqui diz: "Arrependam-se, pois, e voltem-se para Deus, para que os seus pecados sejam cancelados".

Michelle: – Exatamente, amiga! Arrepender-se é refletir sobre o que você fez de errado e mudar completamente de atitude.

Junior: – E voltar-se para Deus é voltar a frequentar a igreja?

Michelle: – Também pode ser! Mas é principalmente voltar os olhos para ele, o foco, a atenção, concentrando-se somente na presença dele, que é tão maravilhosa! Se estamos voltados para Deus, haverá uma mudança em nossa vida e, assim, o pecado não terá vez!

Ana: – E Deus anula os nossos pecados?

Michelle: – Sim! Ele nem sequer se lembra deles!

Junior: – Mas o Inimigo se lembra!

Michelle: – O Inimigo é esperto: ele induz você a pecar e depois "aponta o dedo na sua cara", fazendo você se lembrar que errou! Deus não faz algo parecido, jamais! Ele é misericordioso e gracioso! Somente ele pode acessar o nosso coração e os nossos pensamentos. Então ele sabe quando, verdadeiramente, sentimos arrependimento pelos pecados cometidos.

Junior: – O Inimigo também sabe o que pensamos?

Michelle: – Ele não tem o poder de saber o que se passa em nossa mente.

Ana: – Mas ele pode nos influenciar a pensar coisas erradas, certo?

Michelle: – É verdade.

Junior: – Fico com a consciência pesada quando faço algo errado.

Michelle: – Eu também! Mas então oro e me sinto melhor, pois sei que Deus me perdoou e cancelou o que fiz.

Ana: – Ufa! Ainda bem!

 **ORAÇÃO** Senhor, agradeço por cancelar os meus pecados!

Junior: - Sabem, meninas, fico pensando em como é importante não somente lermos a Bíblia, mas termos as explicações corretas sobre as passagens.

Michelle: - Com certeza! Muitos versículos podem ser difíceis de entender e acabamos interpretando do jeito errado.

Ana: - Por isso é muito importante quando os professores e líderes das igrejas ensinam as pessoas, não é?

Michelle: - É verdade! A Bíblia foi escrita muitos anos atrás, e por isso precisamos entender em qual contexto as histórias aconteceram. Filipe, por exemplo, que era discípulo de Jesus, ouviu isto de um homem: "Como posso entender se alguém não me explicar?".

Junior: - Devemos agradecer ao Senhor por todas as pessoas que se dedicam a nos ensinar a Bíblia! Preparar as aulas não é uma tarefa fácil!

Ana: - Filipe ajudou o homem a entender a Bíblia?

Michelle: - Sim! Ele falou de Jesus para o homem, que creu e pediu para ser batizado! Tudo isso aconteceu depois que Jesus havia voltado para junto de Deus Pai!

Ana: - Que bonito! Os discípulos seguiram cumprindo o que o Senhor havia ordenado!

Junior: - Sensacional!

ORAÇÃO

Senhor, ensine-me a crer nas suas promessas para a minha vida!

Michelle: - Eles tinham o Espírito Santo com eles, assim como nós temos também! Os discípulos realizaram grandes feitos com o auxílio da presença do Senhor! Muitos se tornaram seguidores de Cristo e milagres aconteceram pelo trabalho dos discípulos! Querem ouvir uma das histórias?

Ana: - Eu quero!

Junior: - Eu também!

Michelle: - Paulo, de quem já ouvimos falar, costumava perseguir cristãos antes de conhecer Jesus. Mas, um dia, ele ouviu uma voz vinda do céu. A voz era de Jesus, que perguntava "Por que você me persegue?". Daquele dia em diante, Paulo foi transformado. Ele ficou cego por três dias, sem comer nem beber nada.

Ana: - Que situação!

Michelle: - Os homens que estavam viajando com Paulo o levaram pela mão até Damasco. Chegando lá, um discípulo chamado Ananias foi usado para realizar um milagre. O Senhor falou com Paulo por meio de Ananias.

Junior: - E o que aconteceu depois?

Michelle: - Imediatamente, Paulo ficou cheio do Espírito Santo e voltou a enxergar. Levantando-se, foi batizado e, depois de comer, recuperou as forças.

Ana: - Maravilhoso!

Michelle: - Deus tinha muitos planos para a vida de Paulo.

Ana: - Interessante! Ele passou de descrente a fiel seguidor de Jesus, não foi?

Michelle: - Assim como outros!

Junior: - Deus tem as formas dele de usar as pessoas e transformá-las!

Ana: - É verdade! E pode fazer o mesmo com a gente!

Michelle: - Com certeza! Quero muito viver grandes coisas na caminhada com Deus e ser usada para falar dele para as pessoas!

Junior: - Eu também quero!

ORAÇÃO

Senhor, agradeço pelos discípulos que continuaram o trabalho no Reino de Deus!

No dia seguinte, a turma continua conversando sobre os milagres realizados por intermédio dos discípulos.

Ana: - Gostei de ter ouvido as histórias dos discípulos, Michelle. Poderia nos contar outras?

Michelle: - Com todo o prazer! Pedro estava viajando e foi visitar as pessoas num lugar chamado Lida. Quando chegou, encontrou um homem paralítico chamado Eneias, que estava doente havia oito anos. Pedro disse a ele: "Eneias, Jesus Cristo vai curá-lo! Levante-se e arrume a sua cama". Ele se levantou imediatamente.

Junior: - Pedro falou como as mães falam com a gente: "Levante-se e arrume a sua cama". Hahaha!

Ana: - Eu pensei a mesma coisa!

Michelle: - É verdade! Mas Pedro falou com a autoridade que o Espírito Santo lhe dava! E, a partir desse acontecimento, todos os que viviam em Lida e em Sarona se converteram ao Senhor!

Junior: - Que maravilha!

Ana: - Uma grande bênção mesmo!

Michelle: - É interessante pensar que um milagre de Deus atinge não somente uma ou duas pessoas. Os efeitos positivos dele podem ser inúmeros!

ORAÇÃO

Senhor, use-me, assim como usou os discípulos!

Junior: - Eu não tinha parado para pensar nisso!

Michelle: - É só pensarmos no mundo hoje. Estamos no século 21, mas podemos ser impactados por milagres realizados por Jesus há muuuuuito tempo atrás, por causa da leitura bíblica!

Junior: - E por novos milagres que ainda acontecem!

Ana: - Sim! Por isso a Palavra de Deus é viva e eficaz, não é?

Michelle: - Sem dúvidas!

Ana: – Há alguma história de um milagre vivido por uma mulher?

Michelle: – Sim! Há uma história muito boa! Havia uma mulher numa cidade chamada Jope. O nome dela era Tabita, que em grego significa Dorcas, e ela se dedicava a praticar boas obras. Tabita ficou doente e morreu.

Ana: – Ah, mas tenho certeza de que a história não acaba aí!

Michelle: – Jope ficava perto de Lida, onde Pedro estava, então os discípulos mandaram dois homens chamá-lo. Pedro foi com eles e, quando chegou aonde o corpo de Dorcas estava, viu as viúvas chorando e mostrando-lhe os vestidos e outras roupas que Dorcas havia feito quando ainda estava com elas. Pedro mandou que todos saíssem daquele quarto, depois se ajoelhou e orou. Voltando-se para a mulher morta, disse: "Tabita, levante-se". Ela abriu os olhos e, vendo Pedro, sentou-se.

Junior: – Uau!

Michelle: – Pedro ajudou-a a ficar em pé e em seguida chamou todos para verem Dorcas viva! Esse fato ficou conhecido em toda a cidade de Jope, e muitos creram no Senhor!

Ana: – Que coisa mais linda!

Junior: – Uma vez ouvi alguém dizendo: "Deus é intencional". Acho que estou entendendo melhor a cada dia!

Michelle: – Ele é! Quando achamos que é o fim, muitas vezes ele tem recomeços para nós e para tantas outras pessoas!

Ana: – Que demais! Fico fascinada pelas histórias!

Junior: – Eu também!

Michelle: – E há muitas outras que são incríveis também!

Você sabia que Deus é intencional? Qual é um exemplo da intencionalidade dele em sua vida?

ORAÇÃO

Agradeço pelos recomeços que o Senhor nos dá!

As crianças estão conversando na casa do senhor Antônio. Ana está irritada.

Ana: - Eu estava emburrada ontem, e minha mãe disse que já sou grandinha demais para fazer birra. Mas, quando dei a minha opinião sobre um assunto na semana passada, ela disse que sou nova demais para falar de assuntos de adultos. Não dá para entender!

Junior: - Às vezes, eu me sinto do mesmo jeito. Parece que os adultos não nos levam a sério porque somos mais novos, mas eles querem que façamos o que eles fazem e pense como eles pensam.

Michelle: - Isso é verdade. Mas não é porque somos novos que as nossas ideias não podem ser ouvidas, certo? Por outro lado, estamos em uma idade em que somos maduros para certas coisas, porém muito inexperientes para outras. Não somos mais criancinhas, mas também não somos jovens.

Ana: - Estamos em uma idade complicada, viu?

Antônio: - Existe um momento certo para cada coisa, para aprender, para ensinar, para opinar, para ouvir, para brincar, para fazer coisas sérias. Sabe, às vezes alguns adultos se esquecem de como é ter essa idade... Mas todos nós passamos por essa fase. Vocês têm sentimentos, sonhos, projetos, habilidades a serem desenvolvidas e muitas ideias incríveis para dar. Mas também precisam aprender muita coisa com as pessoas mais experientes.

Michelle: - Tenho certeza de que existe uma pessoa que entende o que sinto e que me acolhe em todos os momentos: Jesus!

 Senhor, ajude-me a entender que existe um tempo certo para cada coisa.

Ana: - Esperei muito pelo dia de hoje!

Michelle: - Nosso dia! Dia das Crianças! Uhuuu!

Junior: - Ainda bem que não precisamos ir à escola. Se bem que é sábado, então não iríamos à escola de qualquer jeito.

Ana: - Estou ansiosa para saber se vou ganhar aquele presente que quero tanto! É uma boneca *fashion*.

Junior: - Vocês gostam tanto de bonecas e nunca estão satisfeitas!

Ana: - Você não entende, Junior... - e virou os olhos.

Michelle: - Todo ano minha mãe me ajuda a separar aqueles brinquedos que não uso mais para poder doar a outras crianças.

Junior: - Eu quase não tenho brinquedos.

Ana: - Deve ser porque vocês, meninos, não são nada cuidadosos com as coisas! Se bem que algumas meninas também não são. Uma vizinha minha quebrou minha casa de bonecas de madeira. Eu chorei tanto!!

Junior: - Você chorou por uma semana inteira, eu me lembro.

Ana: - Pior foi a minha mãe falando todos os dias que eu precisava perdoar. Do que ia adiantar? Não ia trazer minha casa de bonecas de volta.

Michelle: - Não é fácil perdoar, concordo. Mas a gente precisa praticar.

Ana: - Na real, eu não sei como.

Junior: - Deixa isso pra lá, Ana. Era só uma casa de bonecas rosa, super-rosa.

Ana: - Mas eu AMAVA brincar com ela!!

Michelle: - Acidentes acontecem, amiga. A menina não fez de propósito. Jesus contou uma parábola sobre coisas novas e velhas. Querem ouvir?

 Pai, não sei como perdoar as pessoas. O Senhor me ensina?

Junior: – Eu quero ouvir a parábola!

Michelle: – Certa vez o Mestre disse que o aluno bem instruído no Reino de Deus é como o dono de uma loja que pega da prateleira o que precisa, sendo algo novo ou usado, na hora em que realmente necessita.

Ana: – Tem aluno no Reino de Deus? Vamos ter que ir à escola?

Michelle: – Não, amiga. O que o Senhor quis dizer é que somos todos alunos quando se trata dos assuntos de Deus, tanto as crianças como os adultos.

Ana: – Que susto! Mas ainda não entendi direito a parábola.

Michelle: – Gostamos muito das coisas novinhas, não é? Mas as coisas velhas já foram novas um dia e nos fizeram felizes também. E existem coisas velhas que ainda são úteis. Às vezes as roupas ficam apertadas em nós, porque estamos crescendo, mas certamente servem em outras crianças.

O que Jesus nos convida a fazer é refletir sobre aquilo de que realmente precisamos.

Ana: – Pensando bem, tenho alguns brinquedos, roupas e calçados que já não uso há um tempão.

Junior: – Hora do desapego, então, Ana!

Michelle: – Eu sei que temos carinho pelas nossas coisas, amiga, mas, se podemos fazer outras crianças felizes, por que não? Fale com a sua mãe sobre isso e, se precisar de mim, eu ajudo você.

Junior: – Estou até vendo! Vocês duas vão ficar tagarelando e não vão separar as coisas!

Ana: – Pare de implicar, Junior!

Michelle: – Eu vou mandar vocês dois para a secretaria! Falei igualzinho à professora agora! Hahaha!

ORAÇÃO

Senhor, que em meu coração eu aprenda a desapegar das coisas de que não preciso mais!

Ana e os amigos estão conversando alegremente.

Ana: - Aconteceu algo maravilhoso ontem na igreja! Uma moça estava com dificuldades para servir o café, porque estava sozinha. Então, eu me ofereci para ajudá-la. Ajudei bastante, cumprimentando as pessoas, oferecendo café e bolachinhas, e conversando com elas sobre o culto. Foi muito bom!

Michelle: - Uau, Ana! Você viu que havia uma necessidade e foi lá para servir! Tenho certeza de que a moça ficou muito feliz, mas Deus ficou ainda mais feliz com a sua atitude, amiga!

Junior: - É verdade. Parabéns, Ana!

Ana: - Eu me senti tão bem servindo! A minha mãe ficou muito orgulhosa... Disse que eu tenho o dom de servir, pois me dispus a ajudar sem que ninguém me pedisse, e fiz de todo o coração. Entendi que, mesmo sendo nova, tenho um papel no Reino de Deus e posso usar as minhas habilidades para servir a Deus e glorificar o nome dele.

Michelle: - Com certeza! Você é muito especial para Deus. Tenho certeza de que as pessoas verão o amor de Deus todas as vezes em que você usar o seu dom para honrá-lo. É muito bom servir!

Junior: - Que experiência especial, Ana!

Ana: - Foi muito bom mesmo! Tenho aprendido que devemos fazer tudo para glorificar o Senhor. Quando servimos, não fazemos isso para o nosso próprio reconhecimento, por elogios ou para agradar os outros, mas para que Deus seja exaltado e para que as pessoas conheçam o amor dele.

ORAÇÃO

Deus, ensine-me a servir!

Um dia, na entrada da escola, Ana conversa com os amigos sobre um documentário que viu na televisão.

Junior: - Que cara é esta, Ana?

Ana: - Estou um pouco preocupada!

Michelle: - O que aconteceu?

Ana: - Assisti a um documentário na televisão sobre consumismo. Creio que as pessoas da minha família possam estar vivendo esse estilo de vida.

Michelle: - Poxa, Ana. O que fez você pensar nisso?

Ana: - Vários estão com problemas financeiros, mas não param de aparecer com utensílios, roupas e calçados novos.

Junior: - É complicado! Depois falaremos melhor sobre isso, pois o dia de hoje é especial.

Ana: - Especial?

Junior: - Sim, é Dia dos Professores, esqueceu?

Ana: - É mesmo! Fiquei tão preocupada com a notícia que até esqueci.

Michelle: - Haverá homenagens e comemorações pelos nossos queridos mestres, que diariamente aguentam as nossas bagunças e nos ensinam com tanto amor!

Junior: - Eu não curto muito a ideia de homenagear, tenho um pouco de vergonha.

Ana: - Mas eles merecem, não é?

Michelle: - E como! Muitos trabalham na parte da manhã, à tarde e à noite também! É muito puxado!

Ana: - Não fiquei em paz depois do que vi e ouvi no documentário, mas vou orar a Deus e entregar a minha preocupação a ele.

Michelle: - O Senhor colocará paz em seu coração, Ana!

Junior: - Espero que no intervalo você esteja se sentindo melhor!

ORAÇÃO Senhor, quando eu estiver aflito, traga paz ao meu coração.

No mesmo dia, no intervalo das aulas.

Michelle: – E aí, amiga. Como você está?

Ana: – Um pouco melhor, obrigada por perguntar.

Junior: – Que bom!

Michelle: – Já deram parabéns para os professores?

Ana: – Já! Uma professora até chorou de emoção! Hoje é um dia muito especial para eles!

Michelle: – Com certeza! Muitas vezes eles não recebem o reconhecimento que realmente merecem. Devíamos fazer mais surpresas para eles, não apenas no Dia dos Professores. A humanidade teve o melhor "professor" que já existiu, não é?

Junior: – Albert Einstein?

Michelle: – Não!

Ana: – Isaac Newton?

Michelle: – Também não! O nome dele começa com "J".

Junior: – Deixe-me pensar... Jean Piaget?

Michelle: – Muito bom professor, mas não estou falando dele! É Jesus Cristo!

Junior: – Ahhhhhh, claro! Ele ensinava multidões!

Ana: – Tenho certeza de que o povo ficava fascinado ouvindo as histórias dele!

Michelle: – Ficava mesmo! Bem, na entrada da escola, você estava preocupada, certo, Ana? Sabe o que o Mestre disse sobre isso?

Ana: – Para orarmos?

Michelle: – Ele disse: "Não se preocupem com suas próprias vidas, quanto ao que comer ou beber; nem com seus próprios corpos, quanto ao que vestir. Não é a vida mais importante que a comida, e o corpo mais importante do que a roupa?".

Junior: – Uau! Ele disse mais alguma coisa?

 **ORAÇÃO** Senhor, ajude-me a não ter tanta preocupação!

Michelle: – Sim! Esta é uma das partes de que eu mais gosto! Jesus disse: "Observe as aves do céu: não semeiam nem colhem nem armazenam em celeiros; contudo, o Pai celestial as alimenta. Não têm vocês mais valor do que elas?".

Junior: – Que bonito!

Ana: – Vou escrever esse versículo num cartão e entregar para a professora de português. Ela disse baixinho no meu ouvido que ama nos ensinar, apesar de estar enfrentando muitas dificuldades.

Junior: – Não deve ser fácil ensinar e lidar com tantos alunos diferentes. Os professores são guerreiros e merecem o nosso respeito! Eles devem sempre estar em nossas orações, para que sejam abençoados e abençoem os alunos!

Ana: – Eu os admiro muito, de verdade!

Michelle: – Podemos fazer mensagens diárias com versículos para entregar aos professores, não é?!

Junior: – Um bilhetinho pode mudar o dia deles! Gostei da ideia!

Ana: – Há vários versículos impactantes que nos mostram que não devemos nos preocupar! Que o Senhor nos ajude, pois não é fácil!

Michelle: – Sim, amiga, mas o Pai já cuidou de tudo e continua no controle de todas as coisas! Devemos viver apegados a essa verdade!

Junior: – Dá vontade de colar um bilhete no espelho do banheiro escrito: "Nada foge do controle de Deus. Mantenha a calma!".

ORAÇÃO

Ajude-me a lembrar que o Senhor continua governando e que nada foge ao seu controle!

Ana: – Será que está tudo bem se a gente se preocupar com as provas da escola?

Michelle: – Você não deve se preocupar, mas sim estudar! Jesus não quer que nos preocupemos com absolutamente nada!

Junior: – Eu me preocupo com as dores que sinto na barriga. Não sei a razão de me sentir assim!

Michelle: – Fale com Deus em oração sobre isso e vá regularmente ao médico. Existem coisas, galera, que estão fora do nosso alcance e, por isso, não adianta nos preocuparmos. Jesus termina o texto falando: "Portanto, não se preocupem com o amanhã, pois o amanhã se preocupará consigo mesmo. Basta a cada dia o seu próprio mal".

Ana: – Os dias são ruins, foi isso que ele quis dizer?

Junior: – Ele se referiu aos problemas e às dificuldades que podem surgir. Embora muitas coisas fujam ao nosso controle, existem situações nas quais podemos fazer a nossa parte, concordam?

Michelle: – Claro! Vou dar um exemplo. Uma moça do trabalho da minha mãe começou a sentir dores de cabeça e nos dentes. Mesmo tomando remédios, não melhorou. Ela decidiu procurar ajuda, então foi ao dentista. Fez um raio-x e descobriu um dente do siso, ou dente do juízo, como alguns falam.

Ana: – Já sei que talvez um dia a gente precise arrancar!

Junior: – Há pessoas que tiram os quatro dentes de uma só vez!

Michelle: – O lado bom é poder tomar sorvete à vontade!

Ana: – Opa, curti, hein?!

Desafio: Converse com um adulto sobre o que você pode fazer quando estiver preocupado. Separem alguns versículos bíblicos que podem ajudar nessa situação.

ORAÇÃO

Que eu me lembre de que, nos dias bons e ruins, o Senhor está comigo!

Junior: - Mas arrancar um dente é uma cirurgia, não é?

Michelle: - Sim e, como em toda cirurgia, existem riscos. Por isso é de extrema importância procurar um bom profissional, se possível, e tomar os cuidados necessários. Essa moça estava com dores que eram desconfortáveis, então teve que buscar ajuda. Estava ao alcance dela, entende?

Junior: - Devemos fazer o que conseguimos. O que não der para resolver, a gente entrega para Deus. Minha mãe fala isso.

Michelle: - Entregar, confiar e descansar são ações dificílimas para qualquer pessoa!

Ana: - Quando a preocupação vier, vamos nos lembrar dos pássaros e das plantas, pois Deus cuida de tudo e sabe o que é necessário!

Michelle: - Viram a importância de lermos a Bíblia e de aprendermos com as lições de Jesus? A Bíblia é o manual da vida!

Junior: - É verdade! Precisamos ler e orar, pois Deus pode falar conosco de maneiras diferentes por meio de um mesmo texto, não é?

Michelle: - Claro! Já aconteceu comigo! Aprendi lições diferentes com a mesma história, em momentos diferentes da minha vida!

Junior: - Deus é demais!

Ana: - Ele é! Gostei bastante dessa passagem que você contou, amiga. Vou grifar na minha Bíblia e copiar numa folha, para deixar no meu quarto. Assim poderei sempre olhar e me lembrar de que há um Pai maravilhoso que sabe exatamente aquilo de que preciso!

Quais situações você já entregou para Deus?

ORAÇÃO

Ensine-me a entregar, confiar e descansar no Senhor!

Michelle: - É muito prazeroso estar aqui com vocês falando sobre Deus e sobre a Bíblia, enquanto tomamos esse café incrível que o senhor Antônio preparou!

Junior: - Poderia nos falar mais sobre Paulo, Michelle?

Michelle: - Claro! Deus fazia milagres extraordinários por meio dele, de modo que até os lenços e aventais que ele usava eram levados e colocados sobre os enfermos. Estes eram curados das doenças e os espíritos ruins saíam deles.

Antônio: - Impressionante!

Michelle: - Pois é! Querem ouvir algo ainda mais impressionante?

Ana: - E tem como?

Michelle: - Sim, amiga. Alguns judeus que tentavam expulsar os espíritos malignos das pessoas diziam assim: "Em nome de Jesus, a quem Paulo prega, eu lhes ordeno que saiam!".

Ana: - Uau! Será que as pessoas pensavam que Paulo era poderoso?

Antônio: - Provavelmente. Naquela época, os povos tinham várias crenças desse tipo.

Michelle: - Na verdade, Paulo foi um homem que creu verdadeiramente no Senhor Jesus Cristo e decidiu dedicar a vida dele para espalhar a mensagem da cruz a muitas pessoas. O poder do Espírito Santo estava nele!

Junior: - Assim como está em nós, certo?

Michelle: - Com certeza! A história é antiga, mas o Espírito de Deus Pai é o mesmo que habita em nós e pode habitar em tantos outros! Basta que falemos dele e que as pessoas queiram recebê-lo!

Ana: - Podemos curar pessoas também?

Junior: - Deus pode curar as pessoas por meio de nós!

 **ORAÇÃO** Senhor, que, com minha vida, pessoas possam ser impactadas pela mensagem da cruz!

Antônio: – É verdade!

Ana: – Uma vez ouvi uma pessoa dizer que foi à África, orou a Deus e o defunto que estava na frente dela reviveu. Não é bizarro?

Papagaio Lara: – Bizarro! Bizarro!

Michelle: – Bizarro é ficarmos com a nossa boca fechada, Ana!

Junior: – Eu quero ser como Paulo!

Michelle: – Glória a Deus, Junior! Coloque-se à disposição do Senhor

Junior: – Sei que um dia minha vida será diferente de como é hoje. Tenho muita fé de que viverei uma nova realidade!

Antônio: – Que assim seja, Junior! Desejo do fundo do coração que todos vocês tenham uma vida extraordinária e que levem Jesus ao coração de muitas pessoas, mesmo depois que eu me for.

Michelle: – Não diga isso, senhor Antônio. Quero que o senhor viva muitos anos.

Antônio: – Não podemos viver para sempre aqui na terra, mas no céu estaremos todos juntos!

Michelle: – Verdade! Eu também desejo que vocês, meus amigos, tenham experiências incríveis em sua vida e sejam grandemente usados pelo Senhor!

Ana segura a mão da Michelle e do Junior: – Ninguém vai sair da vida de ninguém, combinado?

Antônio: – Isso mesmo! Tenham essa amizade bonita e saudável até ficarem velhinhos!

ORAÇÃO

Que minha vida seja grandemente usada pelo Senhor de ano em ano!

As crianças estão conversando na praça.

Junior: - Eu tenho uma prova amanhã. Queria ser igual àquelas pessoas que decoram tudo e nunca mais esquecem.

Ana: - Nossa, esse é o meu sonho de princesa! Imagine não ter que passar horas estudando, fazendo resumos, exercícios de revisão.

Michelle: - Ahh, mas estudar é tão bom!

Junior: - É lógico que você ia dizer isso...

Ana: - Não tem a história de um moço que pediu sabedoria para Deus? Será que não dá pra fazer a mesma coisa?

Michelle: - Você está falando de Salomão... Podemos pedir sabedoria para Deus, sim, mas ela não serve só para fazer provas. Sabedoria e inteligência não são a mesma coisa. Uma pessoa pode ser extremamente inteligente e nem um pouco sábia. A verdadeira sabedoria é aquela que vem de Deus e nos guia a viver da maneira correta, transformando o nosso coração e a nossa mente. A sabedoria é fundamental para os filhos de Deus.

Ana: - E, para conseguir sabedoria, eu só preciso pedir para Deus?

Michelle: - A Bíblia diz que Deus concede sabedoria livremente a todos que pedem. Precisamos ter humildade para reconhecer que Deus sabe de todas as coisas e que somente ele pode nos dar o verdadeiro conhecimento. Mas não basta pedir apenas uma vez. Precisamos buscar a sabedoria todos os dias por meio da Palavra e da oração.

ORAÇÃO

Deus, dê-me sabedoria

para viver a sua vontade!

Junior: - Ouvi dizer que andar com pessoas sábias nos faz mais sábios também. Por isso, não é bom andarmos com más companhias, porque elas acabam nos influenciando de um jeito negativo. Por outro lado, se andarmos com pessoas sábias e pedirmos conselhos a elas, vamos aumentar a nossa sabedoria.

Michelle: - É verdade, Junior. Precisamos ter muito cuidado com as nossas companhias, para não nos envolver com coisas erradas.

Ana: - Então, que bom que nós andamos juntos, pois estamos sempre buscando sabedoria, não é mesmo?

Michelle: - Isso mesmo. A nossa amizade é um presente!

Junior: - Eu queria muito que o Ted parasse de andar com as más companhias. Ele não é mau, apenas tem atitudes erradas. Tenho certeza de que o amor de Jesus tem poder para transformar o coração dele, mas ele precisa querer ser transformado.

Michelle: - Eu também quero muito que ele conheça o amor de Jesus. O que podemos fazer é continuar orando por ele e dando um bom exemplo. Precisamos ser bondosos, amorosos, justos e corretos, para demonstrar que Deus é bom, amoroso, justo e correto. Quem sabe as nossas atitudes mostrem para ele que vale a pena fazer o que é certo.

Ana: - Isso mesmo. Vamos orar pelo Ted!

ORAÇÃO

Senhor, peço que me ajude a andar com pessoas sábias.

Certo dia, os amigos se reúnem em frente à casa do senhor Antônio para conversar.

Antônio: – O dia está muito agradável hoje!

Michelle: – Sim! Mas logo irá mudar! Disseram que uma frente fria chegará na próxima semana.

Ana: – Nem sempre a previsão do tempo acerta, mas todos estão falando que as temperaturas vão despencar!

Junior: – Já vou separar minha touca e minhas luvas! Brrrrr!

Antônio: – Eu irei ao mercado para depois não precisar sair de casa.

Ana: – Vai ficar parecendo um urso hibernando, senhor Antônio?

Antônio: – Debaixo das cobertas e com uma xícara de café, Ana!

Junior: – Acho tão interessante como as estações mudam e tudo ao nosso redor também muda!

Ana: – Até os animais sentem...

Antônio: – Os cachorros da vizinhança somem das ruas. Eles querem uma casinha com um cobertor para se aquecerem.

Michelle: – Uma moça lá da igreja teve uma bebê que em dias mais frios dorme muito!

Antônio: – Bebês em geral dormem longas horas! Até o papagaio Lara fica preguiçoso!

Junior: – Sabem o menino que mora na casa amarela? Ele tem um hamster. No inverno, o bichinho estoca comida e dorme o dia inteiro!

Ana: – Eu faria o mesmo se pudesse, mas precisamos ir à escola! Em alguns momentos, a aula online é boa por conta disso!

Michelle: – Durante a pandemia, eu assisti a algumas aulas de pijama, confesso!

Junior: – Eu também! E deixava a xícara de café na mesa, ao lado do computador!

Antônio: – No meu tempo não era assim!

 **ORAÇÃO** Senhor, agradeço pelas belezas das diferentes estações!

Ana – Eu sentia muita falta de ver vocês e os professores, mas, quando estava muito frio e chovendo, era muito mais confortável assistir às aulas pelo computador!

Michelle – É verdade! Graças a Deus aquele tempo terrivelmente difícil e doloroso passou!

Antônio – Em todos os meus anos de vida, nunca vi algo tão assustador!

Junior – Nem gosto muito de lembrar!

Michelle – Já passou, e nossa vida mudou!

Ana – Muitas pessoas falaram: "Quando tudo voltar ao normal...", mas não existe isso, na minha opinião!

Antônio – Ainda uso máscara quando preciso e carrego um potinho de álcool gel comigo.

Ana – Acostumei a lavar as mãos com mais frequência.

Michelle – Excelente hábito! Nossos costumes mudaram e eu penso ter sido bom, por conta da higiene.

Junior – Concordo!

Antônio – Tudo mudava tão rapidamente, vocês se lembram?

Ana – As lojas abriram, mas logo fecharam!

Michelle – Foi um tempo muito difícil para todo mundo! Tudo isso me fez lembrar da parábola da figueira, na qual Jesus explicou que, quando os ramos das árvores se renovam e as folhas começam a brotar, dá para saber que o verão está chegando.

Antônio – Realmente podemos saber muitas coisas apenas observando a natureza!

Ana – Minha avó fala a mesma coisa! Podemos aprender várias lições!

Junior – O que Jesus quis dizer com essa história?

Michelle – Eu estava esperando alguém perguntar!

ORAÇÃO Agradeço ao Senhor por nos ensinar lições usando a natureza!

Antônio: - Eu também gostaria de saber!

Michelle: - Jesus estava falando sobre a volta dele para buscar a igreja e da importância de enxergar os sinais.

Junior: - Minha mãe fala que estamos vivendo o fim dos tempos.

Ana: - Minha avó sempre diz a mesma coisa!

Antônio: - Elas estão certas, crianças! São muitos acontecimentos ruins que o mundo vem enfrentando ultimamente. O ódio entre as pessoas cresceu muito.

Michelle: - Entre pessoas da mesma família, inclusive! Desastres naturais também são um sinal.

Junior: - É muito triste!

Michelle: - Claro que é! Os conflitos, as guerras, o medo, a solidão, as doenças. Todos os dias existem péssimas notícias nos jornais e na internet.

Antônio: - Há dias que prefiro desligar a televisão!

Ana: - Verdade, essa "infoxicação" não é boa para a nossa saúde mental.

Junior: - O que é isso?

Ana: - É a junção das palavras "informação" e "intoxicação".

Antônio: - É bom estarmos informados, mas também é importante saber quando está fazendo mal para o nosso psicológico e emocional.

Junior: - É verdade! E essas coisas que a Michelle falou estão na Bíblia, não é?

Michelle: - Estão, sim. Por isso precisamos falar de Jesus o mais rápido possível, para que todos o conheçam e sejam salvos também!

Ana: - Essa precisa ser a meta da nossa vida!

Antônio: - Com certeza!

 **ORAÇÃO** Que a cada dia mais pessoas possam conhecer o Senhor Jesus!

Junior: – Com a pandemia, muitas pessoas se sentiram presas, concordam?

Antônio: – Presas dentro das próprias casas!

Michelle: – Eu me lembro de que só saía para ir ao mercado e à farmácia.

Ana: – Era entediante! Vocês sabiam que uma arte foi criada durante a pandemia? O nome é pintura orgânica, que decora as paredes que eram brancas, cinzas, amarelas, com alguns elementos.

Michelle: – Virou tendência, não foi?

Ana: – Siiimm! Em roupas, utensílios para casa, bolsas, quadros, caixas para presentes e muito mais!

Junior: – Que *top*!

Antônio: – Apesar de ter sido um tempo bem difícil, algumas pessoas se deram bem, mesmo em meio à pandemia.

Ana: – Tivemos as duas realidades. Gente que odiou ficar trabalhando e estudando em casa, por exemplo, e pessoas que encontraram novas oportunidades.

Michelle: – Isso é verdade! Falando em estar preso, vocês conhecem a história do discípulo de Jesus que foi parar na prisão?

Junior: – Qual deles?

Michelle: – Pedro. É uma história surpreendente!

Antônio: – O que aconteceu com ele?

Junior: – O que ele fez de errado?

Ana: – Ele conseguiu escapar?

Michelle: – Quantas perguntas! Hahaha! Vocês são muito curiosos! Mas posso dar um *spoiler* de que a pergunta da Ana faz parte da história.

Junior: – Quero detalhes, por favoooor!

 **ORAÇÃO** Senhor, agradeço porque não estamos mais na pandemia!

Ana: - Conte logo!

Antônio: - Vamos entrar, pessoal. Enquanto passo o café, a Michelle pode começar a contar a história.

Todos entram e se sentam à mesa da cozinha.

Michelle: - Vamos lá! O rei Herodes, que governava a Judeia, prendeu alguns que pertenciam à igreja, com a intenção de maltratá-los.

Junior: - Que horror!

Michelle: - Pois é! Durante uma festa, Pedro foi preso e a igreja orava intensamente a Deus por ele!

ORAÇÃO

Senhor, agradeço por realizar milagres tão maravilhosos!

Junior: - Hummm!

Michelle: - Herodes iria julgá-lo publicamente, mas, então, na noite anterior, Pedro estava dormindo entre dois soldados usando duas algemas enquanto vigias faziam a guarda na entrada da cela onde ele estava. De repente, apareceu um anjo do Senhor, e uma luz brilhou na cela.

Ana bate palmas. - Eu sa-bi-a! Só com a ajuda de Deus mesmo!

Michelle: - Hahaha! O anjo tocou no lado de Pedro e o acordou. "Depressa, levante-se!", disse ele. Então as algemas caíram dos punhos de Pedro.

Junior: - Uau!

Michelle: - Na sequência, o anjo disse para Pedro se vestir, calçar as sandálias, colocar a capa e segui-lo. Para Pedro, aquilo parecia mais uma visão do que algo real. Eles passaram a primeira e a segunda guarda, e chegaram ao portão de ferro que dava para a cidade.

Ana: - Xi! Não deu certo?

Michelle: - O que você acha?

Michelle: – O portão se abriu sozinho para Pedro e o anjo. Tendo saído, eles caminharam ao longo de uma rua, e, de repente, o anjo deixou o discípulo!

Antônio: – Estou impressionado!

Junior: – Não sei nem o que dizer!

Michelle: – É maravilhoso! Pedro dormia enquanto a igreja orava e Deus agia! Então, Pedro caiu em si e disse: "Agora sei, sem nenhuma dúvida, que o Senhor enviou o seu anjo e me libertou das mãos de Herodes e de tudo o que o povo judeu esperava".

Antônio: – Realmente! Que enorme livramento!

Ana: – Imaginem a cara dos soldados quando viram que Pedro não estava mais lá!

Michelle: – O Senhor pretendia usar a vida de Pedro, mas Herodes estava furioso e queria matá-lo por anunciar as boas-novas de Jesus. O poder da oração fez Deus operar mais um milagre incrível! Sempre devemos interceder pelos nossos irmãos, orando em nome de Jesus Cristo, aquele que deu a vida por nós!

Junior: – Aos olhos humanos, aquilo era impossível de acontecer! E se talvez ele tivesse tentado fugir sozinho, teria sido morto imediatamente!

Michelle: – Com certeza! Sabe o que aprendemos com tudo isso? Podemos enfrentar dificuldades, pois a Palavra de Deus diz que o mundo é mau, mas Deus nos guarda porque ele tem muitos propósitos para cumprir por meio de nós.

Antônio: – Nossas orações podem abalar céus e terra e podem atrair o milagre do soberano Deus!

Ana: – Que lindo, gente!

ORAÇÃO

Senhor, que eu sempre ore com muita fé pelos meus irmãos!

Michelle: – Em momento algum vemos Pedro desesperado, ansioso, amedrontado, nem mesmo questionando ou desconfiando do Senhor. Ele simplesmente descansava.

Junior: – Uau!

Michelle: – Pedro estava disposto a morrer por Jesus, como havia declarado tempos atrás para o próprio Cristo. Há lugares no mundo em que as pessoas correm riscos por acreditarem em Jesus!

Junior: – Isso é verdade! Aqui podemos louvar a Deus, falar dele para quem quisermos, podemos orar e ler as Sagradas Escrituras, sem nenhum tipo de perseguição. Se bem que às vezes sofremos um pouco de preconceito de pessoas que acham que estão nos ofendendo ao nos chamar de crentes, não é?

Antônio: – Ah, sim. Pode acontecer mesmo!

Ana: – Não devemos ligar para certos comentários! Devemos orar por essas pessoas e, quando tivermos alguma oportunidade, podemos falar sobre o Deus em que cremos!

Michelle: – Concordo 100%! Muitas pessoas têm ideias erradas sobre as diferentes denominações que existem hoje em dia. Devemos respeitar as igrejas e não criticar as diferenças.

Junior: – É verdade! O mundo seria um lugar muito melhor se houvesse mais respeito. Voltando ao milagre, Pedro contou às pessoas sobre como saiu da prisão?

Michelle: – Claro! Muitos foram impactados por esse milagre!

Ana: – E até hoje somos, não é?

Antônio: – Glórias a Deus por isso!

ORAÇÃO

Senhor, agradeço por todas as igrejas que fazem parte do Reino de Deus!

Certo dia, na saída da escola, Junior conversa com as amigas. O papagaio Lara está voando perto deles.

Junior: - Gente, dormi na aula de história. Vocês acreditam? A professora falou tanto que meus olhos ficaram pesados e só acordei quando o sinal tocou.

Michelle: - Acredito! Seu rosto está inchado!

Papagaio Lara: - Café! Café!

Michelle: - O café do senhor Antônio deixaria você acordado, com certeza!

Ana: - Além de saboroso, é forte! Hummm!

Junior: - Esse papagaio sempre fala "Café" quando nos vê!

Michelle: - Sim, sempre estamos na casa do senhor Antônio conversando e tomando café!

Ana: - Vocês já dormiram no ônibus?

Junior: - Algumas vezes, sim.

Michelle: - Eu tenho o sono leve.

Ana: - Sinceridade agora, por favor. E, na igreja, enquanto ouviam as histórias?

Junior: - Nunca! Eu fico prestando muita atenção!

Michelle: - Quando as histórias são contadas em forma de teatro, fico concentrada em cada detalhe!

Ana: - Eu amooooo! É muito legal!

Junior: - Eu ando muito sonolento.

Michelle: - O problema é você perder conteúdos importantes na escola.

Junior: - Estou preocupado.

Michelle: - Você não tem dormido bem à noite?

Junior: - Às vezes as coisas ficam complicadas lá em casa.

Michelle: - Se você se sentir à vontade, pode contar para nós.

Junior: - É bem difícil para mim.

Ana: - Sem problemas, Junior. Saiba que estamos aqui e que sempre oramos pela sua família!

ORAÇÃO

Que minhas noites de sono sejam abençoadas pelo Senhor!

Você já orou por toda a sua família? Anote os nomes de quem mora na mesma casa que você e das pessoas mais próximas para orar por cada uma delas.

NOVEMBRO

Michelle: – Vocês conhecem a história do homem que adormeceu durante um longo discurso de Paulo?

Ana: – Acho que não.

Junior: – Não me lembro.

Michelle: – O nome dele era Êutico. Ele estava sentado na janela e acabou dormindo.

ORAÇÃO

Senhor, ensine-me a estar atento às coisas do Reino de Deus!

Junior: – Ele perdeu boa parte da mensagem, então.

Michelle: – Ele perdeu a vida! Caiu do terceiro andar!

Ana: – O QUÊ?

Junior: – Ele morreu? Misericórdia! Fiquei chocado! Se bem que janela não é lugar de se sentar...

Michelle: – Claro que não!

Junior: – Aconteceu alguma coisa depois?

Michelle: – Paulo desceu até onde o corpo do rapaz estava e o abraçou, dizendo: "Não fiquem inquietos! Ele está vivo!".

Junior: – Mas ele havia morrido ou não?

Michelle: – Sim! Deus usou a vida de Paulo para realizar outro milagre!

Junior: – E o homem não quebrou o braço ou a perna?

Michelle: – Ele caiu e imediatamente perdeu a vida. Mas, o milagre de Deus foi o de restaurar a vida dele por completo. Se havia algo quebrado, o Senhor curou! Com essa história, podemos refletir sobre pessoas que estão com o corpo dentro das igrejas, mas com a mente em outros lugares.

Ana: – Precisamos prestar atenção, pois pode ser um desrespeito por algo tão incrível como a Palavra de Deus!

Michelle: - Paulo não deixava de pregar as boas-novas de Jesus, mesmo sofrendo perseguições e ameaças de morte. Certa vez, ele estava preso e seria julgado. Muitas pessoas faziam acusações, e Paulo foi até chamado de "louco".

Ana: - Mas elas tinham provas para prendê-lo?

Michelle: - Não, a multidão apenas gritava, deixando o rei Agripa confuso.

Ana: - Paulo se defendeu?

Michelle: - Sim e, ao terminar, o rei Agripa, juntamente com o governador, saiu do salão e disse: "Este homem não fez nada que mereça morte ou prisão".

Junior: - Uau!

Michelle: - Paulo sabia que sofreria muito por causa de Jesus? O próprio Deus disse isso a ele.

Junior: - Quanta fé e coragem, não é mesmo?!

Michelle: - Com certeza! Quantas pessoas hoje se dedicam realmente a Jesus?

Junior: - Muitos acreditam e já o aceitaram, mas ainda não dão seu melhor a ele.

Michelle: - Jesus avisou que a nossa vida aqui na terra teria aflições, mas que, independentemente disso, deveríamos ser sempre fiéis a ele.

Junior: - E também tem a galera que aceita o Senhor apenas pensando em garantir o lugar no céu.

Ana: - Só querem receber as bênçãos.

Michelle: - E a maior bênção, que foi o sangue de Jesus derramado na cruz, elas não anunciam.

 **ORAÇÃO** Mesmo em meio ao sofrimento, que eu jamais me esqueça de que o Senhor está comigo!

Certo dia, Michelle conta aos amigos o que aconteceu de manhã na igreja.

Michelle: - Um colega estava muito chateado na igreja, pois se sentia sozinho. Ele falou que não tinha muitos amigos e sentia que não fazia parte daquele lugar, por ser diferente. Esse menino é mais quietinho, tímido, então pensou que não havia espaço para ele em nosso meio. Conversei com ele e disse que há um lugar para todos na igreja, pois somos o corpo de Cristo. Todas as pessoas são importantes e têm um papel.

Ana: - Nossa! Deve ter sido muito difícil sentir solidão.

Junior: - Eu conheço muito bem esse sentimento e sei que é péssimo, mas encontrei consolo em Jesus e em vocês, que são grandes amigas.

Michelle: - Que bom, Junior! Precisamos dar valor uns aos outros e estar atentos às necessidades das pessoas. Paulo ensinou que somos membros de um só corpo, e todas as partes do corpo são importantes e dependem umas das outras.

Ana: - Até o dedinho do pé?

Junior: - A única função do dedinho do pé é bater na quina dos móveis e provocar aquela dor absurda!

Michelle: - Dói bastante! Mas vocês sabiam que o dedinho é essencial para o equilíbrio do nosso corpo? Então, sim, Ana. Até o dedinho do pé é importante. Agora imaginem como seria se fôssemos todos iguais...

Ana: - Nunca parei para pensar nisso.

Desafio: Converse com alguém conhecido sobre a importância da diversidade no corpo de Cristo.

ORAÇÃO Senhor, agradeço por mostrar que somos todos importantes!

Junior: - Seria muito sem graça se fôssemos todos iguais. Temos personalidade e características muito diferentes. Essas diferenças nos complementam.

Michelle: - É verdade! Se fôssemos iguais, não teríamos o que aprender ou compartilhar uns com os outros. Alguns são mais quietinhos, outros falam mais, mas todos são igualmente importantes.

Ana: - Eu sou do time que fala mais.

Junior: - Eu faço parte dos tímidos. Antes, eu pensava que isso era um problema e que não conseguiria servir a Deus por causa da minha timidez, mas aprendi que consigo servir do meu jeito e que o Espírito Santo nos encoraja e nos dá estratégias. Consigo falar do amor de Deus mesmo sendo quieto, porque ele me capacita para isso.

Ana: - E eu consigo servir nos bastidores mesmo sendo falante e agitada. Sei que não preciso de holofotes para servir no Reino, pois a glória é para Deus. A minha personalidade me ajuda a falar do amor de Deus quando estou servindo, mas também tenho aprendido sobre a importância de ficar quieta para ouvir os outros.

Michelle: - Que maravilhoso! Ser diferente é uma bênção, pois nos unimos na diversidade.

ORAÇÃO Deus querido, ensine-me a valorizar a diversidade.

Ana: – E você, Michelle, tem nos ajudado a crescer todas as vezes que compartilha o seu conhecimento conosco. Você nos ensina muito, amiga!

Junior: – É verdade! Você ensina com amor e paciência.

Michelle: – Obrigada, gente! Tento aprender cada dia mais sobre a Bíblia e gosto de transmitir para vocês, pois sei que o entendimento da Palavra de Deus é muito precioso!

Ana: – Agora você já pode terminar de contar sobre o que aconteceu hoje.

Junior: – Eu tinha até esquecido disso. O que o menino disse?

Michelle: – Ele ficou muito feliz por saber que é importante para Deus e que faz parte do corpo de Cristo. Falou que gosta muito de música e que sabe tocar três instrumentos!

Ana: – Nossa, ele é muito talentoso!

Michelle: – Sim! Eu disse que ele poderia tocar nos cultos quando se sentir confortável. Ele ficou empolgado com a ideia e disse que, apesar da timidez, quer fazer de tudo para glorificar a Deus! Convidei-o para se sentar comigo e com os meus amigos, e todo mundo foi bem legal com ele.

Junior: – Tenho certeza de que esse momento foi muito importante para ele.

ORAÇÃO

Pai amado, mostre-me como prestar atenção nas necessidades dos outros.

Certo dia, na saída da escola, a turma se concentra numa canção que o papagaio Lara está cantando.

Lara - "Deus é bom *pra* mim, Deus é bom *pra* mim, contente estou, seguindo eu vou, Deus é bom *pra* mim".

Ana - Gente, essa música fica na cabeça!

Michelle - Ele deve ter voado até alguma igreja e ficou ouvindo as crianças cantando!

Ana - Cada hora ele canta uma coisa! Outro dia foi um pagode!

Michelle - Já o ouvi cantarolar um funk também!

Ana - Vamos ensiná-lo algumas frases fáceis, como: "Jesus te ama", "Deus te abençoe", "Você é especial para Deus"; pelo menos ele poderá falar do Senhor para as pessoas!

Michelle - Papagaio missionário! Hahaha!

Ana - É verdade, gente! Tudo o que ele ouve, aprende e repete 9.274.527 vezes! Já percebeu quantas vezes ele fala a palavra "café"?

Junior - Perdi as contas!

Ana chama a atenção do papagaio - Lara! Lara! Jesus te ama!

Ana - Lara! Lara! Jesus te ama!

Lara - Café!

Junior - Hahahaha! Vai ser difícil!

Ana - Se vocês me ajudarem, ele vai aprender! Não podemos desistir!

Junior - Lara! Jesus te ama!

Lara - Café!

 **ORAÇÃO** Senhor, que os meus ouvidos possam ouvir somente as coisas que o agradem!

Michelle: - Uma hora ele vai repetir! Eu me lembrei de uma parábola que Jesus contou. Ele disse sobre a importância do "ouvir".

Junior: - Ouvir o quê, exatamente?

Michelle: - Os ensinamentos dele. Jesus contou a parábola do semeador que saiu para semear. Enquanto lançava a semente, parte dela caiu à beira do caminho, e as aves vieram e a comeram.

Ana: - Puxa!

Michelle: - Parte caiu em terreno cheio de pedras, e logo brotou, porque a terra não era profunda. Mas, quando o sol saiu, as plantas se queimaram e secaram, porque não tinham raiz.

Junior: - Faz sentido.

Michelle: - Outra parte caiu em espinhos, que cresceram e sufocaram as plantas. Outra ainda caiu em boa terra e deu boa colheita, superando as expectativas. Isso quer dizer que a semente do evangelho alcança diferentes solos e apresenta resultados diferentes em cada um deles. Quando falamos de Jesus para as pessoas, a semente é lançada por nossas palavras. Quando as pessoas estão dispostas a ouvir e a entender a mensagem, quer dizer que aquele "solo" é fértil para a semente, que logo crescerá.

Junior: - Mas, algumas pessoas apenas ouvem, não é?

Michelle: - É como a minha mãe diz: "A mensagem entra por um ouvido e sai pelo outro", ou seja, alguém não entendeu praticamente nada!

 Senhor, que eu possa lançar a semente do Reino de Deus.

Ana: - É como na escola! Podemos ouvir a matéria, mas, se não prestarmos atenção, não vamos memorizar o conteúdo.

Michelle: - É verdade, Ana! Muitas pessoas têm respostas diferentes quando ouvem a Palavra de Deus, por isso quero fazer uma reflexão com vocês. Vamos começar com a semente, que é a Palavra de Deus, e o semeador, que somos nós.

Ana: - Certo. Os tipos diferentes de solo são as pessoas e as reações delas em relação à semente.

Michelle: - Exatamente! A beira do caminho são pessoas que ouvem, mas não creem e não aceitam a Palavra de Deus, pois seu coração está endurecido. As aves simbolizam o Inimigo, que tem como objetivo não deixar as pessoas conhecerem a Palavra. E o terreno cheio de pedras são as pessoas que aceitam ouvir, mas a Palavra não se aprofunda, não cria raízes; fica somente na superfície.

Junior: - E quanto ao calor do sol?

Michelle: - São algumas dificuldades pelas quais as pessoas passam. Essas dificuldades podem fazer as pessoas se afastarem de Deus. Os espinhos são as coisas que atrapalham o crescimento das pessoas. Podemos dizer que é o amor por tudo aquilo que não vem de Deus.

Junior: - E, por fim, o solo fértil, que representa as pessoas que receberam o evangelho do Senhor com fé e dão frutos, mesmo passando por dificuldades.

Ana: - E a colheita que superou as expectativas são os muitos frutos gerados pela boa semente que cresceu em solo bom!

 **ORAÇÃO** Senhor, que eu seja sempre um ouvinte atento!

Certa tarde, Junior estava caminhando em direção à padaria, quando ouviu o papagaio Lara repetir uma frase que o preocupou.

Lara: – Antônio caiu! Antônio caiu! Antônio caiu!

Junior: – O quê? O senhor Antônio caiu? Preciso ir lá ajudá-lo! – e saiu correndo enquanto avisava as amigas pelo celular. Chegando ao portão, chamou pelo nome do senhor Antônio, que parecia estar gemendo de dor.

Junior: – Senhor Antônio! O que houve? O senhor está machucado?

Antônio: – Escorreguei e me esborrachei no chão! Não consigo levantar. Sinto dores na perna. Ai, ai.

Junior: – Melhor chamar o SAMU, então!

Ana e Michelle chegam à casa do senhor Antônio.

Ana: – A vizinhança toda ouviu o papagaio Lara falando do senhor!

Antônio: – Pelo menos não é só fofoca que ele faz!

Junior: – Graças a ele vim correndo para cá!

Michelle: – Qual é o telefone do SAMU?

Ana: – 192!

Michelle: – Já estou ligando!

Ana: – O que significa SAMU mesmo?

Junior: – Serviço de Atendimento Móvel de Urgência. Michelle, pegue um travesseiro e um cobertor para darmos para o senhor Antônio. O chão está gelado.

Michelle: – É pra já!

Ana: – Vai ficar tudo bem, senhor Antônio! Já estou orando pelo senhor!

Junior: – Vai, sim! É melhor não forçar para tentar ficar em pé. Vamos aguardar os médicos chegarem.

 **ORAÇÃO** Senhor, agradeço por todos os profissionais que trabalham na área da saúde!

Em alguns minutos, a ambulância chega, e o senhor Antônio recebe os devidos cuidados. As crianças observam todo o atendimento e conversam.

Ana: – Acho que a perna dele está muito machucada. Ele está com muita dor!

Junior: – Acho que eles irão imobilizar a perna dele com tala e faixa, para depois levá-lo ao hospital para engessar, se a perna tiver quebrado.

Michelle fecha os olhos e ora: – "Senhor Jesus, tome a vida do senhor Antônio nas suas poderosas mãos e alivie a dor que ele está sentindo! Que ele possa se recuperar logo! Em nome de Jesus, amém!".

Ana, com os olhos marejados, diz: – Amém!

Os médicos foram muito atenciosos com o senhor Antônio, que precisou ser levado ao hospital depois.

Michelle: – O senhor Antônio ficará "de molho" por algum tempo, andando com o auxílio de muletas.

Ana: – Logo ele, que gosta de fazer as coisas em casa e caminhar na rua.

Junior: – Pois é! Mas a gente prepara uma mesa de café bem bonita para ele quando voltar do hospital.

Michelle: – Ótima ideia! Ele vai ficar muito feliz!

Ana: – Com certeza algum familiar dele vai passar um tempo aqui para ajudá-lo, não é?

Junior: – Creio que sim, mas, sempre que der, a gente vem visitá-lo. Ele gosta de bater papo!

Michelle: – E eu também gosto de tomar café e bater papo com vocês! Aprendo várias coisas e me divirto muito! Mas quando será que ele volta?

Junior: – Ele é considerado atendimento prioritário, então não deve demorar.

ORAÇÃO

Senhor, que eu possa ajudar as pessoas em momentos de dificuldades!

No dia seguinte, o papagaio Lara voa perto das crianças:

Papagaio Lara: - Antônio voltou! Antônio voltou!

Ana: - Uhuuu! Vamos passar lá na casa dele?!

Michelle: - Rapidinho, hein?! Não posso demorar muito!

Os amigos andam depressa para chegarem logo.

Ana: - Com licença!

Antônio: - Crianças, que bom ver vocês!

Michelle e Junior correm para abraçá-lo!

Michelle: - Ganhou uma botinha branca de presente, senhor Antônio?

Antônio: - Pois é! Vou ficar com a perna engessada por um tempo. É ruim, mas os médicos me atenderam com muita rapidez e competência! Eu vi estrelas, turminha! Doeu demais!

Ana: - Posso imaginar! O senhor precisa tomar algum remédio?

Antônio: - Se estiver sentindo muita dor, posso tomar um, sim. Devo agradecer a Deus, pois, se fosse pior, teria que fazer uma cirurgia.

Michelle: - Livramento do Senhor!

Junior: - Sempre que der, vamos vir aqui visitá-lo e tomar café!

Antônio: - Por favor! Vocês sabem que são sempre bem-vindos!

Michelle: - Em breve o senhor irá se recuperar e estará caminhando sem as muletas! Já ouviram falar da história do homem que não podia andar desde o nascimento, mas que foi curado?

ORAÇÃO

Agradeço ao Senhor pelos livramentos que nos dá!

Ana: - Essa eu não conheço!

Michelle: - O apóstolo Paulo estava numa cidade chamada Listra, onde hoje é a Turquia. E um homem que era paralítico dos pés e coxo desde bebê ouviu Paulo falar sobre as boas-novas de Jesus. Ele vivia sentado ali naquele lugar.

Junior: - Poxa!

Michelle: - Quando Paulo o viu, olhou diretamente para ele e percebeu que o homem tinha fé para ser curado. Então, disse em voz alta: - "Levante-se! Fique de pé!". Com isso, o homem deu um salto e começou a andar!

Ana: - Uau! Mas ele deve ter andado com dificuldades, pois nunca havia feito aquilo antes!

Antônio: - Igual aos bebês quando estão aprendendo a andar!

Junior: - Imaginem a alegria daquele homem! Ele acreditou e foi curado!

Michelle: - A nossa fé deve ir além do que vemos. A condição daquele homem tinha sido a mesma por toda a vida, mas ele desejou viver uma nova realidade e ser a prova viva de um milagre! Paulo foi um representante muito importante da igreja do Senhor e fez várias viagens missionárias pregando a Palavra. Muitos creram, mas também outros tantos a rejeitaram.

Junior: - Infelizmente. Com certeza, Paulo queria que todos acreditassem.

Antônio: - É verdade! Que grande fé aquele homem teve! A vida dele era cheia de limitações, e constantemente ele precisava da ajuda de outras pessoas, como eu preciso agora, por exemplo!

Ana: - Mas logo o senhor estará 100% bem! A sua limitação é temporária!

ORAÇÃO

Senhor, agradeço por tantas pessoas que são prova viva dos seus milagres!

Antônio: - Sim, mas fico pensando que é um sufoco ir de um cômodo a outro, tenho dificuldade até para tomar banho!

Junior: - Uhhh! Já ouvi falar que coça e é agoniante!

Ana: - Xiii! Ainda vai levar um tempo para tirar o gesso, não é?!

Michelle: - Será preciso muita paciência e ocupar bem o tempo, pois vai parecer que o relógio está parado.

Antônio: - Posso assistir a alguns filmes, fazer caça-palavras e palavras cruzadas e, claro, tomar café com vocês!

Junior: - Vamos combinar um café da tarde, com jogos e bate-papo! Será, como sempre, muito bom!

Ana: - Eu queria pedir uma coisa, mas não sei se o senhor vai deixar...

Antônio: - Pode falar, Ana!

Ana: - O senhor permite que a gente escreva o nome no seu gesso? Quando alguém engessa o braço ou a perna lá na escola, a gente sempre faz isso.

Antônio: - Mas é claro que podem! Toda vez que olhar para o gesso, eu me lembrarei do carinho que sinto por vocês e de que estão orando pela minha recuperação!

Junior: - Gostei dessa ideia!

Ana escreve o nome dela e a frase: "Tudo vai ficar bem".

Michelle escreve o nome dela, desenha um coração e escreve a frase: "Estou sempre orando por sua vida", e Junior escreve um "JR" junto à frase: "Fique bom logo, meu garoto".

Desafio: Separe tempo para tomar um café da tarde com os seus familiares ou amigos.

ORAÇÃO

Senhor, agradeço pelas pessoas que se importam comigo!

Num dia comum, os amigos conversam sobre uma parábola que a Michelle leu na Bíblia.

Michelle: – Vocês se lembram daquele homem chamado Lázaro?

Ana: – Aquele que havia morrido, mas Jesus fez reviver?

Michelle: – Sim! O nome dele significa "Deus é meu auxílio". Vocês sabem o significado do nome de vocês?

Ana: – O meu significa "graciosa, cheia de graça".

Junior: – Você é mesmo, sempre fazendo "gracinhas"!

Ana: – Ha-Ha! – e revira os olhos.

Junior: – É brincadeira! O meu nome é o mesmo do meu pai, por isso há o "Junior" no final. Mas, pelo que eu pesquisei, significa "nascido no dia do Senhor", no dia do descanso.

Michelle: – Que legal! "Michelle" significa "quem é como Deus?".

Eu li que Jesus contou sobre o rico e Lázaro, mas não é o mesmo Lázaro que era amigo dele! Essa história que o Mestre contou trata de realidades de vida bem diferentes entre deles. O rico se vestia de forma chique e vivia no luxo todos os dias, e Lázaro, que era mendigo e tinha lepra, esperava para comer o que caía da mesa do homem rico.

Ana: – Que situação!

Michelle: – O Mestre continua a história dizendo que ambos morreram, mas apenas um deles conseguiu entrar no céu.

Junior: – Lázaro, no caso. Acertei?

Michelle: – Acertou, Junior!

Qual é o significado do seu nome?

 Senhor, que eu sempre aprenda lições importantes com as histórias que Jesus contou!

Michelle: - Muito bem! O homem rico tinha uma vida muito boa, mas era indiferente às necessidades dos pobres. Se somos abençoados, mas não compreendemos as dores, urgências e limitações do nosso próximo, estamos sendo injustos e incompreensivos.

Ana: - Ele tinha condições de ajudar Lázaro, não tinha?

Michelle: - Claro que tinha, mas era uma pessoa presa aos bens materiais.

Ana: - O mundo está cheio de pessoas riquíssimas, mas que são "pobres" de espírito. E existem também os pobres que não são justos e generosos.

Michelle: - É verdade! Essa parábola mostra que a prosperidade material não é sinal de ser salvo.

Ana: - O que vocês fariam se tivessem muito dinheiro?

Junior: - Eu ajudaria muitas pessoas! Criaria abrigos, casas de recuperação, escolas com cursos gratuitos, distribuiria cestas básicas, roupas e calçados... eu faria muitas coisas!

Michelle: - Que legal, Junior! Eu também faria muitas coisas!

Ana: - Imaginem resgatar animais que sofrem maus-tratos nas ruas?

Junior: - *Top*, também!

Michelle: - Cuidar da saúde das pessoas que não têm acesso às consultas e exames...

Ana: - Plantar mais árvores e deixar a cidade mais bonita!

Junior: - Criar escolinhas de futebol para crianças carentes...

Michelle: - É a sua cara, mesmo!

 **ORAÇÃO** Senhor, que eu não seja egoísta e insensível às necessidades das pessoas!

Ana: - O que mais podemos aprender com essa história, Michelle?

Michelle: - Que as decisões que tomamos em vida nos afetam para além dela, ou seja, devemos viver aqui na terra sem nos esquecer da eternidade.

Ana: - E, depois que as pessoas se vão, não há mais como mudar o destino delas.

Junior: - Isso é verdade.

Michelle: - Há sim muitas pessoas afortunadas que conhecem a Jesus e fazem muitas coisas boas para o próximo. Não podemos pensar que todos os ricos não entrarão no céu. A questão é como essas pessoas vivem e o que de fato há dentro do coração delas.

Ana: - Assim como nem todos os pobres irão para o céu, certo?

Junior: - Deus é quem vai dizer isso, de acordo com a vida deles aqui na terra e se acreditaram que Jesus morreu em favor de cada um de nós.

Michelle: - Exatamente! A história é uma reflexão da vida que cada um levava. Um tinha praticamente tudo, já o outro não tinha nada. Mas Lázaro, mesmo sendo um homem miserável, tinha tudo ao viver uma vida humilde, e desfrutaria de uma eternidade alegre junto de Deus. Essa é a verdadeira prosperidade!

Ana: - Então somos ricos porque temos um Deus que nos ama e nos salvou!?

Michelle: - Sim! Fomos comprados pelo maior preço que alguém um dia já pagou: o sangue de Jesus derramado na cruz!

Junior: - Que bonito! Somos muito amados por Deus mesmo!

Ana: - Amém!

ORAÇÃO

Que o Senhor me ajude a tomar decisões certas aqui na terra!

Certo dia, na entrada da escola, Ana desabafa com Michelle sobre uma situação.

Ana: - Amiga, converse comigo, estou muito chateada!

O meu pai foi rude comigo por uma coisa que eu não havia feito, depois pediu desculpas e agiu como se nada tivesse acontecido!

Michelle: - Poxa, Ana, sinto muito!

Ana: - Ele disse que eu havia deixado o portão de casa aberto, mas eu tranquei quando cheguei em casa. O meu pai está sempre preocupado com esse tipo de coisa... Se deixar, ele coloca cadeado em todos os lugares! E ele chegou depois de mim.

Michelle: - Você disse a ele que havia trancado o portão?

Ana: - Sim! Mas ele não me deu ouvidos e disse que sou avoada! Eu chorei de raiva no meu quarto depois! É muito ruim levar a culpa injustamente!

Michelle: - Se ele chegou depois, foi ele quem esqueceu de trancar o portão.

Ana: - E ele assume quando está errado? Nunca!

Michelle: - Isso está errado, amiga! Ele culpou você por algo que na verdade foi erro dele. Você disse que ele pediu desculpas, não foi?

Ana: - Sim. Mas pareceu da boca pra fora, sabe?

Michelle: - Ele tem estado estressado com alguma coisa?

Ana: - Com o trabalho, sempre!

Michelle: - Ouvi dizer que muitos adultos estão esquecidos ultimamente, pois realizam múltiplas tarefas.

Ana: - Mas jogar toda a culpa em uma pessoa inocente é ruim!

ORAÇÃO Senhor, que eu possa contar com um bom amigo para falar sobre os meus sentimentos e emoções.

Michelle: - A sua mãe estava por perto quando tudo isso aconteceu?

Ana: - Estava ocupada com os afazeres domésticos, como sempre.

Michelle: - Ninguém acolheu você depois do que ele falou?

Ana: - Fiquei sozinha no meu quarto chorando e desabafando com Deus.

Michelle: - Poxa, amiga. Você já tentou conversar com o seu pai sobre isso?

Ana - Ele é um homem duro na maioria das vezes. Se choro, ele diz que sou chorona. Se tento me defender, sou respondona. Se me calo, sou fechada! Nunca sei como agir! Eu não tenho culpa dos problemas do trabalho dele, das preocupações e das múltiplas tarefas! Às vezes sinto vontade de não falar mais com ele! Nunca mais!

Michelle: - Você está ferida, Ana. Não vou dizer para ficar calma, pois sei que essa situação abalou o seu emocional, mas ele é seu pai.

Ana: - Pai que ofende, que culpa, que é grosso! E depois pede desculpas para ficar de boa comigo!

Michelle: - A sua mãe não consegue conversar com ele?

Ana: - Talvez, sei lá! Não foi a primeira vez que algo assim aconteceu.

Michelle: - Vale a pena tentar, na minha opinião. É importante você dizer a ela como tem se sentido nessas situações e que ele precisa enxergar que está errado.

Ana: - Às vezes ela fica quieta para que a confusão não aumente, então eu sofro sozinha.

Michelle: - Sinto muito, de verdade!

Vou orar por tudo isso!

Quero contar uma história para você.

ORAÇÃO

Que eu sempre me lembre de que não estou só, pois o Senhor está comigo o tempo todo!

Junior chega correndo e encontra as amigas.

Junior: – Bom dia! Estão falando sobre o quê?

Michelle: – Eu vou contar uma história sobre pessoas que fizeram coisas ruins a Paulo e Silas, mas depois pediram desculpas e voltaram atrás.

Junior: – Quem foi Silas?

Michelle: – Ele era um cidadão romano que desempenhou um papel importante na igreja em Jerusalém e acompanhava Paulo nas missões. Eles estavam num lugar chamado Macedônia quando encontraram uma mulher escrava. Nela havia um espírito que podia prever o futuro e, com isso, a serva ganhava muito dinheiro para os senhores dela com as adivinhações. A moça começou a seguir Paulo e Silas, gritando: "Estes homens são servos do Deus Altíssimo e anunciam o caminho da salvação".

Ana: – Mas isso estava certo!

Michelle: – Sim, pois aquele espírito sabia... A mulher continuou fazendo isso por muitos dias até que Paulo ficou indignado e, em nome de Jesus, mandou aquele espírito ir embora. No mesmo instante o espírito a deixou. O problema é que os donos daquela escrava perceberam que não ganhariam mais dinheiro com as adivinhações, então eles agarraram Paulo e Silas e os levaram para a praça principal, diante das autoridades.

Ana: – Bateram neles?

Michelle: – Sim.

Junior: – Que crueldade!

ORAÇÃO

Que, no nome de Jesus, tudo o que for ruim saia!

Michelle: - Depois de apanhar muito, eles foram jogados na prisão, tendo os pés presos no tronco. Perto da meia-noite, Paulo e Silas estavam orando e cantando hinos a Deus. Os outros presos os ouviam. De repente, houve um terremoto tão violento que os alicerces da prisão foram abalados. Imediatamente todas as portas se abriram, e as correntes de todos os presos se soltaram.

Junior: - Uau!

Michelle: - O guarda que permanecia perto dos presos acordou e, quando viu as portas abertas, pensou em tirar a própria vida, pois pensava que os prisioneiros tinham fugido.

Ana: - Estou chocada, gente!

Michelle: - Mas Paulo gritou: "Não faça isso! Estamos todos aqui!". O guarda então saiu correndo e, com o corpo tremendo, ajoelhou-se aos pés de Paulo e Silas. Ele lhes perguntou o que deveria fazer para ser salvo. Paulo e Silas disseram que era preciso crer no Senhor Jesus e pregaram a Palavra de Deus.

Ana: - Que lindo!

Michelle: - Naquela mesma hora da noite, o guarda lavou as feridas deles e, em seguida, foi batizado.

Junior: - Impressionante!

Michelle: - O guarda os levou para a casa dele e lhes serviu uma refeição. Na manhã seguinte, os juízes enviaram uma mensagem pelos soldados, dizendo para os guardas soltarem Paulo e Silas.

Junior: - Ué! Como assim?

 **ORAÇÃO** Senhor, agradeço por libertar, salvar e curar!

Ana: – Os juízes se arrependeram?

Michelle: – Paulo disse que eles queriam se livrar secretamente dos dois e que os próprios juízes deveriam libertá-los. Eles foram se desculpar diante de Paulo e Silas.

Junior: – Pedir desculpas não anula o que foi feito!

Michelle: – Mas havia um propósito em tudo aquilo. Paulo e Silas sabiam que, em todo o tempo, Deus Pai estava cuidando de tudo!

Junior: – Quando as pessoas focam nos propósitos de Deus, elas não têm medo do que pode vir a acontecer. É isso?

Michelle: – Obedecer ao chamado do Senhor é uma tarefa desafiadora, mas sabemos que jamais estaremos sozinhos! Deus nos dá as ferramentas necessárias, nos abençoa e nos dá livramentos! Havia muito mais para Paulo e Silas fazerem na obra do Senhor.

Junior: – Há livramentos que nem percebemos, não é?

Ana: – Sim! Deus está sempre cuidando de nós, seja em situações pequenas ou grandes. O nosso coração deve estar grato por isso.

Michelle: – Com certeza, galera! Nada sai do controle de Deus e, quando achamos que é o fim, ele faz algo novo!

Junior: – Sim, ele permitiu que Paulo e Silas fossem presos e usou a vida deles para falarem de Jesus e, assim, levar a salvação!

 **ORAÇÃO** Senhor, que eu entenda os seus propósitos para a minha vida!

Ana: - Precisamos, assim como Paulo e Silas, nos colocar à disposição para que Deus nos use em falar com as pessoas. Quero demonstrar o amor e a fidelidade do Senhor por meio de tudo o que eu fizer e falar.

Junior: - Às vezes penso na situação da minha família e, embora seja muito difícil passar por tudo isso, sei que Deus pode usar a minha história para que outras pessoas conheçam seu amor. Sinto muita falta do amor do meu pai, pois ele falha muito conosco, mas encontrei algo ainda melhor: o amor de Deus Pai. Quero que o meu testemunho ajude os outros a encontrarem um Pai.

Michelle: - Que bênção, Junior! O seu testemunho é muito bonito. Apesar de uma situação familiar complicada, você tem demonstrado a cada dia quão maravilhoso é ser filho de Deus Pai.

Ana: - Todos nós temos o privilégio de viver a nossa identidade de filhos de Deus. Não podemos ficar calados. Precisamos levar essa mesma esperança para os outros!

Michelle: - Com certeza!

Junior: - Real! Precisamos aprender com o exemplo de Paulo e Silas, que falavam de Deus em todas as circunstâncias. Sabe, de vez em quando eu ainda fico bem triste, mas tenho cada vez mais paz em meu coração, pois sei que nada foge do controle de Deus. Sei que não falta amor para mim, porque Deus Pai me ama e cuida de mim em todo o tempo. Além disso, tenho uma mãe maravilhosa e amigos incríveis.

Ana: - Que bênção! Todo mundo precisa desse amor!

ORAÇÃO

Senhor, que meu objetivo de vida seja ganhar muitas almas para Jesus!

23 / 11

Atos 27

Num café da tarde na casa do senhor Antônio, Michelle compartilha uma história cheia de emoção que leu na Bíblia.

Michelle: – Vocês já ouviram a frase que diz: "Você deveria ter me ouvido"?!

Ana: – Muitas vezes! Da minha mãe, avó, pai.

Antônio: – Eu não apenas já ouvi como falei várias vezes!

Papagaio Lara: – Pão de queijo! Pão de queijo!

Junior: – O cheiro desse pão de queijo está realmente tentador!

Antônio: – Vocês terão que esperar um pouco até sair do forno e esfriar! Não quero que se queimem!

Ana: – Essa espera é difícil, hein?!

Michelle: – Enquanto isso, vou contar a história de um conselho que deveria ter sido ouvido.

Junior: – Boa! Assim eu me concentro e não fico pensando na minha barriga vazia!

Antônio: – Quem deu o conselho e qual foi, Michelle?

Michelle: – Paulo. Ele estava viajando de navio junto a outros presos, partindo de Creta. Paulo avisou a todos que a viagem seria desastrosa e traria prejuízos para o navio, para a carga e para todos que estavam a bordo.

Ana: – Xi!

Antônio: – Ninguém deu ouvidos, pelo jeito!

Michelle: – Não, o centurião seguiu o conselho do piloto e do dono do navio. Ventos fortes começaram a sacudir a embarcação, e o navio foi arrastado pela tempestade.

Junior arregala os olhos.

ORAÇÃO Agradeço ao Senhor porque a Bíblia está repleta de conselhos!

Michelle: – Eles ficaram muitos dias sem ver a luz do sol nem as estrelas, pois a tempestade era intensa. Chegaram até a perder a esperança de salvamento.

Antônio: – Eu ficaria com muito medo!

Michelle: – Paulo percebeu que os homens haviam passado muito tempo sem comer, então se levantou diante deles e disse: "Os senhores deviam ter aceitado o meu conselho de não partir de Creta, pois assim teriam evitado este dano e prejuízo".

Junior: – Tipo assim: "Eu avisei".

Antônio: – Exatamente!

Papagaio Lara: – Pão de queijo!

Ana: – Não me lembre disso, Lara!

Michelle: – Hahaha! Continuando, Paulo recomendou aos homens que tivessem coragem, pois nenhum deles perderia a vida; apenas o navio seria destruído.

Junior: – E como ele sabia disso?

Michelle: – Na noite anterior, um anjo de Deus apareceu a Paulo, e disse: "Paulo, não tenha medo. É preciso que você compareça perante César; Deus, por sua graça, deu-lhe a vida de todos os que estão navegando com você".

Ana: – César? O imperador de Roma?

Michelle: – Ele mesmo. Na décima quarta noite, o barco ainda estava sendo levado de um lado para outro. Perto da meia-noite, os marinheiros imaginavam que estavam próximos da terra. Paulo insistiu para que todos se alimentassem, pois só assim poderiam sobreviver. Estavam a bordo 276 pessoas sem comer nada por catorze dias!

ORAÇÃO

Ajude-me a confiar no Senhor mesmo em meio às dificuldades da vida!

Michelle: – Paulo continuou insistindo e disse que eles não perderiam nenhum fio de cabelo. Tendo dito isso, tomou o pão e deu graças a Deus diante de todos. Então o partiu e começou a comer. Todos comeram até ficarem satisfeitos.

Junior: – E estavam próximos à terra?

Michelle: – Quando amanheceu, eles avistaram uma enseada com uma praia, para onde decidiram conduzir o navio. Cortando as âncoras, deixaram-nas no mar, desatando ao mesmo tempo as cordas que prendiam os lemes. Então, içando a vela do navio ao vento, dirigiam-se para a praia. Mas a embarcação encalhou num banco de areia, onde tocou o fundo. A frente encravou-se, e o navio ficou imóvel, com a parte de trás quebrada pela violência das ondas.

Ana: – Preciso de café e pão de queijo, esta história está muito emocionante!

Antônio: – Já podem pegar, crianças!

Junior: – O que houve depois, Michelle?

Michelle: – Os soldados resolveram matar os presos para impedir que algum deles fugisse jogando-se ao mar.

Ana: – Não acredito!!! Mataram Paulo, então?

Michelle: – Não, pois o centurião queria poupar a vida de Paulo e os impediu de executar o plano. Então ordenou aos que sabiam nadar que se lançassem primeiro ao mar em direção à terra. Os outros teriam que salvar-se em tábuas ou em pedaços do navio. Dessa forma, todos chegaram a salvo em terra.

Antônio: – Aconteceu como o anjo disse a Paulo! Impressionante!

Junior: – Se tivessem ouvido o conselho, não teriam sofrido tanto!

ORAÇÃO

Senhor, que eu ouça os conselhos de pessoas sábias!

Michelle: - Isso é verdade, mas as coisas precisavam ter acontecido daquele jeito. Que pão de queijo crocante, senhor Antônio! Eles descobriram que aquela ilha se chamava Malta, e os habitantes de lá foram muito bondosos com todos. Fizeram uma fogueira, pois chovia e fazia frio.

Antônio: - Lembrei-me daquele filme *Titanic*, conhecem?

Ana: - Nunca assisti, mas conheço a história.

Michelle: - A água devia estar gelada! Paulo juntou um monte de gravetos e, enquanto os colocava no fogo, uma cobra, fugindo do calor, prendeu-se à mão dele.

Junior fecha os olhos sentindo agonia.

Antônio: - Ela o mordeu?

Michelle: - Sim, mas milagrosamente não causou dano algum a ele! Mas, quando isso aconteceu, as pessoas da ilha falaram umas às outras que Paulo era um assassino e, mesmo escapando da tempestade, a Justiça não lhe permitiria viver.

Antônio: - Cobras são peçonhentas e é preciso ter muito cuidado!

Michelle: - Paulo sacudiu a cobra no fogo, não sofrendo mal algum. A galera achou que ele fosse ficar inchado ou que morreria, mas, quando viram que nada de ruim tinha acontecido, mudaram de ideia, chamando-o de "deus".

Antônio: - Ele com certeza evangelizou a todos.

Michelle: - O texto diz que Paulo, graças à ação poderosa do Espírito Santo, realizou mais um milagre!

 Senhor, agradeço por proteger a nossa vida!

Ana: - Sério? Que demais!

Michelle: - O principal homem da ilha, que se chamava Públio, convidou todos a ficarem hospedados na casa dele por três dias. O pai dele estava doente. Paulo entrou para ver o pai de Públio e, depois de orar, colocou as mãos sobre ele, que foi curado! Depois desse acontecimento, outros doentes da ilha foram até Paulo e também receberam a cura!

Antônio: - Eu queria ter conhecido esse Paulo! Gente boa demais!

Junior: - Não é?! Passou tantos perrengues, mas permaneceu firme!

Michelle: - Podemos aprender muito com o exemplo e o legado que ele nos deixou! Quando nos sentirmos tristes, desencorajados, fracos na fé e sem esperanças, podemos nos lembrar das histórias de Paulo!

Ana: - Ele foi forte e corajoso!

Michelle: - Mas chorou em muitos momentos, viu?!

Antônio: - Era homem de carne e osso, assim como nós! O exemplo dele é de persistência!

Michelle: - Exatamente! Vamos nos cansar em nossa caminhada, mas não podemos desistir!

Ana: - Há uma frase bonita que diz: "Quando você se cansar, aprenda a descansar, e não a desistir"!

Junior: - *Top*!

Michelle: - Curti! Vou anotar na minha agenda!

Ana: - Eu curti este bate papo com café e pão de queijo! Histórias chocantes!

Antônio: - Inesquecíveis!

 **ORAÇÃO** Senhor, ensine-me a descansar e nunca desistir!

A turma foi convidada para uma festa de aniversário de um colega da escola. No dia do evento, Michelle liga para Ana logo depois do banho.

Ana: - Oiê!

Michelle: - Ana, tive uma ideia! Vamos fazer um "Arrume-se comigo" por telefone?

Ana: - A-do-rei!

Michelle: - Enquanto eu faço uma make básica daqui e você faz daí, podemos conversar um pouco sobre algo que me deixou muito chateada?

Ana: - Eu magoei você?

Michelle: - Não! Eu é que fiquei triste ontem de noite pensando no que o Junior falou. Ele disse que nunca teve uma festa de aniversário. Ninguém na casa dele teve.

Ana: - Nem me fale, amiga. Eu me segurei para não comentar perto dele, mas, quando cheguei à minha casa, peguei as fotos das nossas festas, agradeci pela harmonia na minha família e chorei por ele.

Michelle: - Também chorei. Depois, orei para que Deus transforme a situação e, em breve, ele possa ter uma linda comemoração de aniversário. Enquanto eu orava, o Espírito Santo falou ao meu coração que já teve alegria como a que tem nas festas por ele.

Ana: - Michelle, às vezes, parece que você fala em código! Não entendi nada!

Michelle: - Vamos fazer assim: a gente desliga para terminar de se arrumar mais rápido e, na festa, eu conto tudo para você e para ele.

Ana: - Chego lá às 7 horas da noite. Não se atrase porque fiquei curiosa.

ORAÇÃO

Pai querido, obrigada por todas as comemorações que eu já pude ter.

Mais tarde, na festa, Michelle chega às 19:30. Ana e Junior estão ansiosos esperando pela amiga.

Junior. - Michelle, a Ana me falou que vocês conversaram de tarde e você disse para ela que já teve um tipo de festa por mim. Por que eu não fui convidado? - disse, intrigado.

Ana. - Amiga, não resisti! - falou envergonhada.

Michelle. - Você não só foi convidado, como foi o motivo dessa comemoração, Junior. Acontece que não foi uma festa com esta em que estamos agora. A alegria foi no céu.

Ana. - Eu disse, Junior, que ela tinha falado em código!

Michelle. - Vocês se lembram da parábola da ovelha perdida?

Junior. - Lembro, mas continuo se entender nada.

Michelle. - Junior, quando você passou a andar com Jesus, conheceu ele de pertinho, você foi a ovelha encontrada. Aquela por quem Jesus tinha deixado as outras 99. Quando ele encontrou você, teve uma grande alegria no céu, como uma festa!

Ana. - Olha ele!

Michelle. - É igual com todos nós, Ana. Com você e comigo também aconteceu isso.

Junior. - Foi a melhor coisa que já me aconteceu.

Michelle. - Tenho certeza disso! Mas como um bolinho gostoso não faz mal a ninguém, já anotei na minha agenda para, dia 3 de junho do ano que vem, fazermos uma festa pelo seu dia!

Junior. - Enquanto não chega, vamos aproveitar aqui!

ORAÇÃO — Obrigado, Senhor, por ter me encontrado e por eu poder caminhar com você!

As crianças estão conversando na praça quando Ted aparece com o olho roxo.

Ana: - Nossa! Ted, o que aconteceu?

Ted: - Não é da sua conta, garota!

Michelle: - Calma, ela estava apenas demonstrando preocupação...

Ted: - Preocupação? Por que vocês se preocupariam comigo?

Junior: - Porque nos importamos com você, Ted.

Ted: - Se vierem com papinho de crente, eu vou embora. Não tenho tempo para essa palhaçada. Vocês ficam fingindo que se importam com os outros, que um cara invisível lá no céu se importa com as pessoas, mas olhe o que aconteceu! - diz indignado, apontando para o olho machucado. - Ninguém se importa comigo. Ninguém quer saber de mim. O meu melhor amigo me abandonou, os meus novos amigos me enganaram e me bateram, os meus pais não estão nem aí pra mim, só querem saber de trabalhar.

Os amigos olham para Ted com compaixão, e o garoto começa a chorar.

Ana: - Você não está sozinho. Eu já me senti rejeitada várias vezes, sabia? Muitas pessoas me tratam mal por causa da cor da minha pele. Passei muito tempo com raiva, me fechei para o mundo por causa da injustiça. Mas, quando conheci Jesus, descobri que ele tem poder para curar essa ferida. Descobri que o meu valor não está no que eu penso sobre mim ou no que as pessoas dizem sobre mim, mas no que Deus diz sobre mim. E sabe o que ele diz? Que sou sua filha amada. Que fui criada à sua imagem e semelhança. Que ele me fez de modo especial e admirável.

ORAÇÃO — Senhor, agradeço por ter me criado de modo especial e admirável!

DEZEMBRO

Michelle: - É verdade, Ana! Você é muito especial para Deus, assim como você, Ted. Eu cresci na igreja e, desde pequena, ouvi falar sobre o amor de Deus por mim. Ouvi dizer que Jesus veio ao mundo para me salvar e perdoar os meus pecados, para que eu possa fazer parte da família de Deus. Quando eu nasci, tinha sérios problemas de saúde, e os médicos chegaram a pensar que eu não iria sobreviver. Mas as circunstâncias não são maiores do que o poder de Deus. Ele me curou fisicamente e hoje posso testemunhar. Dedico a minha vida ao Senhor, pois foi ele quem me deu a vida. Aprendi que Deus é intencional em tudo o que ele faz, e ele foi intencional ao criar você, Ted.

Ted: - Você não sabe o que está falando! Eu não tenho nada de especial. As pessoas só gostam de mim porque eu jogo bem e sou inteligente, mas, quando não tenho nada a oferecer, elas me descartam. Os meus "amigos" fizeram isso! Você sabe o que os meus pais fizeram quando viram o meu olho machucado? Nada, porque eles nem olham para mim!

Ana: - Sinto muito que eles tenham feito isso, Ted. Você não merecia ser tratado dessa forma. As pessoas são falhas e podem nos decepcionar, mas Deus nunca nos decepciona. Ele não vai rejeitar ou abandonar você, não vai ignorar ou menosprezar a sua dor.

Ted: - Nem sei por que estou dando ouvidos a essa conversinha fiada.

Junior: - Acho que você sabe, sim. Você sabe que precisa de alguém que não o decepcione e tem procurado em todos os lugares, mas não encontra.

ORAÇÃO

Ajude-me a ver que o Senhor tem cuidado de mim em todo o tempo.

Ted: – Você não sabe de nada! Pare de fingir que se importa comigo. Se você se importasse, não teria dado as costas para mim!

Junior: – Ted, sinto muito. Eu não sabia que você se sentia excluído. Nunca foi minha intenção. Você sempre foi especial para mim e nunca deixei de me importar. Eu mudei, sim. Fui transformado porque encontrei um Pai. Por muito tempo, eu me senti sozinho, inferior, assustado, incapaz... Eu era inseguro, sentia uma dor que eu não sabia de onde vinha. Mas tudo mudou quando conheci o amor de Deus. Passei a entender que sou amado, desejado, importante. Percebi que o vazio do meu coração só pode ser preenchido pelo amor de Deus por mim. Então, eu me tornei mais confiante, e não pelas minhas próprias habilidades, mas porque hoje sei que a minha identidade está firmada em Deus. Não sou mais o Junior triste, órfão de pai vivo. Sou o Junior transformado pela certeza de que sou filho de Deus.

Ted: – E se Deus também me der as costas?

Ana: – Ele jamais faria isso. Deus nunca abandona os filhos dele. Estar com Deus é ter a certeza de que nunca mais estaremos sozinhos. Ele é refúgio para os que estão tristes, assustados, magoados.

Michelle: – Talvez você tenha medo de se machucar novamente. Não podemos dizer que não vai acontecer, porque as pessoas erram, mas Deus não erra. Os que confiam em Deus não se frustram.

ORAÇÃO

Quero confiar no Senhor em todo o tempo.

Ted: – Por que vocês estão sendo legais comigo? Eu tratei vocês de um jeito ruim várias vezes. Principalmente você, Junior.

Junior: – Porque não guardo rancor de você. Antes, eu me incomodava muito e ficava com tanta raiva que queria brigar. Mas Deus me mostrou que não devo agir ou pensar dessa maneira, porque ele se importa com você e, da mesma forma, eu devo me importar. O meu desejo é que você conheça o mesmo amor que transformou a minha vida.

Ted: – Mas e se não houver perdão para mim, por causa das coisas que fiz de errado?

Michelle: – Ted, deixe-me falar um pouco sobre o nosso Deus. Para isso, precisamos voltar muitos e muitos anos, para o primeiro homem e a primeira mulher.

Ted: – Adão e Eva, né?

Michelle: – Isso mesmo! Deus desejava se relacionar com todos os seres humanos, ser amigo deles, andar lado a lado. Mas o pecado entrou no mundo e nos afastou de Deus. O pecado tornou as pessoas inimigas de Deus. Por muito tempo, o mundo viveu na escuridão e na desesperança, até que Deus enviou Jesus, seu Filho amado, para viver entre nós. Jesus nos  deu a esperança de restaurar o nosso relacionamento com Deus. Jesus, o nosso Senhor e Salvador, se ofereceu para morrer na cruz e retirar os nossos pecados.

Ted: – Por que ele faria isso?

Ana, Michelle e Junior: – Por amor!.

 **ORAÇÃO** Jesus, agradeço por seu amor!

Michelle: – Jesus morreu na cruz para restaurar a nossa comunhão com o Pai. Ele ressuscitou ao terceiro dia e venceu a morte. Todo aquele que aceita Jesus como Senhor e Salvador é filho de Deus.

Ted: – Eu só preciso aceitar Jesus para ser chamado filho de Deus?

Ana: – Sim. Tudo muda quando você aceita Jesus. O nosso coração muda, as nossas atitudes mudam. Quando reconhecemos que Jesus morreu por nós, sentimos o desejo de viver a nossa vida para ele e passamos a fazer o que é certo, a desejar conhecer mais da Bíblia e a estar mais perto de Deus Pai.

Junior: – Foi a melhor escolha que eu já fiz. E você também pode tomar essa decisão.

Ted: – Preciso de algum formulário? Tenho que ir em algum lugar para isso?

Michelle: – Tudo o que você precisa fazer é confessar a Jesus como o seu Senhor e Salvador e deixar que ele o transforme.

Ted: – Como eu faço isso?

Michelle: – Se você quiser, posso orar e você pode repetir.

Ted: – Eu quero!

Michelle ora e Ted repete: – "Senhor Jesus, eu o aceito como meu único e suficiente Salvador. Peço que perdoe os meus pecados e purifique o meu coração. Peço que entre no meu coração e nele habite, transformando a minha vida de acordo com a sua vontade. Por favor, escreva o meu nome no Livro da Vida. Amém".

 **ORAÇÃO** Deus, o desejo do meu coração é mostrar o seu amor às pessoas.

Ana: - Que bênção! Bem-vindo à família, Ted!

Os quatro se abraçam.

Ted: - Eu já me sinto diferente. Parece que saiu

um peso dos meus ombros.

Junior: - Fico muito feliz, Ted!

Não há nada melhor do que viver para Jesus!

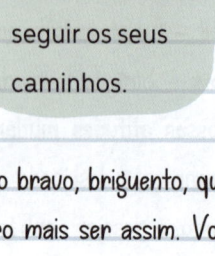

ORAÇÃO

Jesus, eu escolho seguir os seus caminhos.

Ted: - Eu preciso pedir perdão a vocês. Sei que sou muito bravo, briguento, que impliquei muito com vocês. Peço desculpas. Eu não quero mais ser assim. Vou me esforçar para ser diferente de agora em diante.

Junior: - Eu perdoo você, Ted! Quero muito ser seu amigo novamente.

Ana: - Todos nós queremos ser seus amigos, Ted!

Ted: - Mesmo depois de tudo o que eu fiz?

Michelle: - O que importa é o que você vai fazer de agora em diante.

Ted: - Eu tenho tanto a aprender. Mas quero ser diferente! Não quero mais me sentir sozinho, rejeitado, assustado. Não quero brigar com as pessoas nem arrumar problemas.

Ana: - Conte com a gente! Todos nós queremos agradar a Deus.

Michelle: - Todos nós temos muito a aprender. Podemos aprender uns com os outros.

Junior: - Que alegria! Deus é bom! Tenho certeza de que ele está muito feliz com a sua decisão, Ted.

Ted: - Eu quero que ele se alegre comigo! Muito obrigado por terem me

mostrado o amor de Deus! Vocês são

verdadeiros amigos! Não

quero mais andar com

aquelas pessoas,

zoar os outros,

fazer maldades.

Quero viver uma vida nova!

No domingo, Ted vai com Junior à igreja. Depois do culto, as crianças se encontram na praça.

Ana: – O que você achou de ir à igreja, Ted?

Ted: – Foi incrível! Todo mundo me recebeu muito bem. A professora me apresentou à classe, orou por mim e me convidou para retornar no próximo domingo. Várias pessoas vieram falar comigo e dar as boas-vindas. Até o pastor conversou comigo!

Michelle: – Nós temos um presente para você!

Ted: – Para mim? Por quê? – pergunta lisonjeado.

Ana: – Porque você merece! Nós nos juntamos para comprar. O senhor Antônio também contribuiu.

Ted: – Que legal! Preciso passar na casa dele para agradecer.

Junior: – Ele ficou muito feliz quando contamos a boa notícia. O senhor Antônio é muito gentil! É um presente simples, mas muito precioso.

Michelle entrega o presente e Ted abre, revelando uma linda Bíblia.

Ted: – Uma Bíblia! Muito obrigado, galera! Eu queria muito uma Bíblia. Eu ia pedir aos meus pais de Natal. Nem sei como agradecer!

Ana: – Que bom que você gostou! Ler a Bíblia é maravilhoso. Nós lemos histórias sobre o poder e o amor de Deus. É uma das formas de conhecê-lo.

Ted: – Eu quero conhecê-lo cada vez mais!

ORAÇÃO Deus, eu desejo conhecê-lo a cada dia.

Ana: – O meu coração está tão alegre! Parece que vou explodir.

Michelle: – Hahaha! O meu coração também está muito feliz. Eu me lembrei do salmo que diz: "[...] grandiosas coisas fez o Senhor por nós, por isso estamos alegres". Deus nunca deixa de nos impressionar com seu amor e sua fidelidade!

Junior: – Deus respondeu às nossas orações!

Ted: – Como assim?

Junior: – Nós oramos muito por você, Ted! Era nosso desejo que você conhecesse o amor de Deus.

Ted: – Vocês oraram por mim?

Ana: – Oramos e continuamos orando!

Ted: – Uau! Que incrível! É muito bom saber que mesmo sem merecer, você se importa comigo. Tenho aprendido muito sobre amizade verdadeira com vocês!

Junior: – Que bom, Ted! Nós fazemos de tudo para cuidar uns dos outros, e você é um de nós. Pode contar com a gente sempre!

Michelle: – Com certeza! Estamos aqui para o que você precisar. Gostamos muito de passar tempo juntos, brincar, conversar, falar sobre a Bíblia...

Ana: – Você se esqueceu de outra coisa que gostamos muito de fazer.

Michelle, Junior e Ana dizem juntos: – Tomar café! Hahaha!

Ted: – Eu não sou muito fã de café, mas posso tentar. Quero mesmo é aprender mais sobre a Bíblia e ter amigos de verdade! Uma pena que vou viajar e só volto no fim do mês.

Ana: – É para isso que serve a tecnologia! Não se preocupe! Vamos manter contato.

Desafio: Converse com seus amigos sobre o que vocês podem fazer quando estão juntos para aprender mais da Palavra de Deus.

ORAÇÃO

Senhor, agradeço por trazer alegria ao meu coração.

Era um domingo ensolarado. Antônio fez sorvete cremoso de frutas e chamou as crianças para provarem.

Antônio: - Espero que gostem, turminha.

Ana: - O senhor poderia abrir um negócio e ganhar dinheiro, viu, senhor Antônio!

Junior: - Hummmmm!

Michelle: - Esse sorvete de banana está supercremoso! Mudando de assunto, vocês foram à igreja hoje de manhã?

Ana: - Eu perdi a hora! - e coloca as mãos no rosto.

Junior: - Eu precisei ajudar a minha mãe com o serviço de casa.

Michelle: - Aconteceu uma peça de teatro, uma pessoa se vestiu de Bíblia e nos contou alguns detalhes importantes sobre a Palavra de Deus. Hoje é o Dia da Bíblia! A "Bíblia falante" dizia assim: "Eu sou um livro muito antigo. Dentro de mim, existem muitas e muitas histórias! Sou dividida em Antigo Testamento e Novo Testamento".

Junior: - Que da hora! Vocês sabem a sequência dos livros bíblicos de cor?

Ana: - Mateus, Marcos, Lucas, João, Filipe, Paulo. Do resto eu me esqueci.

Antônio: - Os quatro primeiros estão certos.

Michelle: - Filipe e Paulo estão no Novo Testamento, mas não são nomes de livros, amiga. A parte de que mais gostei foi o *quiz* que a "Bíblia falante" fez com as crianças.

Antônio: - Conte-nos algumas das perguntas.

ORAÇÃO

Agradeço, Senhor, pelas histórias e pelos ensinamentos da Bíblia!

Michelle: - Quantos livros existem na Bíblia? A: 63. B: 65. C: 66.

Ana: - Letra C. Eu decorei essa!

Michelle: - Certo! E capítulos? A: Mais de 1.500. B: Mais de 1.000. C: Mais de 2.000.

Junior: - Vou chutar. Letra A.

Michelle: - Errado. A opção B é a correta. São 1.189 capítulos ao todo.

Ana: - Eu ia escolher essa! Próxima pergunta, Michelle.

Michelle: - Quais são os três continentes em que passam as histórias da Bíblia? A: Ásia, África e Europa. B: América, África e Europa. C: Ásia, África e Oceania.

Junior: - Eu acho que deve ser a opção A.

Michelle: - Ponto para o Junior! Mais uma, gente?

Antônio: - Estou gostando! Mais uma, por gentileza.

Michelle: - Qual é o nome da pessoa mais velha mencionada na Bíblia? A: Enos. B: Matusalém. C: Noé.

Junior: - Será que é Noé?

Michelle: - Não! Matusalém! Ele viveu cerca de 969 anos!

Ana: - Tudo isso? Estou chocada!

ORAÇÃO

Senhor, ajude-me a ter interesse pela leitura da Bíblia todos os dias!

Michelle: - Foi MUITO legal! A "Bíblia falante" era inteligente e divertida! O mais profundo disso tudo é que, na Bíblia verdadeira, está escrito algo mais ou menos assim: "Ainda que tudo passe, as palavras de Deus permanecerão para sempre".

Junior: - É porque Deus não muda; logo, o que ele disse não muda também!

Antônio: - Eu sou bem mais velho que vocês, então já vi coisas que estão escritas na Bíblia realmente acontecerem no mundo.

Junior: - Dê alguns exemplos, senhor Antônio.

Antônio: - Durante toda a minha vida, eu vivi o versículo "O Senhor é o meu pastor, nada me faltará". Passei por muitos momentos de dificuldade, mas de verdade nada faltou.

Ana: - Que coisa bonita de ouvir!

Michelle: - É isso mesmo! A "Bíblia falante" disse que, assim como precisamos do alimento para saciar a nossa fome, precisamos também da Palavra do Senhor para permanecermos vivos!

Junior: - Mas, se pudermos comer um pãozinho e tomar um café enquanto a lemos, fica melhor ainda!

Michelle: - Devemos refletir sobre o livro mais maravilhoso que existe! É um livro sagrado que foi escrito por várias pessoas inspiradas por Deus para registrar o que ele desejava dizer e assim impactar gerações.

Junior: - Existem pessoas que não são cristãs, mas leem a Bíblia. Por que elas não são impactadas a ponto de acreditarem em Deus?

Michelle: - Muitos são estudiosos, gostam do contexto histórico e enxergam a Bíblia como um livro igual aos outros. Mas não basta ler; é necessário estar com a mente e o coração dispostos a acreditar e a viver o que ela nos ensina.

Antônio: - E, quando essas pessoas passarem a viver o que está escrito na Bíblia, terão experiências únicas com Deus!

Michelle: - Com certeza, senhor Antônio! A Bíblia nos ajuda com as instruções dos passos que devemos dar em nossa vida!

ORAÇÃO Senhor, que eu encontre em sua Palavra os conselhos de que tanto necessito!

Certo dia, no intervalo das aulas, Ana fala sobre desinteresse.

Ana: - É terrível tentar falar com algumas pessoas e elas não mostrarem interesse.

Junior: - Elas às vezes nem olham direito para nós!

Ana: - Eu gosto de gente que presta atenção e que olha nos olhos, sabem?

Michelle: - Entendo. Quem fez isso, Ana?

Ana: - Uma menina da minha sala. Ela demonstrou interesse por algumas histórias da Bíblia, mas depois parecia que estava no mundo da lua!

Michelle: - Espera o tempo passar um pouco e tenta novamente algum dia.

Ana: - Farei isso! Quero muito falar de Jesus para ela!

Junior: - Então fale, mas cuidado para não ser insistente demais. Algumas pessoas pensam que os seguidores de Jesus são "chatos" por causa disso.

Michelle: - É verdade! Você pode chamá-la para ir visitar sua igreja.

Ana: - Haverá uma tarde feliz daqui duas semanas. Vou fazer o convite!

Junior: - Os seus amigos você não convida, né, Ana?!

Ana: - Eu já tinha convidado, SIM!

Junior: - Não tinha, NÃO!

Ana: - Tinha, SIM! Olhe as mensagens no seu celular, Junior!

Junior: - Não tem nada aqui!

Ana mostra o celular dela para os amigos.

Ana: - Olhem aqui, enviei semana passada!

Junior mostra o celular dele.

Michelle: - Acho que houve algum problema de conexão, e a mensagem não foi entregue!

Ana: - Viram só?! Eu convidei, sim!

Junior: - Mas eu não recebi nada!

ORAÇÃO

Senhor, ajude-me a encontrar maneiras de falar sobre Jesus para as pessoas!

Michelle: – Muita calma vocês dois! Amiga, reenvia a mensagem, por favor!

Ana: – Vai ser o jeito!

Junior: – A internet é muito legal, mas às vezes dá problema.

Ana: – Pior que é! Na época da pandemia, a galera teve que melhorar o pacote de internet das casas para trabalhar e estudar.

Junior: – É verdade! Ana, envie a mensagem com o convite para a menina da sua sala, mas fale pessoalmente com ela também. Às vezes chegam tantas mensagens ao mesmo tempo que ela pode acabar não prestando atenção!

Michelle: – Boa dica, Junior!

Ana: – Vamos ver se ela estará livre! Espero que dê certo!

Junior: – Conte com as minhas orações para isso!

Michelle: – Com as minhas também!

Ana: – Valeu, galera! Aproveitem para chamar mais pessoas para a tarde feliz!

Michelle: – Que legal! Vou chamar, sim!

Junior: – Vi que haverá contação de histórias com fantoches! Que da hora!

Ana: – Esse grupo é simplesmente sen-sa-cio-nal!

Michelle: – Uau! Que demais!

Junior: – Vou chamar o pessoal da minha sala!

Ana: – As orações serão mais intensas agora, para que o convite seja aceito e que as pessoas compareçam!

Junior: – É que sempre há aqueles que falam que vão, mas no dia não aparecem!

Michelle: – Algumas pessoas não querem mesmo saber de Jesus. Paulo disse isso. Vou contar essa história para vocês na saída, fechado?

Ana e Junior respondem: – Fechado!

ORAÇÃO

Senhor, que muitas pessoas possam sentir o desejo de conhecer Deus!

13 / 12

Atos 28.24-29

Os amigos caminham juntos, e o papagaio Lara os acompanha.

Junior: – Já tem uma galera que disse que vai!

Ana: – Eba!

Papagaio Lara: – Eba! Eba!

Junior: – Hahaha! É isso aí, Lara! Vai ser bem legal, tenho certeza!

Ana: – Vai, sim! Você disse que contaria o que Paulo falou sobre os desinteressados.

Michelle: – É mesmo! Na verdade, ele se lembrou do que o Espírito Santo disse ao profeta Isaías há muito tempo: "Ainda que estejam sempre ouvindo, vocês nunca entenderão; ainda que estejam sempre vendo, jamais perceberão. Pois o coração deste povo se tornou insensível; de má vontade ouviram com os seus ouvidos, e fecharam os seus olhos. Se assim não fosse, poderiam ver com os olhos, ouvir com os ouvidos, entender com o coração e converte-se, e eu os curaria".

Junior: – Que mensagem forte!

Michelle: – É forte, mas também tão verdadeira, né?! A mensagem é "antiga", mas serve demais para os dias atuais!

Ana: – Não basta somente ouvir as histórias, é necessário entendê-las.

Michelle: – Paulo relembrou a mensagem se dirigindo aos judeus, e eles, depois de o ouvirem, saíram discutindo entre si. Várias pessoas não creram nos discursos de Paulo sobre o Evangelho, mas ele continuou falando por onde passava.

Junior: – Essas pessoas desinteressadas não sabem a oportunidade que estão perdendo!

Ana: – A melhor oportunidade!

ORAÇÃO

Senhor, desejo que muitas pessoas aproveitem a oportunidade de serem salvas por Jesus!

Junior está contando às meninas sobre a conversa que teve com Ted na noite anterior.

Junior: - Ontem à noite, fiz uma chamada de vídeo com Ted e passamos quase duas horas conversando sobre a Bíblia. Ele está muito firme. Tem lido a Bíblia todos os dias, acreditam? Foi resposta de oração! Deus é muito bom! Ele pediu para me ligar de novo hoje à noite, para conversarmos sobre outro texto bíblico. Estou gostando muito de me reconectar com ele. A nossa amizade é infinitamente melhor do que foi um dia!

Michelle: - Que maravilha! É muito bom ver a transformação dele. Ele realmente está empenhado em ser diferente.

Ana: - O amor de Deus faz coisas inexplicáveis. A história do Ted me lembra muito a de Paulo. Paulo era bravo, briguento, fazia coisas ruins e prejudicava os cristãos. Mas, quando se encontrou com Deus, tudo mudou. Paulo se tornou importante na história da igreja, ensinou muitas pessoas, pregou o evangelho e serviu a Deus. Da mesma forma, o Ted tem se empenhado em mudar, aprender sobre o Senhor e dar o seu melhor!

Junior: - É verdade! Eu nem tinha pensado por esse lado.

Michelle: - Que bom que você tem acompanhado Ted nesse momento tão importante da vida dele. Tenho certeza de que ele está feliz por ter você como amigo!

Junior: - Eu também estou! Houve um tempo em que achei que isso seria impossível.

Ana: - Somente o nosso Deus pode fazer o impossível acontecer!

ORAÇÃO

Deus, transforme o meu coração a cada dia.

Efésios 4.11-16

Em um domingo, algo maravilhoso acontece com Junior na igreja.

Depois do culto, ele vai correndo contar para suas amigas.

Junior: - Vocês não sabem o que aconteceu!

Ana: - A banda que você ama anunciou que vem para o Brasil?

Junior: - Não, melhor!

Michelle: - Você ganhou um cachorrinho!

Junior: - Melhor!

Ana: - Melhor do que um cachorrinho? Difícil, hein?

Junior: - Vou contar de uma vez. Eu estava na igreja, e o pastor convidou para irem à frente as pessoas que gostariam de dar um próximo passo no relacionamento com Deus. Então, eu tomei coragem, me levantei e fui.

Ana: - Uau! Muito bem, Junior! Você está vencendo a timidez!

Junior: - Calma, apressadinha. Não terminei. Quando eu estava lá, o pastor veio orar comigo e disse: "Filho, o Senhor está chamando você para cuidar das ovelhas dele". O antigo Junior teria fugido, ficado assustado, se sentido incapaz. Mas não aconteceu nada disso. Eu falei: "Senhor, eis-me aqui"!

Michelle: - Nossa! Estou emocionada!

Ana: - Eu também! Junior, que alegria! Você foi chamado por Deus.

Michelle: - Tenho certeza de que o Senhor vai capacitá-lo para cumprir esse chamado!

Junior: - Amém! O meu coração está transbordando. A minha mãe ficou muito feliz, me deu um abraço forte e orou por mim. Acho que este é um dos momentos mais felizes e marcantes da minha vida! Tenho certeza de que nunca vou me esquecer dele.

ORAÇÃO

Pai, capacite-me para fazer a sua obra.

Mais tarde, no mesmo dia, Junior liga para Ted.

Ted: – E aí, mano? De boa?

Junior: – De boa, graças a Deus! Queria contar algo que aconteceu hoje na igreja. Junior conta sobre seu chamado para pastorear. Ted fica muito feliz pelo amigo.

Ted: – Que legal! Você mudou muito. Antes, eu achava isso ruim, mas hoje vejo como a sua mudança foi positiva. Você está mais confiante, mais sorridente. Deus tem mesmo trabalhado na sua vida e por meio dela! Você tem sido uma bênção para mim!

Junior: – Nossa, Ted, você não tem noção de quanto é bom ouvir isso. Eu ainda tenho muita vergonha, continuo tímido, mas o Senhor tem me dado forças para continuar! Eu me sinto encorajado a falar sobre o amor de Deus e a ajudar as pessoas que se sentem tristes e sozinhas, assim como eu me sentia antes de conhecer Jesus! Fico pensando em como é importante que alguém ajude famílias como a minha.

Ted: – Com certeza! Deus vai usar a sua história para impactar aqueles que têm passado por coisas semelhantes.

Junior: – Amém. Muito obrigado pelo apoio, Ted!

Ted: – Estou aqui por você, assim como você está aqui comigo me ajudando, incentivando, ensinando.

Junior: – Eu tenho certeza de que o seu testemunho também vai ajudar muita gente! A sua mudança é notória. Você não é o mesmo de antes.

Ted: – Graças a Deus! E nunca mais quero ser daquele jeito.

Desafio: Faça uma ligação ou chamada de vídeo com um familiar ou amigo para conversar sobre a sua vida e tudo o que Deus tem feito. Antes, peça permissão a um adulto.

ORAÇÃO

Senhor, mostre-me qual é o meu papel no seu Reino.

Ted retorna de viagem e se encontra com os amigos na casa do senhor Antônio para um café da tarde.

Antônio: – Garoto, como foi de viagem?

Ted: – Foi ótimo! Aproveitei bastante, joguei *video game* e li a Bíblia todos os dias. Aprendi muita coisa. Eu não fazia ideia de que a Bíblia era um livro tão legal!

Michelle: – É meu livro preferido da vida todinha!

Ted: – Conversei com os meus pais e eles permitiram que eu vá à igreja, mas não querem saber de nada disso. Falaram que eu posso ir, desde que eles não precisem acordar cedo para me levar.

Junior: – Podemos ir juntos, não se preocupe.

Ted: – Fiquei meio chateado por eles não se importarem. Parece que nada mudou para eles. Eu achava que eles ficariam felizes ao ver que eu mudei.

Ana: – Talvez eles precisem de um tempo para assimilar. Tenho certeza de que ficarão felizes por ver que você está feliz!

Ted: – Estou mesmo muito feliz!

Antônio: – Você está brilhando!

Ted: – Ué, de onde saiu esse brilho? – pergunta olhando para a roupa.

Michelle: – Ele está falando do brilho que as pessoas que conhecem Jesus têm! Não é um brilho tipo *glitter*, é um brilho que vem de dentro para fora. O seu coração está tão mudado que dá pra ver na sua feição.

Ana: – Verdade! Você está com o rosto sereno, tranquilo, alegre. É desse brilho que o senhor Antônio está falando.

Ted: – Sendo assim, quero continuar brilhando!

ORAÇÃO

Deus, faça-me brilhar de dentro para fora!

Ted: – Preciso confessar uma coisa a vocês.

Ana: – Eita. O que foi?

Ted: – Eu falei um palavrão esses dias. Fiquei arrependido imediatamente e senti vergonha por ter deixado uma palavra tão feia sair da minha boca. É difícil romper com certos hábitos, porque eu estava acostumado a falar palavrão todas as vezes que ficava bravo. Mas não quero falar essas coisas.

Junior: – Você se arrependeu e está se esforçando para mudar, Ted. Isso é demais!

Michelle: – Nem sempre vamos acertar. Precisamos decidir nos afastar do pecado todos os dias, porque a obediência é uma escolha. Você tem escolhido obedecer a Deus, e isso é ótimo!

Antônio: – Ninguém espera que você mude da noite para o dia. É o que a Michelle falou: a obediência é uma escolha diária.

Ted: – Obrigado por entenderem. Fiquei com medo de falar sobre isso, porque não quero que pensem que não estou me esforçando.

Ana: – Nós estamos vendo o seu esforço, Ted. E, mais importante, Deus também está! Ele conhece as intenções do seu coração.

Ted: – Estou fazendo de tudo para conversar com Deus, mas ainda é meio estranho. Não tenho certeza de que estou fazendo do jeito certo.

Ana: – Entendo você. No começo, eu também tinha muita dificuldade de orar. Não sabia como falar, que tipo de linguagem usar, o que dizer para ele. Mas descobri que oração é conversa, é relacionamento.

ORAÇÃO

Senhor, quero escolher ser obediente todos os dias.

Ana: – Assim como falo com naturalidade com os meus pais, familiares e amigos, aprendi a falar com naturalidade com Deus. Sabe quando você conhece uma pessoa e leva um tempo para criar intimidade com ela?

Ted: – Sei.

Ana: – Com Deus é do mesmo jeito. Para criar intimidade com ele, precisamos investir tempo em oração. Gosto de conversar com Deus assim que acordo, agradecer pelo novo dia, contar quais são os meus planos e pedir a ele que me acompanhe.

Michelle: – Eu sempre oro antes de dormir. Agradeço por tudo o que ele tem feito, converso sobre o que aconteceu e como me senti, apresento meus pedidos, agradecimentos, dúvidas, medos, tudo.

Junior: – É verdade. No começo, é difícil saber o que falar e como. Mas Deus não se importa com o seu tom de voz ou com palavras complicadas.

Antônio: – Isso mesmo, crianças. Deus se importa com a intenção do nosso coração. Ele deseja ter um relacionamento com cada um de nós. Para ele, é bom quando desabafamos, somos vulneráveis, sinceros, contamos o nosso dia.

Ted: – Acho que estou entendendo melhor. É só falar com Deus?

Michelle: – Sim, assim como você está falando com a gente.

Ted: – E se ele estiver ocupado?

Ana: – Deus nunca está ocupado. Ele está sempre *online*. Ele consegue ouvir todas as orações, independentemente do horário. Se você falar com Deus de madrugada, ele vai escutar.

ORAÇÃO

Agradeço por me escutar, Senhor!

Mais tarde, Ted se ajoelha no chão de seu quarto e fecha os olhos para conversar com Deus.

Ted: – "Deus Pai, quero me relacionar com o Senhor e falar com naturalidade. Ainda não sei muito bem como ou o que devo falar para o Senhor, mas vou seguir os conselhos dos meus amigos. Muito obrigado por este dia, por estar comigo, me acompanhar e me manter em segurança. Desde que conheci Jesus, tenho me sentido diferente. Parece que o meu coração está quente, com o desejo de mudar, de ajudar as pessoas, de falar do seu amor. Eu ainda não sei muita coisa, mas sei que o Senhor está comigo. Peço perdão pelos meus pecados. Por favor, mostre como posso melhorar e agir corretamente. Não quero entristecer o seu coração com o pecado. Pelo contrário, a minha vontade é de agradá-lo e ser obediente. Agradeço pelos amigos que o Senhor colocou em meu caminho e por tudo o que eles têm me ensinado. Peço ao Senhor que os abençoe e fortaleça a nossa amizade. Peço também ao Senhor que toque o coração dos meus pais, para que eles também sejam transformados. Por favor, meu Deus, restaure a minha família! Fico muito triste ao ver que o nosso relacionamento já não é mais o mesmo. Queria tanto que eles me acompanhassem neste momento tão importante na minha vida. Acho que é isso. Agradeço novamente por tudo o que o Senhor tem feito. Amém".

Desafio: Separe um momento para conversar com Deus em seu quarto, longe das distrações. Conte a ele o que você tem sentido e pensado.

ORAÇÃO Agradeço, Senhor, por ser um Deus de relacionamento.

No dia seguinte, Ted se encontra com os amigos na praça.

Ted: – E aí, galera? Quero contar algo para vocês.

Michelle: – Eba! Conta!

Ted: – Consegui orar ontem à noite. Eu me ajoelhei, fechei os olhos e falei tudo o que estava no meu coração. Parece que despejei um monte de coisa, mas foi muito bom!

Ana: – Parabéns, Ted! Isso é ótimo.

Junior: – É muito bom! Você vai ver como é incrível conversar com Deus.

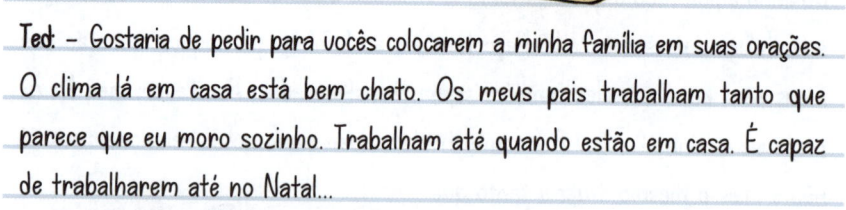

Ted: – Gostaria de pedir para vocês colocarem a minha família em suas orações. O clima lá em casa está bem chato. Os meus pais trabalham tanto que parece que eu moro sozinho. Trabalham até quando estão em casa. É capaz de trabalharem até no Natal...

Ana: – Nossa! Ninguém merece trabalhar no feriado.

Michelle: – Vamos orar, Ted. Espero que vocês consigam passar um tempo de qualidade juntos, principalmente no Natal. É bom que a família esteja reunida para celebrar o nascimento de Jesus.

Junior: – Eu entendo você, Ted. Pode ter certeza de que vou orar por todos vocês!

Ted: – Obrigado, pessoal! Quero muito que possamos aproveitar juntos, em família. Queria ir à igreja com os meus pais... Tenho certeza de que seria um momento especial. Vou continuar orando por isso!

Ana: – Isso mesmo! Não desista de orar por sua família!

ORAÇÃO

Deus, eu desejo que toda a minha família conheça o seu amor.

Alguns dias depois, Ted conta alegremente para os amigos o que aconteceu em casa.

Ted: – As nossas orações foram ouvidas! Os meus pais se sentaram para conversar comigo. Eles disseram que perceberam uma mudança no meu comportamento, que estou mais tranquilo, feliz, educado, obediente. Então, perguntaram o que está acontecendo comigo, e eu contei tudo.

Ana: – Contou tudo?

Ted: – Tudinho. Falei sobre o meu encontro com Jesus, a minha amizade com vocês, a Bíblia que ganhei... Eles ficaram muito felizes. Então, resolvi dar mais um passo e abri o meu coração. Falei tudo o que estava sentindo em relação a eles.

Michelle: – Corajoso! O que você disse?

Ted: – Falei que estava muito triste por tudo o que estava acontecendo, porque me sentia rejeitado, sozinho. Disse que me sentia menos importante do que o trabalho deles.

Junior: – Nossa! E como eles reagiram?

Ted: – Eles pediram perdão e disseram que nunca mais querem que eu me sinta assim. Conversamos sobre o que cada um de nós pode fazer para melhorar o nosso relacionamento. Combinamos de não usar o celular durante as refeições e que eles não vão trabalhar aos finais de semana e feriados, para que possamos ficar juntos!

Michelle: – Que maravilha! Realmente, nossas orações foram ouvidas!

Ana: – Deus é top!

Junior: – Estou muito feliz por vocês, Ted!

ORAÇÃO

Agradeço, Senhor, por ouvir minhas orações.

Ted: - Calma, eu nem contei a melhor parte...

Ana: - Tem uma parte melhor? Sensacional!

Ted: - Eles disseram que gostariam de ir à igreja comigo! Fiquei tão empolgado... Acho que foi a melhor notícia que já recebi! Deus tem me mostrado o seu cuidado todos os dias, gente.

Michelle: - Aaaah, que alegria!

Junior: - Isso me faz lembrar de quando Jesus disse: "Peçam, e será dado; busquem, e encontrarão; batam, e a porta será aberta. Pois todo aquele que pede recebe; o que busca encontra; e àquele que bate, a porta será aberta". Você pediu com fé, e Deus concedeu essa grande bênção.

Ted: - Quero muito que a minha família seja restaurada. Quero que meus pais sejam transformados, assim como eu estou sendo transformado por Deus a cada dia.

Ana: - Louvar a Deus com a nossa família é gratificante!

Michelle: - É verdade!

Junior: - Antes eu ficava triste por não poder ir à igreja com a minha família, mas percebi que eu já estou indo com a minha família. A minha mãe vai comigo, e ela é minha família. As pessoas da minha igreja são minha família. Vocês são minha família! Deus tem mudado o meu ponto de vista!

Ana: - Temos tantos motivos para agradecer a Deus. Não dá nem para contar nos dedos. Obrigada, Senhor!

ORAÇÃO

Senhor, permita-me louvar com a minha família!

A turma está animada na véspera do Natal, ajudando o senhor Antônio.

Antônio: – Tenho pisca-piscas novos!

Michelle: – Que legal! Onde quer que coloquemos?

Antônio: – Na árvore, mas é melhor usar a escada. Só um momento.

Ana: – Eu amo essa época do ano! É encantadora!

Junior: – As casas ficam iluminadas e decoradas! Mas eu me pergunto por que algumas pessoas têm árvores de Natal brancas?!

Ana: – Parece que caiu neve nelas, né? Aqui não neva como em outros lugares.

Junior: – Há árvores de Natal artificiais de cor rosa e azul! Vocês já viram?

Ana: – Eu não gosto! Prefiro as de cor verde mesmo.

Antônio: – Pronto! Eu trouxe a escada. Junior, suba com cuidado.

Junior: – Vamos lá!

Michelle: – Essa árvore vai ficar linda!

Antônio: – Como eu gosto dessa época do ano! Tenho tantas lembranças! O cheiro vindo da cozinha era maravilhoso! Eu colocava discos natalinos em minha vitrola, e os meninos corriam pela casa, para montar toda a decoração. Era um clima diferente e especial.

Michelle: – O senhor tem fotos dessa época?

Antônio: – Tenho alguns álbuns. Posso mostrar a vocês depois.

Junior: – Quero ver, sim! Galera, segurem firme essa escada, por favor!

O que você e a sua família gostam de fazer no Natal?

ORAÇÃO

Agradeço, Senhor, pelo Natal!

Ana: – O pessoal lá na igreja já montou a decoração natalina! Ficou muito bom!

Michelle: – Na minha igreja também! Onde e com quem vocês vão fazer a ceia?

Antônio: – Vou passar a noite com a minha irmã e alguns familiares aqui em casa.

Ana: – Vamos ficar em casa mesmo. Minhas tias e primas vão para lá.

Junior um pouco sem jeito: – Eu... eu ainda não sei...

Michelle: – Minha avó sempre organiza tudo, e a casa fica cheia de familiares! Juntos nós cantamos, oramos, fazemos algumas brincadeiras e ceamos! É um tempo precioso de comunhão e diversão!

Junior: – Que legal, pessoal! Acho que terminei. Ajudem-me a descer.

Antônio: – Muito obrigado, rapazinho!

Ana: – O que mais podemos fazer, senhor Antônio?

Antônio: – Vamos montar a árvore que ficará dentro de casa agora?!

Michelle: – Eba! Eu amo fazer isso!

Todos entram na casa do senhor Antônio e continuam decorando e conversando.

Junior: – Ei, senhor Antônio, há uma plaquinha escrito "Jesus" dentro da caixa.

Antônio: – Sim, Junior. É o aniversário dele, certo? Não podemos nos esquecer. Eu sempre coloco em cima da árvore!

ORAÇÃO Senhor, que eu nunca me esqueça do real sentido do Natal!

Michelle: - Que lindo! Enquanto muitos somente se preocupam com os presentes, nós celebramos o nascimento de Jesus!

Ana: - Mas ganhar presentes é tãoooo legal!

Junior: - Claro que é! Mas o aniversário é dele, não nosso!

Antônio: - Gosto de fazer algum tipo de caridade nessa época do ano, em agradecimento a Deus por ter enviado o único filho dele! É gratificante poder poder levar a mensagem de esperança a elas!

Ana: - Verdade! Minha família presenteia crianças carentes! Levamos roupas, brinquedos e alimentos. Oramos juntos e falamos de Jesus para elas!

Michelle: - As cestas básicas que montamos nessa época do ano são mais recheadas, com panetones e guloseimas.

Junior: - É muito bonita a atitude de vocês! Será que Jesus nasceu em dezembro mesmo?

Michelle: - Ninguém sabe ao certo. Essa data foi escolhida há bastante tempo e é celebrada desde então. O importante é que ele nasceu, gente!

Antônio: - É um tempo valioso de reflexão! Nosso coração deve estar sempre focado no real motivo do Natal!

Michelle: - Ficamos pensando que foi um milagre lindo o fato de Maria ter ficado grávida do bebê mais importante de todos.

Junior: - E na maneira humilde que o nosso Rei chegou ao mundo!

Antônio: - Sim! O Natal vai além de presentes, luzes e brincadeiras!

ORAÇÃO

Senhor, ajude-me a contar a história do nascimento de Jesus a muitas pessoas!

Junior: – Vocês não sabem o que aconteceu ontem à noite lá em casa.

Ana: – Conta!

Junior: – Acabou a energia elétrica!

Michelle: – Que ruim, Junior! Vocês tinham lanterna ou velas?

Junior: – Demorou, mas minha mãe acendeu algumas velas.

Ana: – É horrível não enxergar nadinha no escuro!

Junior: – Eu bati o dedinho do pé no armário! Pensa na dooooorrrrrr!

Michelle: – Já fiz isso! Ai, ai, ai!

Ana: – Você ficou com medo do escuro?

Junior: – Eu me agarrei à minha mãe o tempo todo!

Michelle: – Quando acaba a luz lá em casa, eu sempre penso em como as pessoas cegas conseguem se movimentar com facilidade mesmo sem ver. Muitas delas andam sozinhas pela cidade, moram sozinhas e cuidam de tudo que precisam! Eu acho muito interessante!

Junior: – É verdade, Deus proporcionou para nós outros sentidos, então o tato, a audição, o olfato e o paladar ajudam a compreender o mundo sem a visão. Bem que a Bíblia diz que todas as partes do corpo são necessárias e umas ajudam as outras.

Michelle: – E é por isso que nós também precisamos ajudar uns aos outros, porque, juntos, somos como um corpo em que cada parte tem um dom para ajudar as demais.

Ana: – Deus é muito inteligente mesmo!

ORAÇÃO Querido Deus, que eu não sinta medo do escuro e tenha muita coragem!

Ana: – Já eu, no escuro, fico pensando nas vezes em que Jesus curou cegos e imagino: como ele fez uma cirurgia em dois homens!

Michelle: – Que nada! Não foi necessário fazer isso.

Os homens eram da Galileia, uma região bem grande em Israel. Eles seguiam o Senhor e gritavam: "Misericórdia".

Ana: – E o que queriam dizer com isso?

Junior: – Misericórdia é semelhante a compaixão, piedade, graça.

Ana: – Ah, que interessante!

Michelle: – Jesus entrou em casa, e os cegos entraram com ele.

Ana: – Sem serem convidados?

Junior levantou os ombros:

– Eles queriam ser curados, Ana.

Michelle: – Nosso Salvador perguntou se eles realmente acreditavam que ele era capaz de curá-los.

Ana: – Se eles o seguiam, quer dizer que sim, não é?!

Michelle: – Com certeza! Bastou que Jesus tocasse nos olhos daqueles homens, e eles passaram a ver!

Ana: – Emocionante! Imaginem não poder enxergar a vida toda e, no outro segundo, abrir os olhos e ver o Mestre!

Michelle: – Nem me fale! A moral dessa história é sobre fé e coragem.

A nossa esperança deve estar em Cristo. E os problemas mais complicados ele pode resolver!

Ana: – Se aqueles homens não tivessem feito isso...

Todos falam juntos: – Estariam na mesma situação!!

Michelle: – É isso, pessoal! Mais um milagre incrível do Senhor!

ORAÇÃO

Quero sempre seguir a Cristo, crendo que o Senhor é bondoso e muito poderoso!

A turma se reúne para um piquenique no final da tarde.

Michelle: – Nem acredito que este ano já está acabando! Passou tão rápido!

Junior: – Um ano de muitas mudanças e aprendizados. Tivemos momentos difíceis, mas em todo o tempo Deus esteve conosco. E, com toda a certeza, ele continuará conosco no ano que vem!

Todos dizem: – Amém.

Ted: – Eu gostaria de agradecer vocês por me darem uma chance. No fim do ano, tudo na minha vida mudou, e eu nunca estive tão feliz e grato!

Ana: – Você é da família, Ted!

ORAÇÃO

Senhor, agradeço por me ensinar tanto este ano!

Junior: – A nossa amizade é motivo de muita gratidão! Crescemos juntos em amor, unidade e conhecimento de Deus. Espero que a gente tenha muitos outros momentos de comunhão no próximo ano.

Michelle: – Com toda certeza! Vocês não vão se livrar de mim!

Ana: – Que bom, amiga! Vamos fazer uma dinâmica? Cada um fala dois motivos para agradecer e dois objetivos para o próximo ano!

Junior: – Que legal! Vamos, sim! Quem começa?

Ana: – Pode ser você, Junior!

Junior: – Certo! Sou grato por ter o amor de Deus Pai para me fortalecer, curar, guiar e nutrir. Também sou grato pelas mudanças que Deus tem feito em meu interior, porque ele tem me dado confiança, conhecimento, paz e alegria. Cada vez mais, tenho percebido que o Senhor é tudo de que preciso!

Michelle: – Muito bem, Junior! Fico muito feliz por você!

Você mudou muito este ano?

Michelle: - Agradeço por minha saúde e pela saúde da minha família. Também por poder aprender mais sobre a Palavra de Deus. Eu amo ler a Bíblia!

Ana: - São ótimos motivos. Agradeço por ter aprendido tantas coisas sobre a vida de Jesus. Agradeço porque o Senhor é o meu refúgio nos momentos de tristeza. Todas as vezes em que estive magoada ou cansada, ele foi o meu consolo. Deus me renovou.

Ted: - Acho que agora é a minha vez, né?

Junior, Michelle e Ana respondem: - Sim!

Ted: - Agradeço por ter conhecido o maior amor deste mundo. Fiquei perdido por muito tempo. Eu me senta rejeitado, abandonado. Procurei coisas que preenchessem o vazio do meu coração, mas nada funcionou. Então, naquele dia, vocês me contaram sobre o amor de Deus Pai, e tudo mudou. Meu coração encontrou tudo aquilo que eu estava buscando, mesmo sem saber.

Ana: - Você vai me fazer chorar!

Ted: - Não é a minha intenção. Mas percebi que agora estou muito mais emotivo. Antes, eu segurava tudo, porque achava que não podia chorar. Hoje sei que posso chorar nos braços do Senhor!

Michelle: - Que bom que você sabe de tudo isso, Ted! Qual é o seu outro motivo?

Ted: - Agradeço a Deus por restaurar a minha família! O meu relacionamento com os meus pais está muito melhor, e agora eles também vão à igreja comigo!

ORAÇÃO Pai amado, ajude-me a perceber que tenho muitos motivos para agradecer.

Michelle: – Estamos muito felizes por você, Ted! Quais são os seus objetivos para o ano que vem?

Ted: – Quero continuar aprendendo sobre a Bíblia e gostaria muito de começar a ajudar na igreja.

Michelle: – Que bom, Ted! E você, Ana?

Ana: – Eu vou ler a Bíblia todos os dias e organizar a minha rotina de estudos.

Michelle: – Que ótimo! Um dos meus objetivos também é ler a Bíblia todos os dias. Também seria muito legal começar a fazer aulas de canto. E você, Junior?

Junior: – Quero ajudar a minha mãe e me dedicar a servir a Deus. Também quero que ano que vem a gente possa viver muitas novas aventuras juntos! Sou muito grato por ter vocês, meus amigos! A amizade é um grande presente. Que bom saber que posso contar com vocês nos momentos de alegria e de dificuldade! Que o Senhor continue fortalecendo a nossa amizade!

Ted: – Amém! Quero estar mais próximo de vocês.

Michelle: – Acho que todos nós temos outro objetivo: Tomar café com Deus Pai e conversar sobre as histórias da Bíblia! A gente se vê no ano que vem!

ORAÇÃO

Senhor Deus, agradeço por este ano. Peço ao Senhor que esteja comigo em cada momento do próximo ano. Entrego todos os meus objetivos em suas mãos, pois a sua vontade é boa, perfeita e agradável.

Que ano incrível de

aVeNTuRas
com
JESUS

nós tivemos, não é?

Deus fez coisas maravilhosas na vida da nossa turma:

✔ Ana aprendeu a vencer o preconceito dia a dia;

✔ Michelle se tornou uma divulgadora da Palavra de Deus;

✔ Junior recebeu um chamado divino;

✔ Ted aprendeu que Deus o ama;

✔ Senhor Antônio teve companhia de seus amiguinhos e até o papagaio Lara aprendeu palavras novas!

O ano que vem já está aí! Literalmente, amanhã é ano novo! Vamos juntos para mais um ano de aventuras? Espero por você no próximo Café com Deus Pai teens!